高等教育体育专业通用教材

体育社会学简明教程

主　编　李相如
副主编　马思远　杨　冰

北京体育大学出版社

策划编辑：高云智
责任编辑：周学政
责任校对：郝　冬
版式设计：李　鹤

图书在版编目（CIP）数据

体育社会学简明教程 / 李相如主编. -- 北京 : 北京体育大学出版社, 2016.1（2021.8重印）
ISBN 978-7-5644-2211-0

Ⅰ. ①体… Ⅱ. ①李… Ⅲ. ①体育运动社会学 - 高等学校 - 教材 Ⅳ. ①G80-05

中国版本图书馆CIP数据核字(2016)第026651号

体育社会学简明教程　　**李相如　主编**

出版发行：北京体育大学出版社
地　　址：北京市海淀区农大南路1号院2号楼2层办公B-212
邮　　编：100084
网　　址：http：//cbs.bsu.edu.cn
发 行 部：010-62989320
邮 购 部：北京体育大学出版社读者服务部 010-62989432
印　　刷：北京虎彩文化传播有限公司
开　　本：710mm × 1000mm　1/16
成品尺寸：170mm × 240mm
印　　张：19.75
字　　数：364千字
版　　次：2016年1月第1版
印　　次：2021年8月第4次印刷
定　　价：42.00元

《体育社会学简明教程》编委会

主　编　李相如

副主编　马思远　杨　冰

编　委　张基振　王　鲲　侯令忠　柳鸣毅

王淑清　王雪峰　冯欣欣　李东梅

王学如　田　英　袁继芳　张建会

赵建峰　陈静姝　张林玲　彭　琴

张　宇　柳惠玲

前言

体育社会学是社会学的一个重要分支学科，它不仅运用社会学的理论成果和实证研究方法去阐述体育现象，也从社会本质角度解析体育的性质、特征、功能、手段和体育的社会问题。

随着中国体育社会现象不断复杂化、扩大化，国内体育社会学学科建设步伐正在逐步加快，不断有新的教材付梓出版。《体育社会学简明教程》汇集国内体育人文社会学领域的学术精英，在《社会学》和《体育社会学》等多种教程的基础上，按照中国体育发展的国情，运用社会学的相关理论，围绕体育中的突出社会问题，探讨体育改革路径和体育运行规律，提升体育问题意识，解决体育社会问题。其特点是聚焦体育社会问题、体育现象中的热点和焦点问题，力争把复杂化的体育社会问题简明化，把扩大化的体育社会问题提炼、归纳，较好地适合《社会学》基础知识相对薄弱的非社会学专业的大专生、本科生，尤其是体育专业本科生等人群学习使用。

本书由首都体育学院李相如教授担任主编，马思远、杨冰担任副主编。参加本书编写的有张基振、王鲲（第一章），侯令忠、柳鸣毅、王淑清（第二章），王雪峰（第三章），冯欣欣（第四章），李东梅、马思远（第五章），王学如（第六章），田英、袁继芳（第七章），张建会、赵建峰（第八章），杨冰、陈静姝、张林玲、彭琴、张宇（第九章），柳惠玲（第十章）。李相如、马思远对全书进行了统稿，李相如负责最终定稿。

在本教材编写过程中，我们阅读、参考和引用了大量相关文献。感谢对本教材不断提出修改建议和意见的北京体育大学出版社高云智先生，也特别感谢为本教材编写提供资料和提出宝贵意见的学者、老师们，正是因为你们的帮助和关心，本书才得以顺利完稿。

由于《体育社会学简明教程》是一门发展中的课程，有许多理论问题和实践问题尚在探索之中，加之作者水平有限，如有不当之处，敬请读者予以批评指正。

编　者

2015 年 12 月

目 录

第一章

体育社会学概述

本章提要

20世纪80年代以来，伴随着中国社会的全面进步，中国的体育运动进入了一个新的发展时期，体育社会学的研究也迎来了前所未有的繁荣局面。本章简述了社会学和体育社会学的基本定义、内涵和发展历程，介绍了体育社会学的基本研究方法。通过本章内容的学习，可以帮助学生对体育社会学有一个大致的认识和了解，为学习后续的章节内容奠定基础。

第一节　社会学是什么

社会学是体育社会学的母学科，体育社会学无论在学科发展还是在学科定义、学科研究方法等方面，都与社会学息息相关。因此，本节将首先对社会学的定义及学科发展情况予以简单的介绍。

一、社会学的定义

自 100 多年前社会学的创始人孔德（A. Comte）提出社会学这一概念以来，伴随着社会的变迁与发展，社会学的概念、内涵得到了不断的丰富和发展。概括地讲，社会学是从社会整体出发，通过社会关系和社会行动来研究社会结构及其功能、社会过程及其原因和规律的社会科学，是试图用科学的思维逻辑来研究人类社会和社会生活的一门学科。它以其独特的视角，或侧重对社会，或侧重对作为社会主体的人，或侧重对社会和人的关系，进行综合性的研究。

二、西方社会学的发展

法国人孔德在《实证哲学教程》中提出：要发展一门系统研究人类社会的学科，并首次使用“社会学”（sociology）这个术语，这被视为社会学的开端。自此之后一直到第二次世界大战之前 100 年左右的时间里，西方社会学初步确立和形成了实证主义、诠释学和批判理论三种基本的社会学取向或构思，并先后产生了一批奠基性的人物，像英国实证主义社会学家斯宾塞（Herbert Spencer）、法国实证主义社会学家迪尔凯姆（Émile Durkheim）等。第二次世界大战之后到 20 世纪 80 年代，西方社会学进入了深入发展阶段。期间，美国社会学家塔尔科特·帕森斯（Talcott Parsons）在其重要著作《社会行动的结构》一书中，提出了他的一般行动理论的基本思想，并逐步发展成为一个后来被称为“结构功能主义”的宏大的社会学理论体系。之后，针对帕森斯理论体系过于抽象、缺乏经验基础这一缺陷，美国社会学家默顿（Merton）在《社会理论与社会结构》一书中又提出了“中层理论”策略，以及用以指导经验研究的可操作的新的功能分析范式，形成了“经验功能主义”的研究取向，在西方社会学界产生了深远的影响。20 世纪 80 年代以来，西方社会学发展进入了第三个发展阶段，并以新的综合为其特征。学者们或者是试图以一种不偏不倚的立场来对原有的各派理论进行综合，或者是提出一种新的研究方向或主题来沟通原来各派的合理内核，或者是试图在坚持原有某个理论传统的“基本原则”的基础上，批判性地吸取其他一些理论传统的思想与观点，逐步形成了一系列综合性的社会学理论，表现出明显的“多元综合”发展态势。

纵观西方社会学的发展历史，最为主要且产生了深远历史影响的理论流派主要包括结构–功能理论、冲突理论、交换理论和符号互动理论等。

结构–功能理论流派的代表人物是美国社会学家帕森斯和默顿。帕森斯的理论主要包括社会行动理论、一般系统理论和均衡理论。默顿的理论主要包括中层理论、均衡功能论和科学社会学理论。

冲突理论的代表人物有美国的功能冲突论者L.科塞和德国的辩证冲突论者R.达伦多夫。科塞从“冲突是一种社会结合形式”的命题出发，认为冲突具有正功能和负功能。在一定条件下，冲突有助于保证社会连续性、减少对立两级产生的可能性、防止社会系统僵化和促进社会的整合等正功能。他首次提出了社会安全阀理论。达伦多夫认为，社会现实是冲突与和谐的循环过程，而“权力和抵制的辩证法乃是历史的推动力”。

交换理论的代表人物是美国社会学家G.C.霍曼斯和P.M.布劳。霍曼斯是交换理论的创始人，他认为，社会行为是一种至少在两人之间发生的，或多或少要获得报酬或付出成本的、有形的或无形的交换行为。布劳的交换理论是从社会结构的原则出发考察人与人之间的社会交换过程。他用对等性原则解释部分交换行为，用不对等性解释另外部分交换行为，并认为不对等交换产生了社会的权利差异和分层现象。

符号互动理论的代表人物有美国的米德、库利、布鲁默等人，米德是这一理论核心体系的创立者。符号互动理论的核心观点是，社会现象和社会行为只有通过人际间的互动和相互影响才能得到解释，而人际互动是以运用符号以解释和确定相互间行动的意义为媒介的，因此，社会是个人借助符号互动的产物。

三、中国社会学的发展

一般认为，从严复1903年翻译出版英国社会学家斯宾塞的《群学肄言》一书开始，中国社会学研究开始出现。但也有学者经过考证认为，康有为1891年在长兴学舍所讲的群学就是社会学。20世纪三四十年代是中国社会学第一个繁荣期。在这一时期，涌现出了一大批具有较高理论素养和较为丰富的社会实践研究经验的知名学者群体，如陈达、孙本文、潘光旦、李景汉、吴文藻等，同时还有像费孝通、林耀华等一批迅速成长起来的社会学新锐。许多大学相继成立了社会学系。很多学者运用社会学的方法对中国社会进行了很多的研究，并先后发表了一批有一定学术价值和社会影响的调查报告，其中最著名的当属李景汉（1933）的《定县社会概况调查》和费孝通（1938）的《江村经济》（英文版）。

1952年，在当时的社会历史背景下，在高校院系调整过程中，各高校都撤消了社会学系，从此社会学这门学科在大陆中断了20多年。改革开放以后，社会学在中国大陆开始了恢复、重建。30多年来，社会学在中国获得了快速的发展，成为中国社会学的第二个繁荣期。这一期间，无论是学术研究、教学机构、学术团体，还是人才队伍建设；无论是学术研究领域，还是学科建设；无论是学术研究成果的学术理论价值，还是实际应用价值，中国社会学都取得了前所未有的突破和发展，逐步形成了“社会运行论”“社会转型论”和“学科本土论”三个中国特色的社会学理论。进入新世纪以来，中国特色社会学理论又得到了进一步的探索和推进，初步形成了“社会互构论”和“实践结构论”理论。

第二节　体育社会学是什么

随着社会学的学科发展，它与其他学科交叉融合愈来愈多，于是便衍生出一系列的分支学科，如教育社会学、文化社会学、法学社会学，等等，其中体育社会学也是社会学的分支学科之一。本节主要从学科定义、研究对象、学科历史发展等方面对体育社会学进行介绍。

一、体育社会学的定义

如同其他学科的学科定义一样，体育社会学的定义也是随着学科的不断发展和研究的不断深入，经历了一个逐渐完善并走向成熟的过程。在这个过程中，对于体育社会学学科定义的探讨，主要集中于四个方面：学科性质、研究对象、研究内容和学科目录。

综合起来，体育社会学是一门把体育这种社会文化现象作为一个不断变化发展的整体，运用社会学的研究视角，研究体育与其他社会现象之间的相互关系、体育与人的社会行为、社会观念的关系，以及体育运动的结构、功能、发展动力和制约因素，用以推动体育和社会合理发展的学科。在学科性质上，体育社会学具有跨学科性，是一门交叉学科，是体育科学与社会学交叉融合的结果，也可以说是社会学在体育科学领域的应用研究而产生的应用型学科，因此是社会学的分支学科或子学科之一。

二、体育社会学研究对象

法国早期社会学家迪尔凯姆（Emile Durkheim）认为，一门学科的产生，必须有它的特殊对象，以及研究这种现象的特殊方法，否则不能称其为一门独立的学科。由体育社会学的定义可以看出，其研究对象就是体育现象及与之相关的社会现象。美国学者杰·科克利（2003）认为，体育社会学主要研究体育与其所在的社会和文化背景之间的关系，以及在特定文化中与体育有关的具有深层社会意义的活动与事件。由于体育是由社会建构的，所以体育社会学就把体育与社会的关系，体育与社会的、政治的和经济的关系联系起来加以研究。通过这些研究去理解：（1）体育所处的社会；（2）围绕体育所产生的社会世界；（3）与体育相关的个体和群体的经验。

三、西方体育社会学的发展

体育运动作为一种社会现象，在19世纪下半叶，英国学者、社会学创始人之一H.斯宾塞就探讨过体育的教育问题。德国社会学家M.韦伯在其巨著《新教伦理与资本主义精神》中，论述过清教徒的体育运动与社会变迁的关系；G.齐美尔也曾以体育竞赛来揭示人的变化，并把它视为冲突中的一个统一因素；1898 年，美国学者杰布林等人曾分别写了《芝加哥的市立运动场》和《小型运动场的运动》等论文，发表在《美国社会学杂志》1898 年第四卷上；凡伯伦（Veblen，T. 1899）在其代表作《有闲阶级》一书中，研究了美国的大学体育运动；苏姆勒（Sumner W. 1906）在他的《社会习俗》一书中专门辟出一章，介绍了当时的流行体育运动。1910 年，德国学者斯坦尼泽发表了《体育运动与文化》的社会学评论；1914 年，美国学者盖林完成了《娱乐社会学》，大量讨论了体育运动的问题等。

如果说早期社会学对体育运动的关注还只是社会学家对体育现象的一些零散、不全面的记述或论述的话，那么到了 1921 年德国人海因兹·里瑟（Heinz Risse）《体育社会学》专著的问世，则标志着体育社会学开始作为独立学科的出现。里瑟首次利用马克思主义的批判理论，将体育运动作为一种社会现象，研究了不同人群参与体育运动的问题，成为将体育运动置于社会学研究中心地位的第一人。

第二次世界大战以后，体育社会学研究开始逐渐为人们所关注，体育社会学研究进入了一个新的历史时期，研究成果也开始不断发表，比如，1952 年魏因伯格（Weinberge S.）和阿朗德（Arond，H.）在《美国社会学杂志》上发表了《拳击手的职业文化》，1955 年美国学者乔治·斯通（Stone G.）发表了论文《美国的体育运动：表演与展示》。1957 年斯通又出版了专著《美国大学体育运动教育进展》，其中，“美国体育运动的意义”一章，作者使用符号互动理论分析了不同阶级、性别和年龄团体的人们对体育运动的看法。1956 年美国学者F. 罗德等人的论著《目标——建立一门体育运动社会学》一书被认为是体育社会学的开创性著作。

进入 20 世纪 60 年代中后期，体育社会学作为一门独立的学科开始逐渐建立起来，其标志主要表现于六个方面。

第一，体育社会学在世界范围内广泛展开，像美国、日本、德国、法国、英国、苏联以及东欧一些国家都积极开展了体育社会学的研究。

第二，研究领域进一步扩大，包括体育与政治、经济、教育、文化和宗教的关系，而且开始探讨体育社会学的概念、性质、对象、内容与研究方法。

第三，体育社会学专业研究群体开始出现。20 世纪五六十年代出现了以埃利亚斯（Elias）、杜宁（Dunnin）、卢舍（Luschen）、凯内尔（Kenyon）、洛伊（Loy）、马克富松（McPherson B. D.）、舍内夫（Sharer）、斯通（Stone）等为代表的西方第一代体育社会学者。随后，在20世纪60年代后期，体育社会学研究队伍不断壮大，第二代体育社会学者逐渐成长起来，并在各个大学任教。

第四，专业学术组织相继成立。像日本，在1960年6月成立了体育社会学学会，欧洲、北美体育社会学家于1964年6月在德国成立了国际体育社会学委员会（International Committee of Sport Sociology，ICSS），1994年更名为国际体育社会学协会（International Sociology of Sport Association，ISSA）。1978年北美体育社会学学会（The North American Society for the Sociology of Sport，NASSS）在美国的明尼苏达大学成立。2001年由来自德国、爱沙尼亚、匈牙利、波兰等国家共计8位体育社会学者在奥地利首都维也纳发起成立了欧洲体育社会学协会（The European Association for Sociology of Sport，EASS）。

第五，体育社会学刊物的出版。作为ICSS的学术刊物，《国际体育社会学评论》（International Review of Sport Sociology，IRSS）1966年正式出版发行，这是第一份专门发表体育社会学论文的学术期刊，之后以发表体育运动社会现象研究论文的期刊开始大量出现，越来越多的学者在不同层面以不同的视角对体育运动中出现的社会问题进行了研究。

第六，体育社会学进入大学课程。20世纪60年代末期开始，大量的体育社会学书籍出版。这些学术著作的出现，扩大了体育社会学在学术界的影响，也为体育社会学进入大学课程提供了可能。欧美众多的大学体育运动学系和社会学系及相关院系为本科生和研究生开设体育社会学课程。

经过50多年的发展，西方体育社会学已经随着其理论体系的日益健全而走向成熟，体育社会学已发展为一门成熟的学科。

四、中国体育社会学的发展

卢元镇教授（2008）的《中国体育社会学三十年》和仇军教授《20世纪80年代以来中国体育社会学的发展》等论文，从不同的侧面对我国体育社会学的学科发展进行了比较全面的回顾总结与分析。

体育社会学在中国是一门建立较晚的学科，其兴起与发展与改革开放大的社会背景，尤其与社会学、体育科学等学科的恢复与重建有着直接的关系。20世纪80年代中期，在我国开创体育社会学的呼声越来越高，先是由一批中老年学者林启武、轲犁、蔡俊伍、牛兴华、顾渊彦等人积极倡导，并译介了国外的学科发展情况，同时，一批中青年学者开始运用社会学的方法对国内外的各种体育现象展开研究与解释，为我国体育社会学的发展发挥了重要的启蒙作用。

1987 年国家体育运动委员会在《关于加强体育理论建设的决定》（以下简称《决定》）中，提出了要“有计划地加强体育社会学研究”。此《决定》可以说是一份具有历史意义的指导性文件。之后我国体育社会学学科发展驶入了快车道，在各个方面取得了难能可贵的成就。20 世纪 90 年代开始，我国体育社会学学科开始走向独立发展的阶段，主要表现在如下几个方面。

首先，国家级专业学术组织从无到有，推动了体育社会学学术研究的规范化和正常化以及研究队伍的发展壮大。1980 年中国体育科学学会成立了体育科学理论分会，1991 年更名为体育社会科学分会，挂靠在北京体育大学。1994 年，中国社会学会在福州成立了体育社会学专业委员会，2004 年后体育社会学专业委员会转移到华南师范大学。

其次，初期体育社会学的教材和专著相继问世，为我国体育社会学的学科发展以及大学课程的开设等发挥了重要的作用。20 世纪 90 年代以后，一些专家学者，像刘德佩、徐隆瑞、梁向阳、吕树庭、黄捷荣、李泽润、卢元镇和毛秀珠等人，先后编写出版了多本体育社会学论著。这些论著在中国体育社会学的发展中举足轻重，它是学科发展的标志，具有里程碑的意义，同时对于高校体育社会学课程开设与人才培养更是发挥了历史性的作用。

第三，国外研究成果的译介推动了本土化的进程。与我国社会学的发展一样，体育社会学学科发展，首先是从国外研究成果的译介开始的，而且一直持续至今。例如，卢元镇主持译介了《美国体育社会学》；清华大学出版社翻译了美国学者杰・科克利的《体育社会学》；黄汉升撰文介绍了美国体育社会学研究的发展及其研究进展；金季春主持翻译的《体育科学指南》介绍了体育社会学的功能、知识体系、方法学原则以及国际组织；仇军翻译了日本体育社会学学者关于社会分层与体育运动的研究成果；田慧翻译了美国学者罗纳德・B・伍兹的《体育运动中的社会学问题》，等等。这些译著让一些西方体育社会学的范畴和理论，如功能理论、冲突理论、交换理论、互动理论、收敛理论、体育社会化理论、社区型健康促进、人口激励促进方法、社区介入战略等开始被介绍到中国，开阔了国内研究者的学术视野。与此同时，也让中国体育社会学能够及时跟踪国际学术前沿，并最终推动了体育社会学理论的本土化发展，逐渐形成了具有中国特色的体育社会学理论体系。

第四，高校体育社会学课程的开设，推动了专业人才的培养。最初开设体育社会学课程的有北京、天津、沈阳等体育院校，北京体育大学招收了体育理论体育社会学研究方向的研究生。目前，体育社会学已经作为必修课列入体育院系本科的教学计划。一些学校在体育人文社会学专业中开设了体育社会学的硕士、博士培养的研究方向。

第五，研究领域不断拓展，研究方法不断完善，推动了学科理论体系的形成与发展。随着中国体育的变革和发展，体育社会学研究领域不断拓展，在过去的30多年中，体育社会学的研究领域涉及到了体育运动的社会功能、体育改革、体育娱乐理论、体育与大众传播媒介、社区和区域性体育、体育群体和社团、体育人口、体育生活方式、体育文化、运动成绩资本、单位体育、体育商业化以及体育暴力等诸多体育社会现象。在研究方法或研究范式上，从20世纪90年代以来，我国体育社会学的研究注意实证主义研究方法与解释主义研究方法的相互渗透和融合，在坚持解释主义研究方法的同时，加大了实证研究的力度，借鉴并应用定量分析方法和计算机技术。许多学者深入体育运动的实际，采取典型调查、个案研究、实证分析等多种方法，研究体育运动中的社会问题，使体育社会学中实证主义研究范式的运用向前迈出了一步。

第三节　体育社会学基本研究方法

进入20世纪90年代以来，我国体育社会学研究方法逐步从单一化走向多元化，综合运用多种研究方法进行不同学科交叉研究的局面开始呈现。本节是对体育社会学基本研究方法的介绍，主要包括研究范式、具体研究手段和技术、学术研究的基本步骤等三个方面。

一、体育社会学基本研究范式

研究范式是科学哲学的概念，是指科学共同体在科学研究中所共享的信仰、价值和技术的集合。所谓体育社会学研究范式，就是体育社会学研究者在考察、认识和解释体育运动这一社会现象时普遍遵循的研究惯例和研究成规，是研究理念和研究方法论指导下的一类研究方法的运用，而不是某一具体研究方法的运用。实证主义研究范式（量化研究范式）和解释主义研究范式（质性研究范式）是体育社会学乃至体育社会科学研究的基本范式。

量化研究将社会现象视为客观的可以被测量和计算的客体，运用实验、调查、测试与测量以及现有的数量化资料，对社会现象进行客观的研究，通过对研究资料的数据进行数理统计和处理，使获得的研究结果能够说明研究事物的普遍性。

质性研究将社会现象视为人们生活世界的经验及感受。研究者通过观察、访谈、参与等方式了解现象发展的过程，对社会现象进行深入细致的描述，重视研究者与被研究者之间的互动，并从当事人的视角理解其对该事物或现象的看法，以探究、理解现象发展背后的逻辑和意义，不对研究结果作普遍意义上的推演。

体育社会学研究中，不同的研究范式提供了不同的研究理论、视角和方法，都有着各自独特的解释力。在不同的社会环境和时代背景下，各种研究范式的解释力不同。研究范式没有对错之分和好坏之别，只有在某一社会事实和社会环境下，某一研究范式对某一问题的研究更适合。如果某一研究范式对所要研究解决的问题的解释力更大，那么，该研究范式会在一个时期内成为某一研究领域内的主流研究范式。

二、体育社会学基本研究方法

这里所说的研究方法是指在资料搜集过程中使用的具体的研究手段或技术。研究资料的收集是体育社会学研究最为重要的一步，它关系到研究是否科学、能否成功。资料收集的途径大致有文献搜集、观察、访谈和问卷调查等。

（一）文献搜集

通过各种渠道进行文献搜集和阅读几乎是所有研究都需要进行的一项工作，其目的是学习掌握相关理论和了解前人对相关研究所形成的观点或结论。只有在掌握了相关理论和了解了前人的研究之后，才有可能实现研究的突破。另外，文献搜集还包括尽力发现研究所需要的一些原始文献，包括零次文献或一次文献。

（二）观　察

观察是获取一手资料的重要方法之一，尤其是经常应用于质性研究当中。按照研究者的角色状态，即是否隐匿身份和参与观察对象活动的程度，观察可分为（完全或半）参与观察和非参与观察。按照观察者是否接触到被观察者，观察可分为直接观察（观察者—观察对象）与间接观察（观察者—中介物—观察对象）。不管是哪种观察法，观察都是手段，其目的是获取信息，也就是说都是试图通过观察（对象或中介物）以获得能够表征观察对象某方面（行为方式、生活方式、价值观念、态度等）特征的指标，然后再通过这些指标的分析研究，得出研究结果。在运用观察法的时候，要求把观察到的东西细化为不同的指标——可以是观察之前准备好，也可以是观察之后再加以分类。

（三）访　谈

访谈也是获取一手资料的重要方法之一，尤其是经常应用于质性研究当中。根据访谈的自由程度，访谈可以分为结构式访谈（有访谈提纲）和非/无结构式访谈（无访谈提纲）甚至深度访谈（毫无约束的聊天式访谈）。根据访谈双方是否直接见面，访谈可以分为直接访谈和非直接访谈。

需要说明的是，在田野调查中，访谈法往往是与观察法并行使用甚至是密不可分的重要的资料收集方法。

（四）问卷调查

问卷调查是在实证研究中最为常用的方法。调查问卷一般可分为封闭式问卷（有答案）和开放式问卷（无答案）。

封闭式调查问卷的基本内容结构包括标题、封面信/语、指导语/填答说明、问题与答案（问卷的主体或核心部分）、致谢语等几个部分。

封闭式问卷一般有六种形式：① 填空式。② 是否式，一般设置相互对立的两个答案，选则其中一项。③ 多项选择式，一般设置三个以上的答案，选择其中的一项或多项。选择多项要注明是“多选题或可选X项”。④ 关联式/问题转接式，是指在前后两个（或多个）相互连接的问题中，被调查者对前一个问题的回答决定着后面问题的回答顺序。⑤ 矩阵式或表格式，即将同一类型且相互关联的若干问题集中在一起构成一个问题的表达方式。⑥ 李克特量表，该量表由一组陈述组成，每一陈述有“非常同意”“同意”“不确定或无所谓”“不同意”“非常不同意”5种回答，每个被调查者的态度总分就是他对各道题的回答所得分数的加总，这一总分可说明他的态度强弱或他在这一量表上的不同状态。

封闭式调查问卷问题的设计需要遵从如下原则：① 具体性原则。问题的内容要具体，不要提抽象、笼统的问题，例如，“你的体育价值观是什么?”。要把抽象概念变为可操作性概念，即具体指标，这叫概念操作化。② 单一性原则。问题的内容要单一，不要将两个或两个以上的问题合在一起提出。③ 通俗性原则。④ 准确性原则。语言要准确，不要使用含混不清或容易产生歧义的语言或概念，例如，“你经常参加体育活动吗?”⑤ 客观性（中立性）原则。不要使用带有诱导性或倾向性的言辞，例如，“你喜欢体育这种能增进健康的活动吗?”⑥ 非否定性原则。要避免使用否定句形式来表述问题，例如，“你是否不赞成早上锻炼?”

封闭式问卷的答案设计需要遵从如下原则：① 答案与问题一致性原则。② 答案穷尽性原则。③ 答案互斥性原则。

问卷整体设计基本要求：① 要文对题。所设计的问题要体现研究主题，而且要形成相对比较完整、能充分说明调查主题的、科学得当的指标体系。② 要替被调查者着想，充分考虑被调查者心理和文化水平，语言要通俗易懂，内容不要太多（15 ~ 20分钟），尽量避开敏感性问题。③ 整个问卷问题的排列要有合理的结构顺序，要先易后难。一般说，客观事实性问题第一，行为客观事实性问题第二，意见、态度、观念等主观性问题第三，对态度或行为的原因等解释性问题第四；敏感性问题或开放性问题放在最后。

问卷要进行信度和效度检验。所谓信度即可靠性，是指对同一或相近的测量对象进行反复测量时，所得测量结果的一致性或稳定性，也就是测量工具能够稳定地测量所测的变量的程度。所谓效度即准确性，也称为有效度或准确度，是指测量工具能够准确地测出测量内容的准确程度。

应当说，问卷调查的方法，是体育社会学研究中最常用的很科学的研究方法之一，它有着很多的优势。但在实际的操作过程中，也往往会出现许多问题，甚至是走向科学的反面。其中最主要的原因就在于，问卷设计过程中存在许多不合理乃至不科学的地方，所以，需要慎重使用。

三、体育社会学研究基本步骤

一般地，本科生所做的体育社会学研究可分两个步骤：研究准备和撰写研究报告。

（一）研究准备

研究准备阶段包括选题、文献综述和研究设计等环节。

1. 选 题

选题实际上就是考虑要从哪一个角度或切入点对某个体育现象进行分析研究。选题应当遵从重要性（理论意义和实践意义）、可行性、实用性、创新性等几条原则。选题，一般首先要提出问题，是指一个内涵比较宽泛的问题领域或研究主题；接下来需要了解研究现状，也就是要通过初步的文献查阅或咨询相关专家，了解该问题领域是否已经有所研究，研究的深度和广度如何；第三步是根据所了解的情况，同时根据自己的实际情况，缩小研究的内容范围，以明确具体的研究问题；最后一步是确定论文或研究题目。注意，题目不要过大、过长，切忌大而空，缺乏聚焦点，当然题目也不能太小或微不足道。

2. 文献综述

对课题国内外研究现状的述评要详实、全面、充分，并作适当的归类，同时提出作者本人研究的独特视角或选题的价值所在。要从研究现状中找出不足，找到问题，最后落在问题上，或补充或纠正前人的结论，或形成对立的观点，或提出困惑。论述时要提出自己的观点，指出与他人不同的观点。在资料分析上，要找同类研究中的优秀论著（专著、论文），要找前沿的理论研究或实践。分析资料时要注意：真实性，资料要准确，尽可能找到第一手的资料；全面性，不能仅凭一两篇文章就下结论；针对性，不要把与本题不相关的资料罗列出来；实效性，要以当前近期时间的资料为准，不要用过时的资料，要找到最新的观点。对研究成果的表述要准确，重要人物与代表作，一定要点出来。尽量不要去贬低前人或别人的东西，如填补空白之类，也不要对别人的成果评价过低，例如，这方面不好，那方面不足，过于吹嘘自己。为了写好研究述评，最好的办法是上网检索中国期刊网，查阅所有能看到的论文，还要在图书馆或其他途径找同类的专著来看，这样写出的述评就比较好。一些课题研究者的常见毛病是：（1）对国内外研究现状几乎没有述评。（2）不是述评前人的研究状况，而是介绍有关名词概念，恰恰这是读者所熟知的。（3）述评前人研究状况时过于笼统，没有实质性研究，或仅罗列了某些书，没有阐述其观点与研究者本人的观点有何不同，从而体现其研究的重要性。（4）不是述评国内外研究现状，而是以自己的观点替代之。

3. 研究设计

研究设计就是要根据研究的需要，确定研究方法，并制订详细的实施方案。

（二）撰写研究报告

研究报告的撰写需要特别注意写作的格式要求与学术规范。论文通常包括：题目、中外文摘要、关键词、正文和参考文献。

1. 题　目

题目要简明恰当，能概括整个论文的主要内容，具体包括研究对象、研究内容、研究范畴三个方面。题目字数要适当，长度为20个汉字以内。如果有些细节必须放进标题，可以分成主标题和副标题，将细节放在副标题里。

2. . 论文摘要和关键词

论文摘要应以浓缩的形式概括研究课题的内容、方法和主要观点，以及取得的成果和主要结论，应能反映整个内容的精华。中英文摘要以200 ~ 300字为宜，关键词以3 ~ 5个为宜。若需附英文摘要，应与中文摘要同。

撰写摘要时应注意以下几点。

（1）用精练、概括的语言来表达，每项内容不宜展开论证或说明。

（2）要客观陈述，不宜加主观评价，成果和结论性字句是摘要的重点。

（3）要独立成文，选词用语要避免与全文尤其是前言和结论部分雷同。

3. 正　文

论文正文包括前言（绪论）、正文主体与结论。

前言应说明本课题的意义、目的、研究范围及要达到的技术要求；简述本课题在国内外的发展、研究概况及存在的问题；阐述本课题应解决的主要问题。

正文主体是对研究工作的详细表述，其内容包括：问题的提出，研究工作的基本前提和条件；研究对象、研究方法；模型的建立，实验方案的拟定；基本概念和理论基础；实验方法、内容及其分析；理论论证，理论在课题中的应用，课题得出的结果，以及对结果的讨论等。

结果与讨论是正文的核心，一般要占较多篇幅。在撰写时对必要而充分的数据、现象、认识等要作为分析的依据写进去。在对结果作定性和定量分析时，应说明数据的处理方法以及误差分析，说明现象出现的条件及其可行性，交代理论推导中认识的由来和发展，以便他人以此为依据进行实验验证。

结论应集中反映作者的研究成果，表达作者对所研究的课题的见解，是全文的思想精髓，是文章价值的体现，结论要写得概括、简短。撰写结论时，应注意以下几点。

（1）结论要简洁、明确，措辞应严密，且容易被人领会。

（2）结论应反映个人的研究工作，属于他人已有过的结论要少提。

（3）要实事求是地介绍自己研究的成果，切忌言过其实。

思考题

1. 体育社会学的研究对象是什么？研究领域主要在哪些方面？

2. 体育社会学的基本研究范式和研究方法是什么？

3. 体育社会学研究的基本步骤是什么？

参考文献

[1]王思斌. 社会学教程（第二版）[M]. 北京：北京大学出版社，2003.

[2]卢元镇. 体育社会学（第二版）[M]. 北京：高等教育出版社，2006.

[3][美]杰·科克利. 体育社会学——议题与争议（第6版）[M]. 北京：清华大学出版社，2003.

[4]风笑天．社会学研究方法（第三版）[M]．北京：中国人民大学出版社，2009.

[5]徐祥运，刘杰．社会学概论（新修版）[M]．大连：东北财经大学出版社，2005.

[6]许妙发．中国社会学在上世纪三四十年的繁荣与发展[J]．社会学，2005（4）：32-43.

[7]杨敏．改革开放以来中国社会学理论的重建与发展[J]．思想战，2009（01）：47-54.

[8]仇军，钟建伟．社会学与体育社会学：视域开启与理论溯源[J]．体育科学，2007，27（2）：46-53.

[9]仇军．20世纪80年代以来中国体育社会学的发展[J]．体育科学，2006（02）：57-63.

[10]仇军，罗锦文，佟鸣．从单一走向多元：西方体育社会学研究方法的流变[J]．体育科学，2005（11）：60-63+86.

[11]陈成文，陈立周．社会学研究方法论的转向：从实证传统到另类范式[J]．社科纵 横，2007（12）：116-118.

[12]陈小英，商执娜，岳冀阳．对我国体育社会学研究若干问题的分析[J]．体育学刊，2014（03）：44-46.

[13]高强．法国体育社会学溯源——评析皮埃尔·布迪厄《体育社会学计划》[J]．体育学刊，2008（11）：36-38.

[14]金春光，车旭升，姜允哲．国际体育社会学研究进展与趋势：对《体育社会学杂志》（SSJ）的内容分析[J]．体育科学，2012（03）：74-80+91.

[15]申广潜，李溯．近10年我国体育社会学研究热点与方法[J]．上海体育学院学报，2009（03）：33-36+41.

[16]张岩．关于研究体育本质的方法论问题[J]．成都体院学报，1983（04）：1-7.

[17]田恩庆，仇军，郭军，倪腊贵．国际体育社会学组织目标及其达成[J]．体育科学，2013（08）：88-97.

[18]吕树庭．再论体育社会学的性质与对象[J]．天津体育学院学报，2007（03）：185-190.

[19]陈成文，陈立周．社会学研究方法论的转向：从实证传统到另类范式[J]．社科纵横，2007（12）：116-118.

[20]高强．法国体育社会学溯源——评析皮埃尔·布迪厄《体育社会学计划》[J]．体育学刊，2008（11）：36-38.

[21]刘一民，曹莉．体育人文社会学的研究对象及方法论特征——体育人文社会学元问题研究之二[J]．武汉体育学院学报，2008（04）：16-20.

[22]卢元镇，林文贤．中国体育社会学三十年[J]．吉林体育学院学报，2008（05）：1-5.

[23]任翔，田生湖．范式、研究范式与方法论——教育技术学学科的视角[J]．现代教育技术，2012（01）:10-13.

[24]董红刚．中外体育社会学研究热点的对比分析[J]．首都体育学院学报，2009（05）：541-546.

[25]钟建伟，仇军．西方体育社会学研究范式的形成与发展[J]．体育科学，2009（12）：64-73.

[26]田恩庆，仇军，郭军．困境与前景：对体育社会学学科进程的考察——评多米尼克·马尔科姆的《体育与社会学》[J]．山东体育学院学报，2014（01）：33-37.

[27]刘巍．试论社会学研究的方法论取向[J]．理论观察，2010（04）：56-57.

[28]吕树庭．体育社会学研究的方法论[J]．上海体育学院学报，1991（01）：45-48.

山东体育学院：张基振，王鲲

第二章

体育与社会结构

本章提要

从体育的自然属性来分析，随着体育社会化的发展，各国政治力量对国家奥委会的影响、国家政治发展对体育事业发展的促进或制约等，体育与政治发展关系密切，尤其是政治制度对体育发展方式产生较大影响。从生产和经营的角度来审视体育发展及其相关的经济行为，引导人们从经济理论的角度思考体育运动的发展，成为“体育创造价值、体育产生消费”的重要理论基础和实践经验。体育与环境协调发展是体育运动可持续发展的重要保证。人口的数量与质量以及人口的结构都从不同角度对体育运动的发展产生影响。体育与大众传媒互惠互利，相辅相成，形成了社会发展中特有的共生现象，从而促进社会的良性发展。

第一节　体育与政治

一、国家理论与政治理论

（一）国家理论

从地理学的角度论述，国家是指拥有共同语言、文化、种族、血统、领土、政府或者历史的社会群体。从社会学范畴来定义，国家是指被人民、文化、语言、地理区别出来的领土。一般而言，国家行政管理当局是国家的象征，且是具有对内和对外治理一个社会的权利的国家机构。

从现代国家的起源论述，国家主要有三个特点，实质上也是国家起源的三个标志。

第一，统治阶级的专业化：统治者对国家领域内的政治、经济、文化、社会、教育和生态环境等事务具有管理权限，且具有专业化的治理能力。

第二，统治权力的集中化：统治阶级在国家范围内，通过法律手段，以国家政府为代表对国家事务管理权力的集中化。

第三，统治模式的制度化：统治阶级并不是国家权力的本身，而是代表和执行者，通过制度化的管理模式严格对公共权力实行进行限定。

从社会发展的角度，现代国家的产生也是市民社会中结社行为逐渐生长出来的，满足社会发展的需求。随着公民社会的来临，国家对社会事务的管理模式也在由一元化主体向多元化的趋势发展。在体育社会学中，国家作为制度供给者和不同利益集团关系协调者，对体育社会变迁、社会结构、社会控制、体育体制改革、体育文化等产生深远的影响。

（二）政治理论

政治是各种团体进行集体决策的一个过程，也是各种团体或个人为了各自利益所结成的特定关系，一般是指政府、政党等治理国家的行为。从人类社会学来讲，政治是人类社会存在和发展的一种重要的社会现象，是最基本、最普遍和最宏观调节人类社会生产方式、生存力的方式。

政治作为一种社会现象和上层建筑，对社会发展产生重要影响，例如，古德诺的“政治一行政二分法”主张的政治对行政的适度控制是政治与行政实现协调的重要基础，这被认为是加强社会自治、民主与效率协调管理的政府体制改革方向。政治对社会的影响主要体现在以下三个方面。

第一，政治通过政策法规管理社会。政策法规是政府管理国家的重要手段，通过其手段表达出政府的政治制度、管理国家的方针政策和对教育、卫生、体育等国家事务的治理理念。

第二，政治稳定影响社会稳定。政治稳定程度必然对一个社会经济、文化等各项事业的发展产生影响，尤其是对公民生活状况的影响较大。

第三，政治对社会意识形态或社会文化产生影响。社会意识形态和社会文化是国家政府通过政治手段对其控制的重要内容，尤其是对人民思想意识和社会价值层面的发展需与国家所倡导的政治理念相一致。

二、政治与体育的关系

从体育的自然属性来分析，体育与政治本无关系，但是随着体育社会化的发展，各国政治力量对国家奥委会的影响、国家政治发展对体育事业发展的促进或制约等，体育与政治发展有着密切的关系，以下从三个方面来论述其关系。

（一）体育产生和萌芽阶段与政治无关系

在人类发展的长河中，体育最早起源于古希腊。当时，体育作为祭神和宗教信仰的一种结社形式，之后以身体活动为手段成为教育体系中的一种形式。在阶级尚不存在的阶段，体育与政治不存在关系，即使是在《奥林匹克宪章》中也明确指出，奥林匹克区域内不准进行任何示威或政治的、宗教或种族宣传，但随着体育的发展，政治与体育的关系越来越紧密，既有促进作用，也对其制约。

（二）体育社会化过程中与政治的互动关系

体育发展的历史表明，在体育社会化的过程中，体育作为一种社会现象，受到经济、政治和文化等多因素的影响，并与政治活动形成了互动关系。一方面，政治对体育活动的制约与影响。一个国家所采用的政治体制将会对该国体育发展的方针、政策、路径、目的和任务等产生不同的影响，并相应地建立体育管理机构，为国家统治阶级服务。同时，国家也采用政治手段提升对体育事业的影响，例如，2008 年，在党中央、国务院的领导下，我国首都北京成功地举办了一届无与伦比的夏季奥运会，体现了政治与体育互动关系所产生的积极作用；另一方面，政治干预也会制约体育运动的发展，如国际体育比赛中的兴奋剂事件、一些国家或地区因政治原因抵制奥运会等事件。

三、体育在政治领域中的作用和地位

（一）体育在提升国家形象中的促进作用

国家形象是指一个国家的自我认知及其在国际体系中其他主体对其认知的结合，是国家“软实力”的重要组成部分，它是一系列信息输入和输出产生的结果。体育作为社会交往和互动的产物，深受各国人民的喜爱。在全球化背景下，国际奥委会、国际各单项体育组织、国际职业体育组织等这类组织举办了许多有巨大影响力的体育赛事。承办国家、地区或城市通过举办这些赛事，促进了城市硬件和软实力的提档升级，在世界各国人民面前展现了国家形象。同时，参加比赛的运动员代表自己的国家积极拼搏。，在各类比赛中取得优异的运动成绩，更是对其国家综合实力的一种展现。

（二）体育是国家行政事务中的重要组成部分

随着体育社会化的发展，体育在国家行政事务、人民社会生活和经济活动等领域的作用日益突出。显然，竞技体育、学校体育、群众体育、体育外事、体育产业等体育各领域的事务都与国家政治、经济、文化、教育、外交、商贸等事务跨界。从管理体制上，无论是美国、英国、澳大利亚等西方体育发达国家，还是我国，体育都是作为国家行政事务中重要组成部分，例如，英国文化、传媒和体育部（The Department of Culture，Media and Sport，DCMS）作为英国体育行政机构，负责英国精英体育、青少年体育和大众体育等事务，并与英国教育部（The

Department of Education and Skills，DES）共同负责学校体育工作，显示出英国对体育工作的重视程度。

随着国外体育社会化管理，在公民社会背景下，非营利组织或非政府组织在整合社会资源、参与社会管理和提供公共服务等方面发挥其独特优势，成为体育行政事务管理的主要力量。

（三）体育是推进国家精神文明建设的重要手段

体育与精神文明建设具有十分密切的关系。从个人参与体育运动的角度来看，体育运动有助于培养勇敢顽强、超越自我的意志品质；从体育的本质来看，例如，我们提倡的“友谊第一、比赛第二”，奥林匹克运动所提倡的“参与比获胜更重要”等都是蕴含着体育的精神价值。从我国体育事业发展的历程来看，体育对国家精神文明建设起到了强大的促进作用，例如，20 世纪 80 年代中国女子排球“五连冠”，力克日本、美国等国际强手，成为当时激励我国人民爱国主义情结的重要载体，更是体现了无私奉献、团结协作、艰苦奋斗的核心价值观，缔造了“女排精神”。女排精神直到今天还在影响着一代又一代中国人。伴随着中国体育的蓬勃发展，中国体育事业也创造了“为国争光、无私奉献、科学求实、遵纪遵法、团结友好、坚强拼搏”的中华体育精神。在大力发展全民健身的背景下，“每天运动一小时，健康工作每一天，幸福生活一辈子”的新风尚成为学校体育精神的主旋律。

（四）体育是国家外交领域的重要手段

参与国际体育活动是国家政治领域的一种外交手段。国家体育领域汇聚世界各国、各地区、各民族，是一个具有独特魅力的外交领域，深受各族人民的喜爱。例如，1971 年，美国乒乓球队应我国政府邀请访华，以乒乓球交流访问推动中美外交的新局面，以小球推动大球的“乒乓外交”，为之后中美两国恢复外交关系奠定了坚实的基础。2008 年北京奥运会的成功举办，更是一项中国外交史上的经典之作，以举办奥运会为平台展示我国的综合实力。2008 年 8 月 8 日，美国总统布什、俄罗斯总统普京等近 100 名外国首脑相聚北京，观看奥运会开幕式，这届奥运会展示了我国改革开放的巨大成就。近几年，随着职业体育和现代服务业的融合发展，在现代跨界传媒技术的引领下，国外体育明星、国外体育俱乐部与我国体育俱乐部、国家队的赛事、交流活动等成为新常态发展视角下的体育外交新模式。

在新的时代背景下，体育事业承载着更为重要的历史使命。在我国国际形象和国际地位不断提升的背景下，体育在外交事业中仍然是一种不可替代的手段。中共中央总书记、国家主席习近平高度重视体育事业，应俄罗斯总统普京邀请，习近平出席 2014 年 2 月 6 日在俄罗斯索契举行的冬奥会开幕式，这也是我国国家领导人首次赴境外参加国际体育赛会的开幕式。在俄罗斯期间，习近平接受俄罗斯电视台专访，并表示："邻居家有喜事，我肯定要来喝彩。"同时，习近平还接见了多位其他国家的元首。2014 年 3 月 29 日，习近平出访德国时，亲切看望了在德国训练的中国志丹青少年足球俱乐部队员，并对他们寄予厚望。

四、政治对体育发展的影响

（一）政治制度影响体育发展方式转变

政治制度是指在特定社会中，统治阶级通过组织政权以实现其政治统治的原则和方式的总和。资本主义国家实行的是高度分散的政治管理制度，我国的政治制度是 1949 年新中国成立以来规范的国家政权、政府制度、国家与社会关系等一系列根本性的法律、体制、机制等制度。新中国成立以来，以中华人民共和国体育运动委员会为最高体育行政机构，负责全国体育事务，尤其是制定体育发展的方针政策。在国务院大部制改革的背景下，1998 年改组为国家体育总局，仍然承担着制定体育工作的政策法规和发展规划并监督实施。同时从管理体制上建立了以运动项目为主体的运动项目中心和体育运动协会的管理模式。党的十八大以来，在以政府转变职能和构建服务型政府为目标的背景下，体育事业再一次面临着改革的机遇与挑战。这说明国家行政管理体制改革、经济体制改革和社会体制改革等，均会促进体育发展方式转变。其一，行政管理制度改革对体育治理模式产生影响。在构建服务型政府背景下，行政管理制度改革促进体育事业管办分离、体育社团实体化改革、体育产业逐步回归于市场，使得体育治理模式由政府一元管理逐渐转化为"政府—社会—市场"的多元治理模式。其二，经济制度改革为体育集约型发展产生影响。随着十一届三中全会我国提出计划经济向市场经济的转型，再到十八届三中全会提出的市场在经济建设中起决定性的作用，标志着我国经济发展方式的成功转型。在此背景下，经济制度改革将体育发展由“唯锦标主义”的竞技体育发展模式，转向竞技体育与全民健身、竞技体育与体育产业的协调发展。2014 年，国务院颁布的《关于加快体育产促进体育消费的若干意见》为我国体育产业提档升级创造的机遇。其三，社会体制改革对体育运行机制产生影响。随着我国社会由“生存型”转向“发展型”，居民消费需求逐步加大且呈现多元化趋势，经济结构由工业主导向服务型主导转型的趋势明显，社会公共领域的需求逐渐增大，因此，非政府组织、企业、体育社团等体育社会组织将成为社会体制改革重点，也将对体育运行机制产生影响。

（二）政府失灵影响体育资源合理整合

政府失灵是指个人对公共物品的需求在现代化议制民主政治中得不到很好的满足，公共部门在提供公共物品时趋向于浪费和滥用资源，致使公共支出规模过大或者效率降低，政府的活动或干预措施缺乏效率，或者说政府做出了降低经济效率的决策或不能实施改善经济效率的决策。随着体育运动在社会发展中地位的逐步提升，人们日益增长的体育需求使得体育事业需要多元化发展，在力图弥补市场失灵的过程中，政府干预行为本身的局限性导致了政府失灵，因此，在新形势下，政府、社会和市场需求明确各自的定位，以便整合资源为体育事业服务。

一方面，一元化政府管理体制影响公共决策过程中的执行效率。纵观国际体育发展领域和西方体育发达国家体育发展过程，多元化管理是推广体育运动和规范体育管理的主要特征，例如，在英国体育管理体制受“第三条道路”的影响，形成了由政府、社会和市场共治的多元化管理体制，以保障公共体育政策在执行过程中具有较高的执行率。因此，在转变政府职能的背景下，政府可通过委托代理、购买公共服务、社会组织创建、税务减免政策等鼓励社会和市场共治体育事业，提高公共决策的执行效率。另一方面，社会和市场机制弥补体育公共资源不足。多元化发展趋势促使体育管理体制改革，我国改革开放和市场经济的不断发展更是为社会、经济等参与体育管理事务奠定了基础，如体育场馆民营化管理、社会资本进驻体育产业、体育组织社会化管理，等等，都是我国体育事业势在必行的改革内容。市场作为配置资源的决定性因素，这就意味着政府将简政放权、做好顶层设计，减少对微观事务的管理，使得企业运行制度、现代公司治理、竞争性原则成为体育产业领域主要制度；社会共治作为国家治理创新重要理念，其非政府组织作为体育社会治理的重要组成部分，且不同类型、不同项目、不同区域等非政府体育组织网络体系和结构框架的初步形成，伴随着其能力不断提升，将作为重要角色参与国家体育治理。

（三）政治思想影响体育价值观念嬗变

政治通过其领导制度、组织制度、工作制度等具体制度形式表达其政治思想，影响体育运动的发展。17 世纪末到 18 世纪初，彼得大帝将其马术、摔跤、举重、击剑、航海等体育运动项目作为提升军队战斗力的一种手段，为俄国的军国民体育思想奠定的基础；美国受个人主义、英雄主义的影响，在美国国民中广泛开展的橄榄球、篮球、棒球和冰球等项目，体现着美国公民所崇尚的娱乐性、休闲性、商业性的体育价值观，尤其是其社会组织和商业组织作为参与体育管理的重要组成部分，更是体现其体育为民服务的人本主义价值观。

追溯我国体育价值观发展脉络，鸦片战争后，清政府颁布的“癸卯学制”开设的体操课程，提倡“尚武救国、强国强民”的思想。新中国成立之初，百废待兴，在“劳卫制”的影响下，体育运动在国内军队、工厂、学校等广泛开展，毛泽东所提倡的“发展体育运动，增强人民体质”更是体现体育运动对国民体质健康的作用。伴随着改革开放，我国体育事业在经济建设、社会保障、民生服务、国际外交等领域发挥着自身的作用。党的十八大以来，人民对体育运动的需求日益增长，政府职能转变促使体育人本主义价值观的凸显，其主要表现为体育健身、健心和益群的本质属性得以释放。

第二节　体育与经济

一、经济理论与制度理论

（一）经济理论

经济理论是指从某些前提假设出发，经过一定的逻辑推理，预测经济现象发生的理论体系，是对现实客观条件下经济运行状态的一种理论假设。伴随着经济理论的发展，数学模型成为了经济学理论最“科学”的理论逻辑演绎。亚当斯密（1723—1790）的著作《国富论》论述了劳动力增进引起了社会分工、货币、价值、工资、利润、地租等理论的出现，尤其是提出“看不见的手”，表述了人类发展过程中的经济体系，也就是人类社会交换、交易和互易的体现。

随着现代人类生活方式的转变，经济全球化促使体育运动的飞速发展，因此，从生产和经营的角度来审视体育发展及其相关的经济行为，也从而引导人们从经济理论的角度思考体育运动的发展，成为“体育创造价值、体育产生消费”的重要理论基础和实践经验。

（二）制度理论

制度是一套规范、专业、整合而降低交易成本的框架体系。从制度经济学角度审视，制度作为经济学研究分支，主要研究制度对于经济行为和经济发展的影响。早期，制度学派的研究就与价值判断密切相关，随着体育制度的不断演化，通过制度经济学分析体育的经济价值及其相关价值，是通过制度理论研究体育经济问题的主要方法。

随着现代体育演化对体育发展方式的影响，从制度经济学角度审视体育事业发展中的经济现象、经济行为和经济关系，就必须研究对现代体育发展过程中的产生影响、支配或约束作用的制度安排。

二、体育与经济的关系

（一）经济发展水平与体育发展水平的一致性

在体育运动的发展历程中，经济发展水平一直扮演着重要角色，尤其是经济全球化和现代传播手段的飞速发展，社会物质生产水平决定着体育运动发展的规模和效益。例如，1984 年洛杉矶奥林匹克运动会的成功举办，就得益于美国人尤伯罗斯所推行的“TOP计划”。该项计划开创了奥运会商业运行模式，将商业赞助、商业广告、电视转播等商业运行模式引入奥运会的举办过程中，创造了 2. 25 亿美元的盈利，同时，这也充分说明了美国经济实力对体育运动的影响，更是证明了经济发展对体育运动的重要影响。从体育竞技成绩和影响力来分析，美国棒球、冰球、橄榄球、篮球等职业联赛的蓬勃发展就是依托美国强大的经济实力。这说明区域经济对职业体育发展的促进作用。职业体育发达或者占据职业体育领域领先地位的国家或地区，均是发达国家。再如，2013 年，世界GDP排名前十的国家在 2012 年伦敦奥运会上大多取得了较好的排名（表 2–1）。

表 2–1　国家 GDP 世界排名与伦敦奥运会排名对照表

排　名	国家名称	GDP总量（单位：10亿美元）	伦敦奥运会排名	伦敦奥运会金牌数量
1	美　国	16197. 96	1	46
2	中　国	9038. 66	2	38
3	日　本	5997. 32	11	7
4	德　国	3373. 33	6	11
5	法　国	2565. 62	7	11
6	英　国	2532. 05	3	29
7	巴　西	2503. 87	22	3
8	印　度	2117. 28	55	0
9	俄罗斯	2109. 02	4	24
10	意大利	1953. 82	8	8

改革开放以来，我国经济的高速发展促进了体育发展。我国在国际赛场上竞技体育成绩不断提升，体育公共服务体系逐步完善，体育产业对国民经济增长的贡献率逐步加大，表现出经济发展水平与体育发展水平的高度一致性。

（二）生产方式变革导致体育参与率下降

生产力水平的提升和生产工具的创新促进了生产方式的变革。显然，生产力水平的提升导致脑力劳动者所占比例提升。随着工业革命，高能源、高动力、高消耗等生产工具的发明使得生产方式中生产者的劳动强度降低。生产力的发展和生产工具的进步对人类发展起到了极大的促进作用，但也导致人类生活方式的变革，如静坐少动的不良生活方式引起的慢性病，工作压力导致的心理疾病等问题；更为严重的是，不良生活方式导致人们体育参与率的下降。

显然，经济发展能够促进体育发展，但从个体角度来分析，却是导致体育参与率下降的原因之一。其一，生产方式变革使得人们生活压力增大，直接影响人们的身心健康，现代人们生活、交通、办公、学习等社会活动的便捷化、机械化、自动化和电子化程度增高，尤其是生活节奏的加快给予人们参与体育活动的空间和时间越来越少，导致人们体力活动不足，人们身心健康受到影响。其二，生产方式的改变导致慢性病患者增多。在高度工业化的背景下，高血压病、高血脂、肥胖病等慢性病患者增多，且患者年轻化等现象已成为全球性的问题。这也直接影响着人们身体锻炼的参与率和效率，因此，健康膳食、低碳生活、运动处方均是卫生、体育、社会学等方面专家提出应对现代慢性病的有效措施。

（三）人们对体育需求的增长助推其成为经济增长点

美国心理学家马斯洛，在1943年发表的《人类激励理论》中提出了人类的需求从低到高按层次为生理需求、安全需求、社交需求、尊重需求和自我实现的需求。人们由原始社会发展到工业社会，再到后工业化时代，体育运动不仅满足人体生理和安全需求，也已逐渐成为一种社会交往活动，是人们满足尊重和实现自我价值等需求的有效途径。

显然，人们对体育需求的日益增长促使体育事业成为新的经济增长点。在人们需求驱使下，体育事业也在发生着变革，如种类繁多的多功能体育健身器材产品、体育明星代言的体育服装商品、各类职业体育赛事、观看体育赛事的观众逐渐增多，等等，足以说明人们的需求促使体育用品制造业、体育中介服务业、体育竞赛表演业、体育旅游业等体育产业相关业态的发展。

（四）体育在国民经济增长方式中的独特作用

国民经济是建立在生产资料基础上，反映国家范围内各社会生产部门、流通部门和其他经济部门多构成相互联系的总和。在发达国家，代表生产性服务业的第三产业比重最大，其次是第二产业和第一产业，例如，2012 年美国、日本等发达国家第三产业占比均为 70% 以上，同时，由于体育竞赛表演业、体育服务中介业等业态所呈现出的“低消耗、高产能、惠民生”等特征，使得体育产业成为国民经济增长中的新兴产业并发挥其独特作用。

三、体育对经济增长的促进作用

（一）体育产业成为国民经济的新增点

随着体育运动的提档升级，体育产业已成为市场经济规律条件下提供体育服务各行业的总和。在西方体育发达国家，体育产业已成为满足公民体育需求，以体育竞赛服务、体育旅游服务、体育中介服务、体育用品制造等为主要类型的商业化运行模式。同时，体育产业视域下的职业体育已成为体育事业发展的高端形式，作为第三产业的体育产业，始终保持着较为稳步的增长态势，在国民收入中占据重要地位，根据资料显示，2008 年，欧美国家体育产业占 GDP 的比重的 2% ~ 3%；在美国，2010 年 GDP 为 14.7 万亿美元，体育产值达 4410 亿美元，体育产值占 GDP 的 3%；2012 年 GDP 为 15.92 万亿美元，体育产值达 4350 亿美元，体育产值占 GDP 的 2. 7%。体育产业在促进美国诸多城市转型、城市形象塑造等方面起到了不可替代的作用。

2014 年，国务院发布的《关于加快发展体育产业促进体育消费的若干意见》提出，将体育产业作为绿色产业、朝阳产业扶持，到 2025 年我国体育产业总规模将达到 5 万亿元。在体育事业深化改革的背景下，体育事业需要竞技体育、群众体育和体育产业全面发展，尤其是通过体育产业来促进体育发展方式转变，这也标志着体育产业将作为我国产业结构转型、促进经济增长的新增点。

（二）体育消费成为国家经济的新常态

随着人们对体育运动需求的日益增长，体育消费已成为居民消费的组成部分。体育消费包括购买体育服装、运动器材、健身训练、体育健康医疗、体育休闲旅游、观看体育比赛等各类参与型和观赏型消费。在我国改革开放以来的较长时期内，我国对外经济的基本战略是以充分利用低廉的人力资源及土地等国内资源优势，扩大出口和追求贸易顺差为目标，并且将以加工贸易为特征的外资作为吸引外资的重点，争夺和占领国际市场。这种以扩大出口为基础的对外经济发展战略，使得拉动我国经济增长的“三驾马车”（即投资、出口、消费）的贡献排序依次为投资、出口、消费。

2015 年是我国全面实施深入改革的一年，中央经济工作会议提出：“认识新常态、适应新常态、引领新常态，是当前和今后一个时期我国经济发展的大逻辑。”在此背景下，将我国经济由高速增长转为中高速增长，调整由第三产业为支柱的经济结构不断优化。显然，我国目前处于增长速度换挡期、结构调整阵痛期和前期刺激政策消化期“三期叠加”阶段。新常态意味着新机遇和新挑战，随着体育产业在国家经济发展战略中地位的提升，国家正在加大体育投注支持力度，重点培育体育企业，加强政策支持力度，丰富体育市场的供给种类等举措，将促进体育消费成为国家经济发展的新常态。

四、经济对体育发展方式的促进作用

（一）发展体育产业成为体育体制改革的重要内容

纵观西方体育发达国家，依托于职业体育联盟为主体的运行体制，实现了体育项目竞技水平和体育产业经济效益的双赢局面。众所周知，德国作为职业体育发达国家之一，足球是德国传统项目，其竞技水平处于世界领先地位，且德国足球甲级联赛更是享誉世界，形成了以职业联赛驱动竞技水平的发展态势。德国足球甲级联赛由德国足球联赛有限责任公司负责独立运作，成功将市场资本和社会资本引入体育产业，助推了德国体育体制改革。在市场机制条件下，社会化和市场化是体育产业发展的必由之路，也是体育体制改革过程中所需厘清的主要关系，其国家、社会和市场在体育体制改革中的关系。

1992 年 10 月，中国共产党第十四次全国代表大会提出了“社会主义市场经济”的理论，确立了社会主义市场经济体制的改革目标。在此背景下，计划经济体制下形成的高度集中的体育管理模式已不适应社会主义市场经济的发展，尤其是人民日益增长的物质和精神需求对体育工作提出新的挑战，体育管理体制改革势在必行。同年 6 月召开的全国足球工作会议提出了足球率先作为试点项目进行市场化改革。这一举措是在新形势下我国体育体制改革的一种全新尝试，将足球作为突破口，探索竞技体育改革路径，适应国际职业体育发展的步伐。

经过改革开放 30 年的探索，在新的历史时期，体育产业成为体育战线面临的一项重要任务，体育产业不仅是我国体育体制适应市场机制和深化改革的重要步骤，更是关系到体育产业对国民经济增长的贡献力和国民经济转轨的助推力。随着休闲时代的来临，在人们体育需求和可支配收入增加两项因素的促使下，我国体育产业的相关业态逐步发展，主要包括体育竞赛表演业、体育健身娱乐业、体育用品制造业、体育无形资产市场、体育培训与咨询业、体育旅游业、体育博彩业等体系。

2014 年，国务院发布的《关于加快发展体育产业促进体育消费的若干意见》更是将体育产业纳入国家战略，在我国重要战略机遇期内，在全面建成小康社会和全面深化改革开放进程中，引领我国体育产业发展的重要文件，将有力地促进体育事业和体育产业的全面、协调、可持续发展，推动我国由体育大国向体育强国迈进。

（二）拉动体育消费成为转变服务方式的重要手段

在宏观经济层面，拉动消费成为经济新常态视域下国内经济增长转型的主要手段，同时也是把扩大消费需求作为扩大内需的战略重点。在城乡居民收入较快平稳增长的背景下，使得产业结构的合理化分布成为满足消费需求稳定增长的首要问题。在西方体育发达国家，国家为公民提供的公共体育服务主要是公益性质的，这类服务属于公共物品，政府通过委托代理或政府购买公共服务等形式为公民提供体育设施、体育非营利组织、体育技能、体育赛事或培训等方面的服务；同时，另外一种服务就是产业性的体育服务，这类服务属于公共商品，如职业体育赛事服务、职业体育用品、体育俱乐部会员等，政府通过宏观调控和监管，以行业协会、职业联盟等组织作为监管主体之一，发挥市场的作用。总之，社会性公益服务和产业型商业服务是国家政府为公民提供体育服务的重要内容。

在我国，体育产业起步较晚，在较长的一段时间内出现了与经济建设和管理体制不适应的现象，也就是体育产业的服务水平落后于其他服务业态，体育产业的经济效益没有完全体现。在国家进一步“稳增长、调结构、促改革、惠民生”的发展大背景下，体育的产业功能、经济价值日益显现，倍受关注。从转变服务方式的角度，拉动体育消费成为转变政府职能，实现体育管理模式社会化、市场化和商业化运行的主要方向，实践证明，体育不但为国争光，还可以满足人民日益增长的体育需求。

（三）拓宽体育市场成为我国体育改革的重要领域

随着我国国民经济和体育事业的快速发展，体育事业的发展已突破了计划经济时代的运行模式。社会经济、政治和文化等各种因素均影响着我国体育事业的发展，由此，体育与经济、社会协调发展成为体育事业发展的客观规律，也成为我国体育事业改革的重要领域。回顾过去，拓宽体育市场均是我国体育改革的重要内容，例如，1992 年在探索项目管理体制转变的过程中，建立足球、篮球等项目职业联赛体制成为拓宽体育市场，适应职业体育发展模式的重要举措。近些年，随着群众参与体育运动的意识不断增强，在全国范围内建立了分布在深圳、成都、晋江、北京、富阳和乐凌的近 20 个国家体育产业基地，国家运用产业集聚模式建立体育产业基地，便于发挥整体优势，其主要产业集中在体育用品制造业。

十八届三中、四中全会以来，国家吹响了全面深化改革的号角，体育事业受国际体育格局变化、国内体育发展方式转变和国民对体育需求的转变的影响，我国体育事业的改革将成为国际治理体育和治理能力现代化的重要内容。在此背景下，基于全民健身成为国家战略，拓宽体育市场成为发展全民健身的重要基础，通过鼓励和动员市场资源和社会资本流向体育市场，将成为繁荣体育市场的重要手段，尤其是通过市场机制提高体育市场的服务水平和服务质量，满足人民群众的需求；同时，体育产业与健康养老、休闲旅游、文化创意、新闻传媒等相关产业息息相关，因此拓宽体育市场成为体育产业与相关产业互动发展的重要手段。

第三节　体育与教育

一、哲学理论与教育理论

（一）哲学理论：人的全面发展

马克思从历史观和全球化的视角分析了人的全面发展，由此形成了马克思人学理论的精华，也是马克思所追求的最高理想和目标。人的全面发展作为“现实的个人”的最终发展目标，其体育和教育均是促进人的全面发展的有效途径，尤其是将体育从工具理性向人本主义价值观的嬗变，突出了其教育功能；同时，人的全面发展作为教育的最高目标，突出了教育事业现实性和人文关怀性的特点。从社会学视角来看，审视人的全面发展这一哲学理论对体育和教育事业的内涵，具有十分重要的意义。

其一，人的全面发展表现在人的劳动能力的全面发展。基于人的劳动能力的丰富性、完整性和可变动性的特点，体育运动中的诸多技能、项目均是人们在改造自然、社会和人自身活动的全面生成和丰富，对于人的生存、生产和生活技能的培养也是教育事业实现人的全面发展的重要途径。

其二，人的全面发展表现在人的社会关系的全面丰富。人的社会关系的全面丰富是指个人与他人在社会集中的作为一份子，形成各个领域、阶层、方面等方面的关系。体育作为一项社会活动，也成为建立人的社会关系有效途径，尤其是体育社会化对人参与社会活动的教育作用，是人们以体育为载体培养的一项能力。

其三，人的全面发展表现在人的素质的全面提高。人的素质是由生理、心理、科学文化、思想道德素质等组成，同时各素质之间的均衡协调也对其人的全面发展至关重要。从体育的角度分析，体育能够促进人的身体机能提高，心理素质培养和思想道德等，因此，从古至今、古今中外，体育是教育事业的重要组成部分，是促进人的全面发展不可替代的途径，具有独特功能。

（二）教育理论：完全人格教育

完全人格，是我国著名教育家蔡元培先生在1912年1月发表的《对于新教育之意见》一文中提出，并对其进行了全面详实的论述。完全人格的教育思想主要表现在军事技能教育和体育教育、智育、德育、世界观教育和美育，其“五育并举”的教育思想不仅体现了蔡元培对于“发展个性、崇尚自然”的重视，而且还将“思想自由、兼容并包”贯彻到其办学思想中。

完全人格的教育思想对体育和教育事业发展影响深远。其一，在完全人格教育中，将体育置于首位。健全的精神源于健全的身体。体育运动对人的身体和心理的锻炼作用，体现其独特价值。其二，在完全个人教育中，充分诠释了人的体质健康是发展其他能力的基础，也是教育事业的重要组成部分。换言之，通过教育培养全面发展的人，体育对其影响是重要因素。

二、体育与教育的关系

（一）体育是教育的重要内容

1. 体育教育是培养生存、生活技能的重要手段

体育作为教育的重要内容和手段，是促进人的全面发展的重要因素，更是人的生存和生活中不可缺少的一种技能。学会生存是国内外教育学家重要的教育理念，诚然，体育教育与生存教育具有密切的关系。因为从事体育是一个人从幼儿时期至老年均可参与和习得的一种技能，是培养生存和生活技能的主要途径，例如，在国内外广泛开展的户外运动教育，就是采用人和大自然相融合的方法，从中锻炼人们的身体、心理和生存能力，从中通过各种合理的运动实践，如走、跑、跳、投等基本生活技能的训练，发展人的多种动作技能及与闲暇活动技能相关的多种能力，在遵循人体技能发展序列的原则下，增强人的体能，并从中体验运动的乐趣。

以体育为手段促进人的生存和生活技能，主要包括两个方面：其一，人的体能技能的培养运动素质、健康素质和身体机能等方面。通过体育教育促进人的身体健康、心理健康，是使其能够适应社会发展的需要，尤其是提高人的力量、速度、耐力、柔韧等运动素质。其二，技能则是指人在生存过程中，利用神经控制所表现出的动作能力，包括跳跃、攀爬、翻滚、躲闪、投掷、支撑与悬挂等技能，通过运动项目的练习这一实践探索，促进动作技能的形成，并提高运动技术水平，以满足现实生活对此类运动技能的需求。例如，美国、加拿大、英国等体育发达国家充分发挥社会组织的功能，开展多种多样的训练营等活动，这就是一种将运动项目和生存能力培养相融合的一种手段。

2. 体育运动是人类身心全面发展的教育内容

体育教育的“健身、健心和健群”功能主要是反映体育运动的自然属性和社会属性，体育的真义在育“体”，“无育之体育”是工具理性价值观视角下对体育自然属性的诠释，而渗透在整个生命之中，身心统一的体育教育则是更加强调体育育人的功能。毛泽东曾在《体育之研究》中指出：“体育，为知识之载而为道德之寓者也。”“体强壮而后学问道德之进修勇而收效远。”体育能够“强筋骨”“增知识”“调情感”。体育与德育、智育、美育相互促进，共同推动和促进人的全面发展。党的十八大以来，习近平同志进一步阐述了体育的教育功能，他从体育教育的角度阐述了体育运动是促进人的全面发展，增强健康体魄和塑造健全人格的途径。

在人的教育过程中，体育教育始终扮演着重要角色，始终在促进教育现代化中具有独特价值。纵观世界各国，经济发达国家十分重视体育教育的功能。其一，体育教育的健身功能，在我国从小学一年至大学二年级均将体育课设置为必修课程，“健康第一”“阳光体育”是我国教育部门一致倡导的体育教育理念，通过体育课程和课外体育活动促进体质健康是其重要途径；其二，体育教育的健心功能，体育运动具有促进人心理健康的功能，参加体育运动能培养心智、塑造完全能力，在体育运动中承受失败、分享成功、学会团结、培养坚毅的品质等，更重要的是体育是唯一一门以身体实践教育为主要方式对人的心理品质进行培养的教育内容；其三，体育教育的健群功能，以组织化推进体育运动发展已成为当前体育管理体系的重要特征，从社会学视角，体育运动是本身就是一种结社行为，大量的草根体育组织、学校体育社团均是促进人的交往和友谊的重要载体，体育教育也是培养人与自然和谐、人与社会相处的手段，是人的群居活动特性的重要体现。因此，在体育教育过程中，发挥体育促进身体和心理全面发展的功能。

3. 体育活动是在教育过程中具有独特的价值

体育教育和其他教育一样，是一种有目的、有计划、有组织的教育活动，但又有别于其他教育，在于其身体性、社会性、全面性、体验性等特性的彰显。它是以身体活动和运动项目为载体，在特定的环境下专门组织具有规范体系的身体活动。因此，不难发现，文学、运算、语言等技能培养与体育教育不同之处就在于其方法的独特性，强调其全身心参与和体验，在于其环境的独特性，强调人们生存的地方均是开展体育教育的地方。

体育教育对人的发展的独特价值表现在以下几个方面。

（1）培养技能。人的技能受条件反射和非条件反射形成，但人赖以生存的跑、跳、投等基本生活技能需要通过体育教育进一步规范化、标准化的引领其提高，同时在体育运动中，还存在许多技能必须通过后天习得而获得。例如，在美国，5岁的幼儿就开始接受体操、形体等锻炼，主要是培养人的技能动作，其走路、站立、跑跳、翻转等技能的形成；在小学阶段，大量的体育社团成为孩子们培养兴趣、提高体育技能的乐园，在普及的基础上提高成为培养体育技能的主要理念。

（2）塑造精神。从体育运动缘起的“游戏论”可以发现，体育运动的产生首先是带给人们欢乐、趣味和娱乐；从体育运动组织形式的演进过程可以看出，最早古希腊“城邦制”、奥林匹克“更快、更高、更强”的理念等，均是体现其人类征服自然、推进社会进步和培养人的精神的重要手段。我们发现，利用体育来满足最基本的生存需要，通过其运动满足精神方面的各种需求。从体育教育对人的生物价值、心理价值及社会价值的认识、开发和利用中可以看出，体育教育在精神方面的塑造功能具有独特作用。

（3）唤醒潜能。人的动作技能的形成受条件反射和非条件发射因素的影响。从幼儿时期接受体育技能训练，建立动作技能的条件反射是体育教育唤醒人的潜能的重要途径。潜能作为人的发展的前提，无论从智力因素还是非智力因素都是需要通过不断开发而形成和发展的。从人与体育的自然属性来分析，科学的体育教育体系对人的肌肉骨骼、心血管系统、呼吸系统和动作技能形成都有促进作用，从而对人的身体潜能进行有阶段性的开发和动员。从人与体育的社会属性来分析，体育教育是在实践中对人的创造能力、协作能力、结社能力等进行培养，在体育运动中对人的心理品质进行培养，唤醒和动员人的非智力能力。

（二）教育是体育的重要功能

1. 教育是推动体育社会化进程中的重要理念

人是社会的人，它不仅具有自然属性，而且还具有社会属性。体育的社会化是促进体育发展的重要象征。基于概念分析，一是从体育发展的外部环境分析，社会结构、制度、分层等成为制约和促进体育运动发展重要因素；二是从体育发展的内部环境分析，即人们以不同的身份和社会角色参与体育运动，掌握体育的动作技能和形成价值规范，促进个性形成与发展的个体社会化过程。诚然，教育是传承体育文化的重要手段，人们有序、系统、科学地从事体育运动，参与体育活动，其教育者的传教授业就是重要手段。体育教育作为一种特殊的教育手段，也是推进体育社会化进程的重要理念，对人的社会化，以及体育的社会化有着不可磨灭的作用。它不仅扩大着体育参与者（包括体育的组织与经营管理者）构成的社会化，同时也实现着体育活动所延伸的个体社会化，其通过动员更多的人去参与体育，把这种游戏升格为工作、事业。一旦把体育活动当作一种事业看，体育将出现迅猛异常的进展，而且可以促进人的个性的全面发展使身体各方面协调和谐，使人不断完善起来，也可以使人将体育作为一种内在的需要，成为永不改变的习惯。

2. 教育是发展体育事业过程中的依托和属性

教育是一种有目的的培养人的社会活动。社会成员通过教育的培养、筛选和提高，能够在体育领域、社会层次、职业岗位、科层组织之间转换、调整和变动，以充分发挥其体育才能，实现其人生抱负。因此，对个人来说，通过教育可以充分调动体育人的积极性、创造性，使其在体育领域中能大展拳脚，实现目标与理想；对社会来说，通过教育可以激励与调动广大社会成员的体育积极性、强身健体、健康生活，养成良好的体育生活方式，以过上幸福健康的现代生活；对教育来说，通过有目的、有计划、有组织地分流培养体育人才，为每个社会成员创造更好的在各个社会领域流动的社会条件，为更多、更好的人才流进体育领域创造可能，以促进社会的发展与进步，体育事业的发展与进步，并在提高服务社会发展、体育发展与个人发展的效能中，从而使教育自身得到良好的发展。

虽然体育事业的建设者或劳动者通过教育可以在很大程度上引导个体素质的全面而自由的发展，也能影响社会结构局部或整体变化，但是这种通过教育改变个人现状，为获得更好的生存和发展境遇的也并非易事，它是需要个人作长期艰苦的努力奋斗的，从而使体育领域能快出人才，早出人才，为体育事业的发展添砖加瓦。

3. 教育是传承体育文化、传播体育事业的桥梁

社会化是人从愚昧与野蛮走向文明与开放的重要象征，是人类文化传承的结果。体育文化作为现代文明的重要象征，其实是人类发展的瑰宝。例如，奥林匹克精神现已由体育精神延伸为一种激励年轻人勇敢向上、拼搏奋斗的人生精神，是体育文化的重要组成部分。体育教育，因为其具有明确的目的性、周密的计划性、科学的方法性、严密的思想性，在一定规则、场所、时间内，通过专门的人员精选的内容与适宜的方法，以体现传递体育文化的重要功能。

教育为了有效地传承体育文化、发展体育事业，还必须发挥其对体育文化的选择功能。其主要体现在对体育文化的积极引导和自觉规范之上。体育文化同其他文化一样过于庞杂，不能全部吸收，必须通过教育进行“简化”“净化”与“优化”，吸其精华去其糟粕，选择其最优秀的部分，以便适应人的体育需求。此外，在社会政治经济制度的演进下，教育与体育文化的融合既要符合人的身心发展的客观规律和体育发展的客观规律，也要适应其社会发展的基本特征。

第四节　体育与环境

忽视环境问题，人类的生存基础就会受到挑战；忽视体育运动，我们的身体就无法抵御各种侵扰。体育与环境，早已成为人类生存发展中不可忽视的重要课题。随着人类的进化和发展，尤其是工业化和城市化的迅猛推进，人类与环境之间的关系也越来越复杂。在体育运动中，无论是个体还是群体，都必然会与周围物质世界和社会环境发生千丝万缕的联系，时间和空间因素也无声无息地影响着体育运动。任何体育运动都是在特定的环境下进行的，体育运动离不开环境，没有环境便没有体育运动。本节从环境的概念入手，重点学习体育与环境之间的关系，明确体育与环境的和谐发展是未来体育运动的发展方向。

一、环境概念

所谓环境（environment）总是相对于某一中心事物而言的。我们通常所称的环境就是指人类的环境。人类环境分为自然环境和社会环境。环境总是针对某一特定主体或中心而言的，是一个相对的概念，离开了这个主体或中心也就无所谓环境，因此环境只具有相对的意义。

环境可泛指大气、水、土地、森林、草原、自然保护区和生活居住区、人际关系、生活氛围等等。按环境要素属性可分为自然环境和社会环境；按环境组成要素可分为大气环境、水环境、生物环境等。

二、体育与环境之间的关系

体育是人类参与社会活动的一个重要内容，同其他社会活动一样，也需要在一定的环境下才能开展。体育的发生发展不仅与人自身有着内在本质的联系，而且受到环境的制约，创造和改善适宜的体育环境，将有助于运动员取得良好的运动成绩，同时，也有助于促进体育锻炼者和娱乐者的身心健康与发展；另一方面，体育能够积极地影响环境并促进环境，也对环境起消极作用。正因为如此，理性地、清醒地认识体育与环境之间的关系是我们重点要探讨的内容。

（一）体育与自然环境

环境问题已成为现代社会普遍关心的一个全球性问题，体育运动正逐渐成为影响人们生活方式的重要因素，随着环境问题的日益严重和人们对环境问题认识的日益加深，人们越来越清楚地认识到发展体育运动不应该以牺牲环境为代价。因此，有必要对体育与自然环境进行深入的探讨。

自然环境是人类社会赖以存在的基础和前提，是社会物质生活和社会发展的经常的必要的条件。体育运动作为一种社会文化现象，它的开展同样会对周围的环境带来一些影响，尤其是举办大型国际体育赛事，对自然环境的影响更是应该引起我们足够的重视。首先就是体育场馆规划建设问题，大型体育赛事对场馆的要求是众所周知的，因此，为了满足赛事的需要，修建大量的场馆、道路、餐馆、旅馆等，这必然会占用大量的土地，更改原有土地的地形地貌和周边的生态平衡，这将给当地的环境带来长期的不利影响。很多奥运会的主办城市由于考虑不周全而造成了城市整体文化景观被破坏、古迹遭到损坏、自然环境恶化、资源得不到有效利用等等的恶果。最为典型的就是第16届阿尔贝维尔冬季奥运会，为了这次奥运会毁掉了30万公顷的森林，导致数以万计的动植物失去了赖以生存的根基，当地的生物种类急剧减少，造成了严重的生态危机。其次，在运动会开展期间，大量聚集的观众不但会带来交通上的压力，而且还会在比赛现场制造欢呼、鼓掌、吹哨等人类发出的噪音，从而带来空气污染和噪声污染，给当地居民的正常生活带来一定的影响。例如，2000年悉尼奥运会比赛期间，悉尼的400万居民中就有50万人选择暂时离开这个城市，原因正是他们难以忍受奥运会带来的吵闹喧杂的环境。另外，比赛结束后，大量的体育场馆、体育设施因为管理不善或者资金问题而导致长期的闲置浪费，这也是对原有生态环境的一种污染。同样，自然环境也会对体育运动的顺利开展产生一定的影响。自然环境的保护和改善可以给体育运动提供适宜的条件，而自然环境的恶化则会让体育运动无法实现增强体质、增进健康的目标。尤其是近几年来，雾霾天气在我国多地城市的频繁出现，使我们健身锻炼的环境愈加恶化，甚至无法进行正常的体育健身活动，这就是大自然对人类无节制活动进行的报复。有关研究表明，运动员长期在臭氧浓度平均为0.14毫克/立方米时，肺的超微结构就会发生病变损伤。

体育运动的开展为人类社会的和平与发展做出了巨大的贡献，但是随之带来的环境问题也越来越引起人们的重视。体育与自然环境的冲突，已经成为一个不容忽视的问题。无论是远古时期的人，还是生活在现代社会中的人，都离不开自然环境而独立生存，因此，保护自然环境就是保护我们人类自身的发展。体育运动的有识之士也早就认识到了体育运动的开展会对环境造成一定的危害，因此，国际社会已经达成共识：各种体育活动的开展及运动会的筹办，应尊重环境并于环境保持协调一致，从而保证体育的可持续发展，需求环境与发展的平衡点，最终促进社会的可持续发展。悉尼奥运会当初在筹备过程中，为了保护环境，在场馆选址上颇费一番周折，例如，网球场最初选择在一片沼泽地上，而这里是一种稀有青蛙的栖息地，为保护这种青蛙的生存环境，组织者毅然决然地决定“让步”，不惜损失巨资，另择场址修建场馆。

（二）体育与社会人文环境

体育运动的开展不仅与自然环境紧密相关，而且与社会人文环境也密不可分。社会人文环境指的是社会人文现象、文化氛围、社会舆论和人口环境，以及社会政治、经济等等。社人文环境影响和制约着体育社会意识、体育价值观念。体育又影响着社会人文环境的发展、改善和保护，二者相互依存、相互作用。

体育运动既是一种物质文化，同时也是一种精神文化，通过运动可以改善我们的体质，增进健康，提高意志品质，培养社会适应能力。在全社会上形成良好的体育文化氛围可以激发人们锻炼的热情，带动更多的人参与到体育运动中来，享受运动的乐趣，提高全民族的身体素质。当然，社会舆论也应该多提供有利于推动体育运动开展的宣传和报道，全面、科学的宣传、介绍健身锻炼项目和方法，让更多的人明确健身对个体、对社会、对国家的重要意义，让全民健身真正成为一种必需品。体育运动的发展要与社会的政治、经济发展协调一致，社会政治对体育运动的发展有着举足轻重的作用。政治的需要制约着体育运动的目的性质，政治制度规定着体育制度的类型，政治思想意识影响着体育价值观念。相反，体育运动成为政治家进行政治活动的避风港，体育运动也是缓和政治冲突、解决政治争端的场所。体育运动的发展同样也对社会的经济发展产生一定的影响，目前，我国的体育产业发展走上了一条职业化、商业化的发展轨道，在带来巨大经济利益的同时，一些有悖伦理和道德的体育异化现象也同时滋生出来，如兴奋剂问题、黑哨、假球、贪污受贿、体育暴力等不良现象经常出现在体育比赛中，对体育比赛所推崇的“公平、公正、公开”精神提出了严峻的挑战，同时也使万人瞩目的体育赛事在利益的驱动下逐渐演变成了追求金钱、名誉的工具。体育活动是人类所特有的文化实践形式，奥林匹克运动更是全球范围内最具影响、规模最大的体育盛会，要使这项人类特有的实践活动可持续发展，需要建立一个有序、健康、和谐的体育环境作为支撑。对体育环境社会层面的反思与关注，旨在搭建一个更符合人性、人的需要，加速人的发展的体育平台。人只有时刻把自己作为自然的一员，控制自己的行为，保证自然的可持续发展，才能最终实现自己的可持续发展，我们只有考虑体育自然环境的可持续发展才能实现人类体育活动的可持续发展。

三、体育与环境的和谐发展

（一）国际奥委会的环保政策为体育运动的未来发展指明了方向

国际奥委会从20世纪70年代开始就提出举办奥运会环保方面的要求，并将环境保护逐渐政策化。1994年在巴黎召开的以统一为主题的百年奥运大会确认了环境和可持续发展的重要性。在确认其在可持续发展方面的特殊责任之后，国际奥委会将环境视为奥林匹克精神中除体育和文化之外的第三个层面。由此，1995年，国际奥委会决定成立体育与环境委员会。该委员会的职责是，就国际奥委会和奥林匹克运动应采取何种环境保护和促进可持续发展等方面的政策。1997年国际奥委会首次召开了体育与环境世界大会，此后每年都要召开体育与环境大会，专门讨论体育与环境问题。特别是1999年国际奥委会制定《奥林匹克21世纪议程》时，明确奥林匹克要全力推动全球可持续发展和环境保护事业，要求申办奥林匹克运动会的城市必须首先检查自己在尊重越来越严格的环保标准的情况下举办奥运会的能力。国际奥委会作为一个国际性的非政府体育组织，在引领奥林匹克运动向前发展的同时，凭借着自身广泛而巨大的影响力，利用奥运会这个广阔的平台，积极地为全世界的环境保护工作贡献着自己的力量。在它的正确带领下，体育运动正朝着越来越正确的方向发展着。

（二）建立生态体育是保障体育与环境和谐发展的关键

人类社会发展到今天，随着文明程度的不断提高，人们越来越重视自身的生存质量，对环境的关注也提高到前所未有的高度，这体现出了人作为社会中的主体自身意识的觉醒。体育与环境的协调发展是体育运动可持续发展的重要保证。随着生存环境日益恶化的今天，人们越来越重视生产、生活与环境的协调发展。人类与环境，就像鱼和水，是密不可分、无法分割的整体。体育是人的社会实践活动，人们在改造自然、改造社会的同时，也在时刻关注着对自身的改善和提高。但是，体育运动的开展只有在适宜的环境中才能发挥体育的价值功能，真正实现体育自身的可持续发展。2008年，北京奥运会提出的“绿色奥运”“科技奥运”“人文奥运”三大理念获得国际奥委会和国际体育界的认可，表明奥运会需要将体育与自然环境保护、与社会人文环境协调发展完美地结合起来。由于生存环境的日益恶化以及体育运动的开展对周围环境带来的影响，人们提出了生态体育的概念。生态体育是人类与环境的相互协调、共同发展所构建的关系或联系的活动。生态体育就是要在开展体育活动的同时强调环境的保护，从而达到人与环境、体育与环境的协调发展。这与《奥林匹克宪章》中所表达的涵义非常一致，这也是体育运动可持续发展的重要保证。

【知识链接 2-1】

《奥林匹克宪章》中的九条环保政策

1996年7月18日生效的《奥林匹克宪章》将环境问题列入国际奥委会的任务之一，国际奥委会同时制定了以下九项环保政策。

第一条，通过国际奥委会以及所有的奥林匹克大家庭成员，在全球进行环保教育，借助奥林匹克运动强调环保的重要性和紧迫性。

第二条，为体育和奥林匹克运动以及奥林匹克大家庭培养和造就在环保方面有独到经验的领袖型人物，推动奥林匹克运动中环保活动的真正实施。

第三条，对所有奥运会申办城市提出环保要求，在对奥运会举办城市的选举中，必须对申办城市的环保计划进行评估。一旦获得奥运会举办权，举办城市就必须与国际奥委会签署有关环保协议，以确保在举办奥运会的同时，最大限度地实施环保计划。奥运会组委会必须时刻与国际奥委会执委会保持联络，及时将在奥运会筹备和举办中可能遇到的环保问题通报给执委会，以便及时加以解决。

第四条，通过与世界上其他的政府及非政府的合作，在国际上推进环保事业。

第五条，进一步通过新科技，探索有利于环保的新发明和新产品。

第六条，在国际奥委会总部，尽量营造一个环保的氛围，尽可能地达到当地政府的环保标准。

第七条，在国际奥委会的所有活动和经营中，优先考虑环保问题。

第八条，在国际奥委会的任何决策中，要有环保意识。

第九条，经常性地对国际奥委会的环保政策和举措进行总结和回顾，及时发现问题和不足，进行改进。

资料来源：郑振国．大型体育赛事的生态环境保护和北京奥运会的科学实践[D]．北京体育大学，2009，6。

【案例 2-1】

1972—2012 年部分奥运会举办城市的环保政策

时 间	地 点	类 别	环保政策
1972	慕尼黑	夏 季	健康环境中的健康比赛。
1976	蒙特利尔	夏 季	每个参与者都得到一株枫树，带回自己的国家种植。
1980	莫斯科	夏 季	力图使体育场馆和服务设计与城市建筑相协调。
1988	汉 城	夏 季	完成了一项规模巨大的环境美化计划，采取了一系列综合治理环境措施，降低大气中粉晟尘和二氧化硫含量，改善水质，对汉江进行了持续8年的治理。
1996	亚特兰大	夏 季	以自然公园的形成建成，奖牌原料是环保的。
2000	悉 尼	夏 季	严格遵循生态保护原则，采用符合环保的新材料新技术。为了保持水质清洁，采用臭氧过滤系统，充分利用太阳能等清洁能源。
2004	雅 典	夏 季	提出了一项减少空气污染35%的计划，主要措施是减少机动车辆，利用太阳能和风力为奥运会提供能源。
2008	北 京	夏 季	北京奥运会在环境治理、水源保护、节能降耗等多方面真正践行了“绿色奥运”的承诺。
2012	伦 敦	夏 季	伦敦的可拆卸篮球场向人们展示了奥运场馆的建设也可以是可持续发展的和对环境更负责任的。

资料来源：郑振国．大型体育赛事的生态环境保护和北京奥运会的科学实践[D]．北京体育大学，2009，6。

第五节 体育与人口

一、人口概述

人口，指在特定时空内，由一定社会关系联系起来的、一定数量和质量的有生命的个体所组成的总体。人口是经济和社会发展的重要参数，是社会学研究中非常重要的研究内容。当代社会中出现的诸多社会问题，大多数都与人口问题存在一定关联。人口的发展受政治、经济的制约，同时人口的发展又会对社会发展起促进或延缓的作用。因此，人口问题内容复杂，涉及到多种社会关系，人口的出生、死亡、婚配处于一定的社会关系中，而人的一切社会活动、出现的各种社会问题都同人口发展过程相关联。人口同体育运动的发展有着密切的联系，在我国目前的社会经济发展中，人口的总数量对体育运动的开展还是有很大的影响，同时体育运动又是提高人口质量的重要指标，对体育与人口进行深入的研究，可以让我们更加深入地认识体育，以便更好地发展体育运动，为提高我国的人口素质贡献力量。

二、人口数量与体育运动

人口问题是当今世界各国共同关心的问题之一，人口的增长直接对自然环境和社会经济产生影响。这个问题如果处理得好，就会使得人类与自然、社会和谐发展，反之，就会产生一系列的环境问题和社会问题。目前，世界总人口已经超过 70 亿。1950 年之前，人类达到 17 亿用了数千年时间，而 1950 年后，人类人口翻三番只用了 50 年，人口增长形成的资源缺乏和资源的破坏已经成为当今世界面临的重大问题。人口的数量对体育运动的开展会产生重要的影响，我国人口基数较大，社会经济总量还达不到较高水平，因此，无论是学校体育还是群众体育的开展都无法达到令人满意的程度。体育与健康课程作为我国学校教育中开展的一门必修课程，属于实践类课程，最佳上课人数应该控制在 30 人左右，但是，由于我国人口数量多，学校教育资源相对短缺，学校的自然班大多数都是 50 人左右，这对于体育与健康课程的顺利开展是非常困难的事情，要想在课内让每一学生都达到最佳学习效果是很难的。另外，群众体育的开展情况近几年也受到了国家的高度重视，尤其是 2014 年，我国将全民健身首次上升到国家战略的高度，以前所未有的改革力度采取政策支持、加大财政投入等国家行动计划举措，将提高全民族身体健康作为现代政府职责的重要内容。我国人口总数目前在世界各国中位居首位，约占世界总人口的 19%。根据 2015 年 1 月 20 日国家统计局网站公布的 2014 年中国经济数据，2014 年末，中国大陆总人口超过 13 亿，比上年末增加 710 万人。2008 年奥运会后，我国掀起了全民健身的热潮，群众健身锻炼热情高涨，健身人群逐渐增多，同时全民健身活动中一些问题也相继暴露出来，其中最主要的问题就是人民群众日益增长的健身需求与供给之间的矛盾。归根结底，还是人口数量过多，社会经济发展无法满足人民群众的需求。

三、人口质量与体育运动

人口的质量，就是人口质的规定性。人口质量是人类具有认识和改造世界的条件和能力。从微观上讲，人口质量指的是人的素质，包括思想道德素质、科学文化素质和身体素质，而身体素质是道德素质和科学文化素质的物质基础。从宏观上讲，人口质量是一个国家或一个地区综合的认识和改造自然、社会、人类自身的条件和能力。随着生产力的发展和科学技术的日新月异，人口素质的重要性逐渐凸显出来，提高人口素质是一个国家立足于激烈的国际竞争的必要条件。从经济发展的角度来看，提高人口质量的主要目标是提高劳动力素质。劳动力素质水平是一个国家、地区或某个历史时期的社会经济、科学技术和文化水平的集中体现。体育运动对提高劳动力素质的作用越来越明显，尤其是在当代社会，国民体质健康状况不容乐观的形势下，身体素质的重要性引起国家和全体民众的关注。人是生产力中最积极、最活跃的因素，同时又是智力和体力的结合，因此，身体素质是人口质量的基础，人口的科学文化素质和思想道德素质都以身体素质为前提，没有良好的身体素质作为保障，高尚的品德和尖端的科学文化素质也无用武之地。体育运动作为满足人类个体及社会的物质需要和精神需要的一种实践活动，它既作用于人体，又作用于社会，它的价值体现是多方面的，这种价值正在被越来越多的国家所重视。

反映人口质量的直接指标有平均预期寿命、平均死亡年龄、残疾人口所占比重、青少年生长发育指标、教育水平指标、体育水平指标；反映人口质量的间接指标有医疗卫生经费在国民收入中所占的比重、人口食物构成和营养状况指标、人均住房面积、人均教育经费在国民收入中所占的比重、图书和报刊的出版发行量、环境监测状况与污染指数、体育运动的开展情况等。从反映人口质量的直接指标和间接指标情况，可以判断出一个国家为提高人口质量所具备的物质条件和差异。

四、人口结构与体育运动

人口结构是一个国家或地区的总人口中，年龄、性别、婚姻、职业及教育程度等社会人口特征的分布状况和关系状况。人口构成对人口变化和社会发展具有全面影响。人口结构与各种社会因素密不可分，相互影响。

人口年龄结构是一定时点、一定地区各年龄组人口在全体人口中的比重，通常用百分比来表示。人口年龄结构是最基本的人口结构，是社会构成的一部分，它深刻地影响着人口过程和社会结构的诸多方面。国际上通常根据一个国家各个年龄人口的比例来确定这个社会的人口年龄结构类型。我国从 2000 年开始就已经步入老龄化社会，而且是在社会经济发展不太富足的情况下提前进入老龄化社会，这给社会发展带来很多难以解决的问题。中国的老龄化具有独子高龄化、高龄病残化、老年空巢化、空巢孤独化的特点。如何让老龄人口提高生命质量，生活得更阳光、更快乐、更幸福是我们应该重点思考的问题。世界卫生组织为解决老年问题提出了“健康老龄化”的观点，积极倡导健康生活方式。而体育运动作为提高生活质量的重要方式，对老年人生理、心理健康都将产生积极作用。研究表明，长期参与体育锻炼对老年人的免疫力、平衡能力及自控能力等具有积极作用。老龄化社会的到来是社会发展的必然趋势，老龄化社会所带来的一切社会问题我们也应该坦然面对，尽早寻求解决的方法。合理的体育运动能增进老年人的身体健康，延缓衰老的速度，延迟老人的寿命，并使老年人能真正过上高质量、健康的生活，因此，应充分利用体育运动对人口老龄化的作用，积极引导老年人形成健康的生活方式。

人口性别结构是指一定时点、一定地区男女两性在全体人口中的比重，通常用百分百来表示。人口性别结构的社会和经济意义十分深远，社会生活中性别参与社会结构的变化可能成为一种社会变迁的力量。人口的性别比例按照规律应该是趋于自然平衡的，但我国由于受传统文化重男轻女思想的影响以及社会保障体系较为落后等原因，我国目前人口性别结构存在严重的比例失调问题。人口性别比例失调既是一个经济问题，也是一个文化问题，对社会发展会产生严重的影响。

第六节 体育与大众传媒

一、大众传播媒介概述

（一）大众传播媒介的概念和特点

大众传播的概念首次出现于1945年11月在伦敦发表的联合国教科文组织（UNESCO）宪章中。西方学者对大众传播的界定进行了诸多研究。美国传播学之父威尔伯·施拉姆（1907—1987）是传播学的创建者，也是这门学科理论的完善者。施拉姆把大众传播描述成线性的，焦点要集中在信息上。他认为，信息来自某个发送者，通过几个阶段的传播，直到对接受者产生预期效果为止。

杰诺维茨1968年提出：大众传播由一些机构和技术构成，专业化群体凭借这些机构和技术，通过技术手段（如报刊、广播、电影等）向为数众多、各不相同而又分布广泛的受众传播符号的内容。

另一个较常被采用的定义为德弗勒所提出来的定义：大众传播是一个过程，在这个过程中，职业传播者利用媒介广泛、迅速、连续不断地发出讯息，目的是使人数众多、成分复杂的受众分享传播者要表达的含义，并试图以各种方式影响他们。

大众传播媒介是传递视听信息的非个体性传播工具。它们的产生使人们信息的沟通方式发生了变化。从以人为中介、个体与个体的方式，转变为以传播工具、媒介面对群体的方式。这种传播方式的特点是：（1）大众传播媒介具有信息来源的普遍性。（2）大众传播具有强烈的时效性和敏感性。（3）大众传播媒介具有普遍性。（4）大众传播媒介具有公众教育职能。

（二）大众传播媒介的功能

1. 赋予人物、事件和社会活动以某种社会地位

大众传播媒介可以使人物树立威信，得到显著的地位，也可以使人威信扫地。它可以影响人们对事件和社会活动的评价。

2. 社会控制的中介作用

大众传播媒介处于上层社会控制与广大社会成员之间的中介地带，能将社会公德和规范明朗化，使之广为人知，取得社会承认，获得社会监督。

3. 模拟社会环境

大众传播媒介可以给人们提供消息和知识，在人们头脑中形成表象，能在人们的生活中祈祷社会环境的影响作用。

（三）大众传播媒介的分类

最常用的大众传播媒介包括报纸、广播、电视、网络、微博、微信等。从技术性质上可以把大众传播媒介划分为平面媒介（报纸、杂志、期刊、书籍）、电子媒介（广播、电视）和新媒介（互联网、手机、数字媒体）。

【知识链接 2-2】

奥运新媒体

2008 年北京奥运会是中国百年圆梦，意义非凡。因此，围绕奥运的媒体大战就格外突出。奥运会中电视媒体自然大显神威。历时 17 天的奥运会吸引了全球 3 万多名记者、上万名运动员、数百万的现场观众、数十亿电视观众。如此一场盛宴，新媒体更能大显神威。时效性强、个性化、用户深度参与、互动性强、海量信息量、链接聚合、随时随地获取以及能整合多种媒体形式，这些新媒体最突出的特性在奥运盛宴面前刚好可以最淋漓尽致地发挥威力，成为真正主流的媒体传播新方式。

奥运新媒体主要表现在三个方面：第一就是网络新闻大战，这是新媒体与旧媒体全面抗衡，也是新媒体核心商业价值所在，所以，新媒体之间的大战成为其中的主旋律。第二就是视频大战，围绕奥运视频走下电视，走上互联网和手机，也成为本次奥运的一大亮点。第三就是2.0大战，围绕运动员、评论家和广大网民参与奥运会、展现奥运会、报道奥运会的大战。这是本次奥运会的最大特色，堪称是第一届博客奥运会。

资料来源：方兴东. 奥运新媒体大战局势简析[J]. 互联网周刊，2008-09-20。

二、大众传播媒介对体育的正面影响

体育运动既然是一种大众社会文化活动，就必定与大众传播媒介有着天然的关系。体育离不开大众传播媒介，大众传播媒介离不开体育，社会越发达，体育与大众传播媒介的关系就越密切。

（一）大众传播媒介影响了人们的体育态度和行为

社会调查证明，看电视中体育节目越多的人，其体育的参与比例越高。据中央电视台所作的《中国电视观众现状报告》：“对体育节目的兴趣随年龄的增长而递增，青年观众的收视兴趣较浓；男性观众的收视兴趣高于女性观众；城市观众兴趣高于农村观众；经济状况较好的观众兴趣高于经济状况较差的观众；随文化程度的增高，观众对体育节目的收视兴趣也渐渐浓厚。”这一情况与我国体育人口的分布基本相符，说明大众传播媒介对人们的体育参与是有价值的。

（二）大众传播媒介缩短了体育活动与人们的社会距离

在现代社会中，体育运动与社会成员保持着各种联系，体育活动吸引着社会成员，社会成员尽可能地参与其间。而大众传播媒介在体育与大众之间筑起了桥梁。多数社会成员通过体育宣传，体育科普介绍，体育新闻报道认识体育，了解体育，然后参与体育。社会调查表明，终身体育者、体育爱好者、优秀运动员都受到大众传播媒介的影响，许多青少年就是在大众传播媒介的潜移默化中走上体育道路的。

（三）大众传播媒介使体育运动的传播速度加快

历史上体育运动的传递和传播主要依靠学校教育，这已不能适应社会的飞速发展，特别是不能适应竞技体育国际化，高水平化和竞争激烈化的现状。大众传播媒介则大大加快了体育信息的传播速度，使许多不能直接观看体育比赛的人能够尽快甚至同时得到体育的消息，并能身临其境地享受到体育比赛带来的快乐。因此，大众传播媒介使体育运动的社会覆盖面积越来越大，影响越来越深，可以说现代竞技体育离开大众传播媒介必定寸步难行。

（四）大众传播媒介为体育树立形象

体育运动通过大众传播媒介为社会树立体育人物形象，提高运动员、教练员、裁判员威信和知名度，同时也在一定程度上影响了运动员和教练员在比赛前后的心理状态，有意识地利用大众传播媒介已成为教练员、运动员的重要战术手段。

（五）大众传播媒介改变人们的生活方式

各国城乡居民在体育娱乐中通过电视观看体育比赛是一种重要的方式。据多项社会调查表明，我国城乡居民对体育参与的重要形式是观看电视体育节目和阅读体育报刊，这也是许多家庭的体育娱乐内容和支配闲暇时间的主要方式。

（六）体育运动通过大众传播媒介可以吸引社会注意力

由于体育运动的信息量大、新闻价值高，对社会的吸引力很大，所以有意识地利用体育比赛吸引青少年，减少社会犯罪，是一个行之有效的办法。据复旦大学陈天仁教授的调查，凡电视台播放大型精彩国际比赛的夜晚，上海街头行人和交通工具上的乘客明显减少，公安局也有当夜犯罪率明显下降的报告。

（七）大众传播媒介促进体育产业和体育市场的发展

利用大众传播媒介，特别是出让大型运动会的电视转播权，在体育比赛中插播商业广告，已经成为兴办运动会筹集资金的一种公认的办法。人们称比赛、观众、电视转播、商业广告是现代竞技体育这具马车的四个缺一不可的轮子。大众传播媒介已经成为支撑竞技体育生存发展的一根重要的支柱。由于竞技体育对大众传播媒介和商业广告的依赖越来越大，竞技体育也就出现了迁就，服从商业目的的倾向。为了商业利益而修改竞赛日程，竞赛规程，竞赛规则的事，屡有发生。

电视节目与各种体育报刊都带有体育产品、体育服务的介绍或广告，人们受到这些宣传的影响可能加大体育消费，例如，购买名牌体育服装、器材等，这对体育产业的形成和发展是十分有利的。

（八）体育运动是各种大众传播媒介进行新闻战的争夺内容

体育比赛的竞争性，比赛结果的不确定性和时间的紧迫性，使体育新闻成为大众传播媒介争夺的一项内容。2008 年，北京奥运会记者报到人数达到 11223 人，其中注册记者 9154 人、非注册记者 2069 人。报到的注册记者（其中境内记者 4479 人、境外记者 4675 人）包括文字摄影记者 1549 人、持权转播商 7605 人，足见各国对体育新闻的重视。

三、大众传播媒介对体育的负面作用

大众传播媒介对于体育，特别是通过大众媒体展示的竞技体育，产生了诸多积极的影响。然而它对体育犹如一把“双刃剑”，在展示现代体育丰富多彩的表现形式时，也给体育带来了许多消极的作用。主要表现在以下几个方面。

（一）大众传播媒介推崇锦标主义

大众传媒所关注的体育，往往会对成功者的赞扬。在体育传播中存在一个普遍的现象就是制造明星，推出偶像，甚至将一些著名运动员神话。社会需要明星，一些优秀的运动员再现给社会，再现给青年，对社会的进步是非常有意义、有必要的。然而，过分地鼓吹“金牌至上”“锦标第一”或成王败寇，对社会是很不利的。在我国竞技体育出现的一切以金牌为准的体育价值观念，与大众传播媒介的这一锦标主义倾向有着密切的关系。

（二）大众传播媒介使部分观众远离体育参与

现在越来越多的大众成为比赛的看客，而不能直接参与体育运动，这是一种异化的体育社会现象，这种异化是因社会分工、传媒和体育商业化造成的。当代体育运动由少数人垄断竞技体育，将体能发挥到极致，而人民大众则体能衰退，体质下降。体育比赛越精彩，体育传播越频繁，观众沉溺在传媒中的时间越长，有时因体育比赛的时差原因，许多观众甚至要牺牲睡眠观看比赛。

（三）体育传播媒介的性别歧视

妇女在体育传播中处于不平等的地位，其根本原因是男性主义作怪。在男性话语权占统治地位的电视媒介中，女性通常是处于被观看的位置。电视中的女性形象是带有性别陈规的，女性通常经常被描绘成男性需要的形象。在电视中男性和女性的描绘远远落后于现实中的男性与女性的实际生活和角色。电视传媒缺乏对两性均衡的贡献报道，也缺乏对女性主体差异性的洞察与关注。女性主义认为，男强女弱、男尊女卑不是生理性别的差异，而是社会性别的差异。

传媒体育的报道通常强调男孩和男人比女孩和女人更适合体育参与，男人相对与女人在体育参与中有天然的优势，男子体育比女子体育重要得多，女人的体育思想和男人相比，既缺乏重要性又缺乏趣味性。女子体育在传媒中受到重视的是那些强调优雅，平衡和美等与传统的女性形象一致的特征。在一些传媒中，还为了迎合部分男性的低级趣味，将女运动员、女球迷和体育宝贝的性感、“三点式”和裸体作为图片报道的内容。

在我国大众传播媒介中，男女体育报道比例失衡的情况大致类似，比如，女子足球在电视中所占用的时间不及男子的1%。体育报道中男女比例失衡严重存在着。

（四）体育传播媒体对体育暴力的追逐影响社会安定

很多国家的传媒采用的体育语言是一种暴力与战争的语言。体育新闻报道中，经常涂上一层暴力色彩。这些报道将体育或当成人类社会你死我活的战争，或当成动物世界弱肉强食的捕杀，字里行间充斥的是一股血腥味。而与此相应，从事体育的各类人士在这类新闻中也都变了个样：教练成了“帅”“掌门人”；队员成了“将军”“枪手”“射手”，甚至“杀手”，等等。此外，描写比赛过程的内容也大量的使用这样一些词语，如宣战、挑战、应战、伏击、歼灭、生擒、诱敌深入、杀回马枪等，不胜枚举。

媒体所展示体育，绝大部分都是表现了一种强烈的竞赛特征，这些竞赛都是经过严格规范化了的游戏，也正是由于其体现出过程的竞争性和结果的不确定性，而为广大观众所接受。与此同时，竞争与不确定的背后隐忍着严重的“准暴力”倾向。

有些传播不断地播放运动员犯规的动作、球迷骚乱、赛场斗殴的实况，甚至不惜用特写镜头、刺激性的语言播放流血、受伤、汽车失事的镜头，在客观上宣扬了社会暴力，而对暴力行为耳濡目染，将使少年儿童不再对血腥和痛苦感到震惊，甚至使少数孩子走上了犯罪的道路。

（五）体育传播商业化对体育比赛的反客为主

体育传播在给我们带来精彩赛事的同时，也深深地介入和干预体育运动，甚至形成反客为主的局面。当今世界的电视实际上已经牢牢地控制了职业体育的命脉，掌握了它们的经济基础。萨马兰奇则更直截了当地指出，将来的运动会可以简单地归类为两类：一类是适合电视的口味，另一类则不适合。体育项目只有在属于第一类的情况下才有机会发展，否则要么衰落，要么故步自封。在体育运动不断升温的情况下，媒体对赛事转播权的投入越来越大。掏巨资购买转播权的电视台有了指手画脚的机会，它要求体育比赛服从电视转播的需要，形成了体育对传媒过分依赖的格局。

四、互联网时代体育信息传播新问题

截至 2014 年 12 月，中国网民规模达 6. 49 亿，全年共计新增网民 3117 万人。互联网普及率为 47. 9%。中国手机网民规模达 5. 57 亿，网民中使用手机上网人群占比由 2013 年的 81. 0%提升至 85. 8%（中国互联网络发展状况统计报告，2015 年 1 月）。随着互联网的快速发展，互联网时代的信息安全问题越来越突出，已经延伸到社会各个领域的方方面面，严重制约了社会经济发展。

从社会学的角度而言，体育是社会大系统中的一个小社会，大的社会问题和社会现象都会以不同的形式映射到体育这个小社会中。因此，体育信息安全问题同样不可避免，也面临严峻的挑战，并且涉及到体育领域的多方面。例如，体育网络暴力，面向大数据暴露体育名人的个人隐私，“云”端存放的各种体育信息所有权问题，大型运动会的信息安全保障等。

（一）面向大数据体育信息安全问题

我们正处在一个数据爆发增长的时代。据统计，全球企业与个人 2013 年在硬盘上存储了超过15EB的新数据，而1EB数据就相当于美国国会图书馆中存储数据的4000多倍。目前数据容量增长的速度已引发数据存储和处理的危机。

大数据时代个人隐私保护刻不容缓（李欲晓，2012）。可以预见的未来，体育信息发展将随互联网技术发展走进大数据时代，体育信息将会破除阻碍信息流通的种种障碍，获取更多可分析的数据，传统法律保护将不能适用于大数据时代体育信息安全的需要，大数据挖掘的法律治理是保护个人隐私，尤其是体育名人的个人隐私的有效途径。

（二）云计算体育信息安全问题

互联网数字时代，“云”的影响无处不在。到2020年，“云”将不可避免地主宰全部数字生活。将个人财产存储在“云”上，就如同把你所有的物品搬到别人的仓库里。凯尔·古德温（Kyle Goodwin）在美国俄亥俄州拍摄当地的体育赛事。为了保护那些宝贵的视频素材，古德温将它们放置在了一家云存储机构，2012年1月这些资产全消失了。古德温的遭遇反映了一个深刻的问题，在古德温上传这些素材的那一刻，他已经丧失了对这些财产的所有权吗？体育视频、音频、文档等文件“云”端存储安全保障及所有权，基于云端服务蓄意删除文件以及个人体育相关数据的所有权不被侵害等在云计算时代需要从法律层面进行必要的规制。

（三）体育网络暴力

网络暴力已经成为“网上”和“网下”社会的严重社会问题，体育网络暴力是体育信息安全要探讨主要内容之一。近几年体育网络暴力频现，国务院伦敦奥运会首金贺电遭遇网络暴力；体育明星遭遇网络暴力，如“奥运冠军寻父”（郭文珺，2008）、“我的女儿是彭帅”（2010）“中国短道速滑队王濛事件”（2011）等。当这些体育明星遭遇了网络暴力时如何应对，也是体育信息安全思考的问题之一。

（四）奥运会信息安全保障

奥运会信息安全主要包括奥运会期间赛事运作信息安全和运动员备战奥运会周期的信息安全。2008北京奥运会信息系统拥有1万多台个人电脑、1000多台服务器、1000多台网络设备以及50多个软件应用来支持奥运会的举行。奥运会信息网络化系统极大提高奥运会效率，但是信息泄漏、黑客恶意攻击等也威胁着奥运信息安全。

奥运信息的安全问题备受关注，除了从技术层面保障奥运会的信息安全，更重要的是应该从制度法律层面对奥运会信息安全进行保障，既做到防范未然，又做到事后应对。

思考题

1. 试论体育发展与经济建设的关系。
2. 试论体育对人的全面发展影响。
3. 试论体育教育在促进人的社会化中的作用。
4. 论述体育与环境的和谐发展。
5. 简述体育运动对提高人口质量的作用。
6. 简述大众传播媒介对体育正面影响和负面影响。

参考文献

[1]丁煌．西方行政学说[M]．北京：中央广播电视大学出版社，2009：97-128.

[2]卢元镇．中国体育社会学[M]．北京：北京体育大学出版社，2004.

[3]柳鸣毅，佟岗，罗冰婷，等．国外青少年体育赛事研究：制度剖析、案例分析、前瞻启示[J]．成都体育学院学报，2014(3)：12-16.

[4]国务院．关于加快发展体育产业促进体育消费的若干意见[Z]．2014-10-20

[5]鲍明晓．财富体育论[M]．北京：人民体育出版社，2012．105.

[6]国家体育总局．改革开放30年的中国体育[M]．北京：人民体育出版社，2008.

[7]但艳芳，孙义良，杜子阳．现代体育本原价值与青少年生命本体关联的哲理透析[J]．山东体育学院学报，2012(1)：12-14.

[8]翁锡全．体育·环境·健康[M]．北京：人民体育出版社，2004：1.

[9]熊茂湘．体育环境导论[M]．北京：北京体育大学出版社，2003. 5.

[10]董驹翔．体育社会学[M]．哈尔滨：黑龙江人民出版社，1990.

[11]鸟越皓之．环境社会学——站在生活者的角度思考[M]．北京：中国环境科学出版社，2009. 4.

[12]崔凤，唐国建．环境社会学[M]．北京：北京师范大学出版社，2010. 10.

[13]陈彦．体育与环境[J]．西安体育学院学报，2000（4）：18-19.

[14]郭振，刘波，王程程．当代国际体育社会学研究热点评述：体育与环境[J]．武汉体育学院学报，2010（3）：21-24.

[15]卢元镇．体育社会学[M]．北京：高等教育出版社，2010. 7.

[16]姜大勇，王玉珠．影响城市社区居民体育服务需求的人口结构因素分析[J]．体育科学，2009,（12）：45-50.

[17]彭大松．群众体育发展的机遇抑或挑战：基于我国人口结构转变的一项探索[J]．武汉体育学院学报，2011（2）：52-57.

[18]闫方涛，杜娟，徐卫华．从厦门市体育人口性别结构透视体育运动的开展[J]．体育研究，2012（12）：170-171.

[19]卢元镇．体育社会学[M]．北京：高等教育出版社，2006. 188-201.

[20]张珂，张云，石磊．当代体育与大众传媒[M]．北京:中国传媒大学出版社，2011. 29.

[21]杨曦，编译．威尔伯·施拉姆——传播学的奠基之父[J]．郑州大学学报（哲学社会科学版）1990.（06）：13-17.

武汉体育学院：柳鸣毅

吉林体育学院：王淑清

西安石油大学：侯令忠

第三章

体育与社会运行

本章提要

体育在本质上是人的身体活动，它随人类社会的产生而产生，也随人类社会的发展变迁在物质、制度、精神和功能上不断发展变化。在适应社会需求的过程中，发生了体育领域内特有的分层和流动，并产生了一些问题，但体育始终能不断改革和调适自己，与人类社会的政治、经济、文化、环境、人口和谐发展，并随着人类社会的现代化发展，在群众体育、学校体育、竞技体育、体育科技、体育产业、体育管理、体育信息、体育文化等方面向现代化迈进。

第一节　体育与社会变迁

一、社会变迁概述

新中国成立后，从第23届洛杉矶奥运会到第30届伦敦奥运会，中国政府对每枚金牌的奖励从6000元变为50万元，在28年中涨了83.3倍。奥运奖金数额的变化直接反映了政府对高水平竞技体育的重视，间接反映了竞技体育竞争的加剧，金牌含金量的不断提升及世界各国体育综合实力的提高，体现了体育随社会变迁的发展过程和结果。在中国社会的巨大变迁中，奥运金牌奖励的变化只是社会变迁一个小小的反映。

【案例3-1】

中国奥运冠军奖金28年涨83倍

1984年，许海峰在美国洛杉矶奥运会上为中国射落首枚金牌，实现了中国金牌“零”的突破。回国后，许海峰拿到了国家发给他的6000元人民币。28年后的2012年伦敦奥运会，国家体育总局为伦敦奥运会每位夺金选手开出了50万元人民币的奖金，奖励力度达到历史新高，奥运冠军奖金在28年中涨了83倍。

1984年洛杉矶奥运会冠军奖金6000元：那一年国家统计局确定的农村贫困线为199.6元，据最低标准计算，6000元在当时可满足30个农民一年的生活需要。作为那届奥运会首枚金牌得主，同时也是中国奥运会历史上的首位冠军得主的射击冠军许海峰，拿到了国家发给他的首金奖励6000元人民币。

1988年汉城奥运会冠军奖金1.5万元：那一年中华烟价格为每条72元，1.5万元奖金可买208条零3包，给每天抽一包烟的老烟民抽的话，可以抽5年零8个月。

1992年巴塞罗那奥运会冠军奖金8万元：按照巴塞罗那奥运会平均约为160元人民币的门票价格，8万元的奖金可以为500人提供奥运会现场观看比赛的机会。

1996年亚特兰大奥运会冠军奖金8万元：那一年国内正在展开彩电价格大战，

一台国产的21英寸彩电平均零售价2767元，奥运冠军获得奖金后可以买28台21英寸彩电回家。

2000年悉尼奥运会冠军奖金15万元：2000年，我国高校学费约为每年4000元。以四年制计算，一个大学生学费为1.6万元，15万元奖金可缴9个大学生的学费。

2004年雅典奥运会冠军奖金20万元：那一年许多家庭开始购买空调。以2004年1.5匹的空调2000元的价格计算，20万元的奖金可以满足100个家庭购买1台空调的需求。

2008年北京奥运会冠军奖金35万元：在本土举办奥运会，国家体育总局开出了最高奖励，每一块奖牌的奖金都得到了大幅度的提升，银牌21万、铜牌14万。同时，参赛运动员获得的奖金和其他奖励收入可免征个人所得税。

2012年伦敦奥运会冠军奖金50万元：创造了历届奥运会奖金的新高。除了冠军外，亚军和季军也将有相当数额的奖金。所有项目排名前八的运动员，都将受到奖励。

从古到今，无论从纵向还是横向来观察，社会变迁都是明显而巨大的。人们的衣食住行用、生老病死的质量和形式都发生了巨大变化。其中，改革开放30多年的变化最令人瞩目。从1978年到2014年，全国城镇居民人均可支配收入由343元增加到28844元，农民人均纯收入由134元增加到10489元；第三产业占GDP的比例由24%增加到48.2%，城镇化水平从19.7%升至54%以上，人口老龄化日益严重，就业、分配、教育、医疗、社会保障、住房、交通、安全等都得到极大的改善，我国社会已经全面进入小康。

资料来源：[EB/OL]. http://finance.sina.com.cn/china/20/20808/102912791079.shtml, 2014-03-30。

（一）社会变迁的概念及分类

1. 社会变迁的界定

社会变迁是指一切社会现象变化的动态过程和结果。社会变迁是一把双刃剑，在GDP高速发展、国富民强的同时，也造成了环境污染、不可再生资源短缺、文明病泛滥、交通事故频发等问题。

【案例 3-2】

雾霾天气

雾霾是大气污染现象之一。2013 年，“雾霾”成为年度关键词。2013 年的 1 月，4 次雾霾过程笼罩 30 个省（区、市），在北京，仅有 5 天不是雾霾天。有报告显示，中国最大的 500 个城市中，只有不到 1%的城市达到世界卫生组织推荐的空气质量标准，与此同时，世界上污染最严重的 10 个城市有 7 个在中国。2014 年 1 月 4 日，国家减灾办、民政部首次将危害健康的雾霾天气纳入 2013 年自然灾情进行通报。

据中国气象局 2013 年 2 月的新闻发布会信息，2013 年入冬以来，河北南部、北京、山西东部、山东、河南、安徽、江苏、上海、浙江、福建、湖北、湖南、江西大部、广东西部、广西东部及四川和云南局部等地有 10 ～ 20 天雾霾，其中江苏大部在 20 天以上。相比于常年同期，河北南部、北京、天津、山东、河南北部、安徽、江苏、上海、浙江、广东、广西东部等地偏多在 1 天以上，其中北京、天津、安徽大部、上海等地偏多 3 ～ 8 天，山东北部、安徽东北部、江苏大部、浙江北部及广东南部偏多超过 8 天。雾霾的频繁出现及纳入自然灾情的事实反映了我国大气污染的严重性。

阿里巴巴董事长马云在 2013 全球财富论坛上演讲时曾说过这么一段话：“我们相信 10 年以后，中国三大癌症将会困扰着每一个家庭：肝癌、肺癌、胃癌。肝癌很多可能是因为水，肺癌是因为我们的空气，胃癌是因为我们的食物。30 年以前，有多少人知道我们边上谁谁谁有癌症？那时候‘癌症’是个稀有名词。今天，在座的有谁可以举手告诉我，你边上没有朋友得过癌症，你身边的亲戚没有得过癌症，你的同事没有得过癌症？今天我们觉得癌症好像变成了一种常态。

很多人问我，什么东西让你睡不着觉？我、阿里巴巴、淘宝从来没有让我睡不着觉，让我睡不着觉的是我们的水不能喝、我们的食品不能吃、我们的孩子不能喝牛奶。这使我真睡不着觉，我们那么努力，主持人刚才说，很圆润，其实我很辛苦，当年我很圆润，10 年的创业把我变成了这个样子（观众大笑）。但这个样子并不让我担心，担心的是，我们这么辛苦，最后我们所有挣的钱买的是医药费。中国的药卖得越多，不是一件好事情。我希望中国的药卖得少一点，中国的人真得健康一点。所以，大家想过没有，汶川地震 8.7 万人死掉，引起世界震动、中国震动，每天死掉的癌症患者，每天得癌症的人有多少？我们从来没去想过这个。所以，有人问，你最希望的理想是什么？我的理想其实很简单，我希望 20 年以后，中国的天是蓝的、水是清的，我们的空气是可以呼吸的。最近大家问，你的幸福感是什么？有幸福感吗？什么是最基本的幸福感？就是沐浴阳光。沐是三点水的沐，就是要有水，要有木；三点水的浴就是要有食品，有阳光，这是人最基本的幸福。不管你挣多少钱，你享受不到沐浴阳光的时候，是最大的悲哀。"

环境污染是社会变迁的副产品，不利于社会发展的副产品，值得我们每个人反思。因此在我们努力发展高科技、不断制造新产品、不断推进城市化、不断提高人们生活水平的同时，也要看看我们生活的环境是否不断被破坏、不断恶化，越来越不适宜人类生存！社会随人类繁衍需求的变化而不断变化着，我们需要变迁，但我们也要警惕这种变迁，人类不希望社会变迁的最终效果是人们享受阳光、清洁空气和水的权利也最终失去。

资料来源：百度百科等。

2. 社会变迁的分类

根据社会变迁分类依据的不同，可以将其分为四种八类。

（1）从涉及的区域，可分为整体变迁和局部变迁

我国城乡居民的生活从建国前的贫困社会发展到今天全面进入小康社会，就是一个整体变迁。而我们在改革开放初期，允许一部分人先富起来，以先富带动后富就是局部变迁。

在新中国成立之初，为了改变"东亚病夫"的旧有国际形象，采用"举国体制"来发展竞技体育，想通过竞技体育展示新中国欣欣向荣和蒸蒸日上的景象，树立新的国际形象。竞技体育得到优先发展，即是局部变迁。如今，我国的竞技体育已充分展示了它世界第一集团的实力，我们也就不那么需要通过竞技体育来弘扬国家实力和国威，而转向以发展群众体育、刺激体育消费为主，又从局部向整体变迁。

（2）从变迁的方向，可分为社会进步与社会倒退

社会进步是指社会朝着有利于人类发展的方向变迁，而社会倒退则相反。纵观我国和世界历史，朝代的更替一般标志着社会进步。当一个朝代问题多到广大人民无法生存，必然会被更符合人民利益的新生政权所取代。旧中国的袁世凯复辟是典型的社会倒退。世界历史上黑暗的欧洲中世纪也是典型的社会倒退，因特殊历史时期的政治活动将广大人民置于水深火热之中，其基本生存问题都受到了威胁，更谈不上社会公平、正义。

若从不同领域看，高科技与市场经济的发展，城市化程度的加深都是社会进步的表现，而环境污染、城市邻里之间冷漠则是社会倒退的表现。

（3）从变迁的力度，可分为社会进化与社会革命

社会进化与社会革命是一个量变到质变的过程。社会进化是量的积累，社会革命是质的飞跃。我国从计划经济向市场经济的过渡，就是一个进化过程。经济形式发生了变革，但仍然是社会主义制度，是中国共产党领导的社会主义国家。

社会革命一般存在政权的变革，中国历史上朝代的更替是典型的社会革命。

（4）从变迁的控制程度，可分为自发性社会变迁与有计划的社会变迁

自发性社会变迁是指不受指导和控制的变迁，而有计划社会变迁则相反。在不同的历史时期，为了满足某种需要，就会出现自发性或有计划的社会变迁。我国农民工进城务工是典型的自发性社会变迁，如今已经形成了大规模的流动。2015 年中国传统的春节，全国五大人口流出城市排行为：深圳、北京、上海、广州、东莞，五大流入城市排行为：茂名、周口、梅州、玉林、湛江，这明显地反映出农民工的流动方向。当传统的春节过后，人口流动又将反向进行。这是一种自发性的社会变迁，反映了农民工的流出和流入地变化。

我国独生子女人数的增多、社会养老负担的加重则是有计划社会变迁的结果。我国从 20 世纪 70 年代开始实行计划生育政策，20 世纪 90 年代末进入人口老龄化社会。为了缓解人口老龄化带来的一系列问题，山东、四川等 27 个省、市、区开始实行“双独”夫妻可生二胎政策，2015 年单独生育二胎也得到了中央政府的批准，这是人口方面典型的有计划的社会变迁。有计划的社会变迁往往根据社会需要进行选择性的变迁，进而在一定历史阶段形成特定领域的社会变迁。

（二）社会变迁的原因和内容

社会形态的更替及社会内部的变化和发展，归根到底都是由生产力的发展、生产力同生产关系的矛盾运动引起的。社会的基本构成要素是政治、经济、文化、人口和环境，社会变迁主要体现在这五个方面的变化。

1. 政治变迁

政治是一定阶级或集团为实现其经济要求而夺取政权和巩固政权的活动，以及实行的对内对外全部政策和策略。政治变迁分为政权更替和政治改革两类。政权更替是不同阶级或集团权利和利益的变更，而政治改革是同一阶级或集团内部的改良行为。

从我国古代的夏、商、周、秦、汉、三国、晋、南北朝、隋、唐、宋、元、明、清、中华民国到中华人民共和国的成立，这整个过程的变迁即是典型的政治变迁中的政权更替，而每一个朝代内的各种政治改良活动则属于政治改革。我国每五年召开一次的中华人民共和国全国人民代表大会和中国人民政治协商会议（简称“两会”），对民生、法制、党的建设等全面分析、总结、改革，及 2014 年开始在党内、全军及各行业进行的“老虎苍蝇一起打”的反腐倡廉活动则属于政治改革。

2. 经济变迁

在现代社会，经济是指社会物质生产、流通、交换、分配和消费等活动与关系的总称，如商品经济、计划经济、市场经济；也可指生活用度、家境，如经济富裕、经济宽裕。此外，还可指耗费少而收获多，如购物的经济性。

经济变迁的一个明显表现就是物质生产的工业化、机器化、批量化、规模化及物质运输的高速化。快递行业是近年来快速发展并愈加繁荣的一个行业。快递业的产生源于交通的便捷和网络购物的普及和便利，人们只需点几下鼠标，所购买的商品很快会在几天内送达，在中国境内，绝大多数货物通过快递可以在 2 ~ 5 天内送达，现在的快递是空运、陆运和海运的高效结合。

经济变迁的另一个显著特征是消费结构和消费水平的变化。十几年前，个人或家庭拥有一套住房、一部轿车、一部手机、一台电脑似乎都还是非常遥远的梦想，或者还只是富人的身份象征；但就在时间不长的数年内，这些物品就像当年电视、冰箱、洗衣机进入千家万户一样，成为普通老百姓可以消费的“日常生活耐用品”。在城乡家庭消费支出中，发展型消费（包括住房、交通、通信、文教、娱乐用品、医疗保健、旅游等）支出比例已大大超过生存型消费（包括食品和衣着类）支出的比例，中国居民消费已经完成从生存型向发展型的过渡。人们更加重视教育、健康等方面的人力资本投入。

3. 文化变迁

文化有很多种解释，目前我国对文化的理解有广义和狭义两种，广义的文化是指，人类所创造的物质财富和精神财富的总和，包括了人类渗透和雕琢过的一切东西；狭义的文化是指，人类所创造的精神财富的总和，如价值观、知识、信仰、道德、规范、宗教、习俗等。

社会学家和人类学家对文化的共同定义是，文化是人类群体或社会的共享成果。这些共同产物不仅仅包括价值观、语言（海德格尔说:“语言是人的家园。”语言，根植于一个民族的灵魂中，它不仅是一个单纯的表达工具，更是一种文化状态，一种思维方式，一种连结过去、现在和未来的血脉。)、知识，而且包括物质对象。尽管文化共享，但它仍需要每一新生代通过社会交往的方式来学习，文化因此而代代相传，不断累积。

人类文化的最早表示是在大约300万年前形成的，是原始人狩猎的工具——打制石器，随着人类获取食物方式的改变，人类社会开始出现了劳动分工、协作和工具制造。交流的频繁也促进了语言及引导群体成员行为的非正式规范的产生。文化的发展意味人类改造环境以利于自己的生存，同时也调整自身的行为以适应变化着的自然条件，人们开始学会建造房屋、饲养动物、种植植物，人类文化开始从采集、捕猎过渡到农耕，人类定居的地方成为集镇，然后形成城市。

我国学者认为文化分为三个层次，外层是物质层、内层是心理层、中间是心和物的结合层，即各种制度和规范文化。西方学者认为文化主要由符号、价值观、规范和物质文化构成。符号是指一群人所认可的任何能有意义地表达其自身之外的实物的东西。姿势、表情、语言、文字、数字、声音都是符号，不同的符号被赋予了不同的涵义，符号可以帮助我们理解各种具体实物、抽象概念和社会规范；价值观是一个社会中人们所共同持有的关于如何区分对与错、好与坏、违背意愿或符合意愿的观念。价值观是决定社会的目标和理想的普遍和抽象的观念，价值观通常是充满感情的，它为一个人的行为提供正当的理由；社会学家把人们在特定环境下要求如何行动、如何思考、如何体验的期望称为规范。规范有正式和非正式两种，正式规范通常以法律形式固定下来，对违反者有特定的惩罚。非正式规范是不成文的，违反后往往不会产生严重后果。规范是特殊、具体的，它受到具体情况的限制。它们通常被视为是行动的指针，决定一个人在特定情况下应该做什么，不应该做什么。价值观是一般的，而且经常被视为判断规范的标准。例如，我们注重金钱的成功，某些规范就知道我们如何合法地实现这一价值——我们可以接受教育，开始自己的生意并获得利润，也可以谋求一份职业并努力获得提升。

一个社会普遍存在的物质形态——机器、书籍、衣服、建筑等被称为物质文化。一个特定社会所产生的物质文化，其实质是技术水平、可开发资源和人类需求的集合体。古代社会交通是通过马车、木船、抬轿、步行等进行，而现代社会通过汽车、高铁、游轮、飞机等工具达到交通目的，这些都是文化变迁的结果。

4. 人口变迁

人口，是指在特定时空内，由一定社会关系联系起来的、一定数量和质量的有生命的个体所组成的总体。人口变迁包括数量、质量、构成和分布的变迁。

2015 年，世界人口总数已超过 73 亿，据《2010 世界人口状况报告》，到 2050 年将增至 91. 5 亿人，而 2006 年 1 月，世界人口总数仅为 64 亿多，这是人口数量的变迁；人口平均预期寿命是人口质量变迁的一个重要指标，中国人口平均预期寿命 2010 年为 72. 5 岁，2011 年为 73. 5 岁，2014 年达 75 岁，侧面反映了人口质量的提高；我国人口老龄化的不断加剧是典型的人口结构变迁。我国 1999 年底进入人口老龄化社会，60 岁以上人口占总人口比重为 10%，2010 年 60 岁以上人口占总人口比重已达 13. 26%，2014 年上升到 15. 5%，反映了我国老龄化程度加剧。人口分布也是一个动态的变化过程，一般来讲，发达地区人口密度要远高于不发达地区。

5. 环境变迁

我们生存的环境包括自然环境和社会环境。

（1）自然环境

自然环境就是指人类生存和发展所依赖的各种自然条件的总和，如大气、水、植物、动物、土壤、岩石矿物、太阳辐射等，这是人类赖以生存的物质基础。人类是自然的产物，而人类的活动又影响着自然环境。

自然环境的变迁整体上是朝着恶化的方向发展，石油、天然气、煤炭、地下水及各种矿藏等自然资源的过度开采，已使这些资源面临枯竭，近年来不断出现的天坑等地表塌陷现象即是资源过度开采的一种自然反应。中国曾是世界上稀土资源最丰富的国家，素有“稀土王国”之称，如今，我们已成为某些稀土金属的净进口国。同时，大气和水的污染，使许多动植物不断灭绝，土地沙化，人民健康受到威胁。在某种程度上，人类的发展对我们生存的自然环境的破坏日益加深。

（2）社会环境

社会环境是指人类生存及活动范围内的社会物质、精神条件的总和。广义的社会环境指整个社会的政治、经济、文化、人口、科技等体系；狭义的社会环境仅指人类生活的直接环境，如人类直接生活的食品、治安、交通、教育、医疗、住房、贫富分化、大众传播等情况。

我们可以从城乡居民的生活状况、城乡居民的社会态度、公众对社会问题及社会群体利益矛盾冲突的看法来了解我们的社会环境。目前，居民生活状况得到明显改善，但收入差距扩大趋势仍然明显；教育、医疗等方面的生活压力有所缓解，但物价上涨和就业压力增加；覆盖城乡的社会保障体系初步建立，但非公经济组织中的劳动与社会保障状况亟待加强。城乡居民的社会安全感总体水平较高，但食品和交通的安全状况最令人担忧；义务教育、公共医疗等方面的公平感有较大提高，但收入差距方面的公平感明显下跌；六成城乡居民对当地政府的工作表示基本满意，但在环境保护和惩治贪腐等方面对政府有更多的期待。物价、看病、收入差距和失业是最为突出的社会问题，大部分居民感知到社会群体的利益冲突，但39%的人认为矛盾不会激化，当前主要的社会群体利益冲突主要聚焦于贫富矛盾和干群冲突。从上述可以看出，我国城乡居民生存的社会环境整体上有较大改善，但新出现的一些问题仍然困扰着人们。

（三）社会变迁的结果及影响

社会变迁的结果是整个人类社会正不断从贫穷向温饱、小康、相对富裕、富裕和极其富裕过渡，是食品支出总额占个人消费支出总额的比重不断减少的过程。

恩格尔系数即食品支出占消费总支出的比例，以此来说明经济发展、收入增加对生活消费的影响程度。众所周知，吃是人类生存的第一需要，在收入水平较低时，其在消费支出中必然占有重要地位。随着收入的增加，在食物需求基本满足的情况下，消费的重心才会开始向穿、用等其他方面转移。因此，恩格尔系数越大，一个国家或家庭生活越贫困；反之，恩格尔系数越小，生活越富裕。

联合国根据恩格尔系数的大小，对世界各国的生活水平有一个划分标准，即一个国家平均家庭恩格尔系数大于60%为贫穷；50% ~ 60%为温饱；40% ~ 50%为小康；30% ~ 40%属于相对富裕；20% ~ 30%为富裕；20%以下为极其富裕。按此划分标准，20 世纪 90 年代，恩格尔系数在 20%以下的只有美国，达到 16%；欧洲、日本、加拿大，一般在 20% ~ 30%之间，是富裕状态。东欧国家，一般在 30% ~ 40%之间，相对富裕，剩下的发展中国家，基本上分布在小康水平。

根据恩格尔系数，我国在 2008 年已经全面实现小康，城乡居民的生活水平明显提高，人们生活得更加舒适、便利，但社会变迁也造成了全球气候变暖，固态淡水储备不断减少，淡水污染日益严重等问题。

二、体育的变迁

体育作为社会的组成部分，随着社会变迁也在不断发生变化。无论是竞技体育、学校体育还是社会体育，或是体育的物质、制度和精神财富都发生了很多变化。

有研究表明，人均GDP不同的国家，获取奥运奖牌的运动项目也有明显的不同。这反映了分项目竞技实力与经济水平的关系。

【案例 3–3】

奖牌得主所在国人均 GDP 高低与运动项目的关系

纽约时报记者按照自 1996 年以来奥运奖牌得主所在国的人均 GDP 的平均值，对各个运动项目进行排序，列出了得分最高和最低的三项运动。奖牌得主所在国人均 GDP 最低的运动项目是艺术体操：16452 美元；举重：16715 美元；羽毛球：16830 美元，即较穷的国家在这些项目上有一定的优势。这些项目对场地设施要求简单，容易开展。自 1996 年以来，印度尼西亚、中国和韩国赢得了羽毛球运动

85%的奖牌。奖牌得主所在国人均GDP最高的运动项目是马术：39834美元；铁人三项：38354美元；游泳：36329美元。马术一直以来被誉为“贵族的运动”，在欧美，养马者一般为贵族阶层，贵族、富翁的子女从小就会被培养骑乘术。一匹成年马的价格一般都是几千美金，拍卖会上好品种的一岁马的价格一般都在4000万美金左右。马匹的相关物品也是很奢侈的。因此，在历年奥运会中，马术比赛的赢家通常都是人均GDP很高的国家。

资料来源：证券时报网，2012-08-08。

（一）体育物质的变迁

运动服装、运动器材、运动场地是体育物质产品的主要表现形式。这些物质产品不论从外形、材料、重量、功能上都发生了重大变化。例如，冬天的运动服装轻薄、透气、保暖、舒适，夏季的运动服装则轻薄、透气、散热、吸汗；运动鞋则趋向于轻、弹力好、耐磨、舒适等特点。1996年亚特兰大奥运会夺得200米和400米两枚金牌的美国田径名将约翰逊穿的跑鞋重量约75克，由耐克公司特制。而2004年雅典奥运会110米栏冠军刘翔比赛时的跑鞋只有8克重，一双跑鞋的重量只相当于一个乒乓球的重量。还有著名的鲨鱼皮游泳衣，可以减少水的摩擦，提高游泳速度。

而运动器材和运动场地的变迁就更明显可见，例如，跳高、撑竿跳高所用的竿由原来的木竿、竹竿，变成如今的pvc塑料竿或高强度、高韧性的玻璃钢竿或者碳纤维竿。大众健身用的各种跑步机、动感单车、拉力器等更是种类多样，这在过去是不能想象的东西。运动场地最明显的变化是由过去的泥土地变成煤渣地，再变为今天的塑胶地。各种装备齐全的高科技运动场馆也遍布各地，典型的要数国家体育场（俗称“鸟巢”）和国家游泳中心（俗称“水立方”），美观、坚固、抗震、耐用、通透、舒适，寓意深刻，是体育物质变迁的典型代表。

（二）体育制度的变迁

我国体育制度变迁最典型的是举国体制的提出和应用。举国体制是我国发展竞技体育，凸显社会主义制度优越性的一个重要制度。它以国家利益为最高目标，动员和调配一切相关力量和资源来发展竞技体育。而我国的竞技体育在这种制度下确实取得了辉煌成就。从1984年洛杉矶奥运会一举夺得15枚金牌到2008年北京奥运会金牌总数51枚，居世界排名第一，举国体制功不可没。与举国体制相配套的还有各种法规政策，如《运动员技术等级标准》《裁判员技术等级标准》《反兴奋剂条例》等。随着竞技体育成绩的辉煌，社会体育也在各种制度的推动下快速发展，如1990年的《国家体育锻炼标准实施办法》、1995年的《中华人民共和国体育法》和《全民健身计划纲要》，2003年的《公共文化体育设施条例》和2009年的《全民健身条例》等。除此之外，还有地方法规政策和部门规章，都在随时代的变迁而不断更新，体育制度的变迁推动了体育的全面发展，为体育有法可依、有章可循，以及科学发展提供了制度保障。

（三）体育精神的变迁

体育精神是指体育运动中所蕴含着的对个体、群体和国家的发展具有启迪和影响作用的、有价值的思想和意识，例如，竞技体育从最初的“重在参与”到“更高、更快、更强”的变迁。被誉为世界“乒坛皇后”的邓亚萍，先后获得180个冠军，其中18个世界冠军、4个奥运会冠军，曾因“个子低、胳膊短，没有发展前途”而被省乒乓球教练在半个月的训练后劝退，拿到全国冠军却被拦在国家队大门之外，只能先进入国家二队。但她最终成为文武双全的双料传奇人物，成为体育界的骄傲。她也曾被国际奥委会前主席萨马兰奇称为“本世纪见过的最好的运动员，奥林匹克精神有力的诠释者”。中国从参加1984年第23届洛杉矶奥运会到2012年第30届伦敦奥运会，30多年来，金牌总数已达到201枚（1988年最少，为5枚，2008年最多，为51枚），体育的荣辱观、责任观、金钱观也发生了很大的变化，体育的荣辱观从只看结果转变为既重结果也看过程；即便是举办北京奥运会这样的体育盛事，我们也开始摆脱以往那种“不计成本、不惜代价”的陈旧思维观，不再一味追求“最好的一届”，而是更多地考虑场馆维护、赛后利用、建设成本、环境保护、人文关怀等。体育的责任观从运动员主要承担失败的责任转变为体育官员、教练和运动员共同承担责任，越来越多的社会大众开始以一种宽容、平和的心态看待体育场上的失误，“莫以成败论英雄”也成为大众认可的价值观念。体育的金钱观从只重社会价值转变到社会价值和个人价值并重。奥林匹克运动曾经拒绝金钱，中国体育也曾经羞于谈金钱。但现在，全社会对奥运奖牌选手获高额奖金，普遍持默认、肯定态度。

在社会体育方面，20世纪80年代“花钱买健康”是个很时髦的词，那时候体育健身市场刚萌芽，体育活动大多由单位组织。而今，“花钱买健康”已成为社会的常态，得到大众的认可和积极响应。语言没有变，但内涵已发生翻天覆地的变化。人们对运动与健康有了更多的理解和阐释：运动是生命的滋润剂，运动是对健康的保险，健身是青春的美容师，健身是对生命的投资，生命在运动中延续，健康在锻炼中加固；天天爬楼梯，行走轻如鸡，坚持去登山，寿高比南山；天天坚持跳，身心不疲劳，经常弯弯腰，肌体轻又巧等具有哲理的健身观念和精神已渗透到人们的生活。南京五方中老年瑜伽团队的杨金海老师将练习瑜伽的体会总结为三点：第一，自己不受罪，子女不受累；节约医疗费，利国利社会。第二，头目轻盈，腿脚灵便，行动自在。第三，自己健康，帮助他人；大家健康，共享天伦，充分反映出人们对体育的理解和热爱。

（四）体育功能的变迁

体育功能的变迁是体育与时俱进，紧跟时代步伐，不断发挥其作用的重要体现。在古代社会，体育的功能主要体现在生存、祭祀娱神、健身、娱乐、养生、保家卫国。例如，古希腊斯巴达城邦特别重视国民的体育锻炼，目的是为了城邦安全，从小孩、年轻女子到男性都必须从事体育运动，与音乐、舞蹈相比，体育占有优先位置。

到了近代社会，体育的功能演变为教育、健身、休闲娱乐、弘扬爱国主义精神、保家卫国及为外交服务，世界顶级综合性运动盛会——奥运会就担负着教育青年一代，促进国际间交流合作，弘扬爱国主义精神和团结和平的作用。

现代社会，体育的教育功能、健身休闲和娱乐功能得到进一步加强，体育的经济功能更加凸显，体育的政治功能依然在继续。1992年巴塞罗那奥运会给加泰罗尼亚地区（Catalonia）带来了260.48亿美元的经济效益；1996年亚特兰大奥运会为举办地——佐治亚州（Georgia State）带来的总效益为51亿美元；2000年悉尼奥运会给澳大利亚新南威尔士州（New South Wales State）带来了63亿美元的收益。北京体育大学林显鹏教授用专业方法测算出，北京奥运会的直接影响为419.

32 亿美元。如果算上旅游、商业、地产、建筑、交通、体育、科技信息、电信等因奥运而受益的外延产业，从 2003 年至 2010 年的 8 年间，北京奥运会所产生的总体经济影响将达到 717. 06 亿美元。这种巨大的经济效益也是世界各国争相举办奥运会的主要原因之一。而在 1984 年洛杉矶奥运会之前，举办奥运会还是一块烫手的山芋，是花费巨大，劳民伤财的事情。

第二节　体育社会分层与流动

一、社会分层

社会分层是指社会成员、社会群体因社会资源占有不同而产生的层化或差异现象，尤其是指建立在法律法规基础上制度化的社会差异体系。

（一）社会分层的基本理论

1. 国外具有代表性的社会分层

（1）马克思的阶级理论

马克思把资本主义社会划分为两极分化的资产阶级与无产阶级。阶级关系的核心是剥削与被剥削问题，以及与此相联系的是否占有生产资料问题，生产资料或劳动的占有关系是阶级划分的主要标准。

（2）韦伯的多元分层理论

韦伯主张采用经济标准、社会标准和政治标准来进行社会分层。经济标准是指社会成员在市场上的机会，简单地说，即经济投入和财富的多少；社会标准主要指社会地位、社会声望；政治标准即权利，它是个人或群体为了达到自己的目的而反对其对手的实力。整个社会按照经济、权力和声望三个各自独立的纬度，构成了多元分层空间结构。

（3）戴维斯和摩尔的功能主义分层理论

功能主义，作为一种保守的思想，比较多地强调了社会分层的合理性。它认为社会上人们之所以被置于高低不同的层次有两个原因：一是在任何社会中，总有某些工作被视为比其他工作更重要，如欧洲封建时代的僧侣、教士，资本主义时代的法官、生产管理者等，就被置于高于其他职位的地位，因而这些人获得了高收入，与此相反的职业则只能得到低收入。因此，社会的由富至贫的分层体系实际上反映了社会对于不同阶层、群体对社会重要性地位的规定。二是社会上人们的才能、知识、智力、技术水平各不相同。让最有才能者去担负最重要工作应是社会分层的基本原则。因此，扩大不同职业的收入差距可以将最有才能的人吸引到最重要的岗位上去。这就是说，将人们的收入、生活水平拉开差距是必要的，也是合理的。

（4）达伦道夫、米尔斯和图明的冲突主义分层理论

他们认为，社会不平等是由于争夺供应短缺的有价值的商品和服务而进行的斗争所造成的。社会分层是一种普遍现象，但并不是不可避免的必然现象；社会分层因人们的相互竞争、相互冲突和相互征服而产生，因此，社会分层只能满足社会强势或权势群体和个人的需要，同时会影响或阻碍社会和个人的功能；社会分层是靠强力或武力来维持的，因此，社会分层由社会革命来改变。

（5）新马克思主义分层理论

马克思认为，资本主义社会将最终简化为两极分化的阶级结构。然而，当代资本主义社会的发展趋势并非如此。两极分化的结构并没有出现，中间阶级没有消除反而日益增长。新马克思主义者针对中产阶级现象提出了两种相互对立的观点：一派观点仍坚持传统马克思主义的两极分化趋势的看法，认为当今的中产阶级仍有无产阶级化的趋势；另一派则对原有的两极阶级结构模式进行修正，把中产阶级纳入阶级分类框架。

（6）新韦伯主义分层理论

新韦伯主义分层理论主要依据的是，韦伯在一篇论文“开放与封闭的关系”中提出的一个概念——“社会封闭”（指社会群体设置并强化其成员资格的一种过程，其目的是为了以垄断手段来改进或获取最大化自身群体利益）。这些理论家指出，在当代工业社会，并不存在某种正式的制度规则禁止就业者跨越阶级边界进行流动，但实际上存在着各种制度力量限制了人们的代际的和代内的社会流动，这正是“社会封闭”机制的作用。这种排斥性机制不仅仅使封闭性的阶级（往往是居于优势地位的特权阶级）最大化了自身的报酬和机会，而且，其持续的影响

也导致了各种不同的阶级文化，并在代际之间再生产了共同的生活经历。

2. 国内有代表性的分层理论

新中国成立以来，我国理论界有关社会分层理论和实践的发展历程可以划分为“五个阶段”，即阶级分层理论与实践（新中国成立至 1957 年）、政治分层理论与实践（1957—1978 年）、向“客观阶级结构”回归（1978 年底至 80 年代中期）、贫富差距的大讨论（20 世纪 80 年代中期至 90 年代初）、分层研究分析模型的多元化趋势（20 世纪 90 年代至今）五个阶段。这五个阶段基本反映了我国社会的整体变迁、社会阶层分化的标准、社会阶层的此消彼长、消亡与再生、每个阶层的社会特征。折射出每一阶段的分层对社会发展带来的积极和消极作用，及每一阶段社会分层产生和存在的社会背景和合理性。

目前，在我国具有较大社会影响的分层模型主要有三种：即陆学艺的“层化论”、李强的“碎片论”和孙立平的“断裂论”。

（1）“层化论”

“层化论”是由中国社会科学院社会学研究所研究员陆学艺主持的“当代中国社会结构变迁研究”课题组提出的。把我国社会成员分成国家与社会管理者阶层、经理人员阶层、私营企业主阶层、专业技术人员阶层、办事人员阶层、个体工商户阶层、商业服务业员工阶层、产业工人阶层、农业劳动者阶层、城乡无业失业半失业者阶层 10 个社会阶层和社会上层、中上层、中中层、中下层和底层 5 种社会等级。

（2）“碎片论”

该理论的持有者是清华大学社会学系教授李强。他以“利益群体”描述并区分现阶段中国社会不同利益诉求者及其关系，并认为现阶段中国社会分化及社会分层结构呈现碎片化，尚未层化、定型。李强根据改革以来人们利益获得和利益受损的状况，将现阶段中国社会成员分为 4 个利益群体或利益集团，即特殊获益者群体（是在改革 20 余年中获益最大的人，如民营企业家、各种老板、公司董事长、高级经理、工程承包人、市场上的各种经纪人、歌星、影星、球星等，以及与外资、外企结合的外企管理层、技术层等）、普通获益者群体（是改革以来在经济以及各种社会资源方面获得明显利益的群体，包括各个阶层的人，其中既有知识分子、干部，也有普通的经营管理者、办事员、店员、工人、农民等）、利益相对受损群体（是指在改革的现阶段利益受到损害者，包括在改革前期获益的前两个群体中的一部分，如城镇中的失业、下岗人员）和社会底层群体（如特困人口、乞丐甚至犯罪团伙）。

（3）“断裂论”

“断裂论”是清华大学社会学系教授孙立平于20世纪90年代末期提出的一种对现阶段中国社会结构特征的认识。其基本论点是：20世纪90年代以来的中国社会，出现了社会资源继80年代中后期的“社会扩散”而向少数人手中积聚的演变；在向工业化、城市化、市场化转型的过程中出现的那些弱式群体，如国企下岗失业工人、进城的“农民工”等，“被甩到社会结构之外”，很难实现由传统社会身份向现代社会身份的转变；经济改革的结果并未带来相应的社会发展结果，并未为广大的社会成员所分享，形成了一个断裂的社会。“什么是一个断裂的社会？就是在一个社会中，几个时代的成分同时并存，互相之间缺乏有机联系的社会发展阶段”。

此外，还有中国人民大学社会学系教授李路路提出来的“阶层关系双重再生产模式”和华中科技大学社会学系副教授刘欣的“阶层认知的相对剥夺论”。前者旨在回答中国社会阶级阶层地位的传递“阶层相对关系模式”在社会结构转型中是更替性的，还是继承性的。据此假设，后者认为，在中国社会转型中沦入相对剥夺地位的人，都比走向相对优势地位的人更有可能认为自己所处社会是分层的。

3. 社会分层的本质

社会分层的实质是社会资源在社会中的不均等分布。一般来讲，社会划分阶层的目的有两个，一是基于冲突，二是基于合作。基于冲突的划分，引出的是通过阶级斗争实现社会制度替代与革命；基于合作的划分，引出的是通过利益整合达到社会合作与改良。人们基于何种目的划分阶级阶层又取决于对社会总体性结构和社会任务的认识和把握。

（二）社会分层的依据、类别

1. 社会分层所依据的要素

纵观国内外，能够用来作为社会阶层划分的资源主要是政治资源或组织资源（即权利或支配他人的能力）、经济资源（金钱财富的占用）、文化资源（如受教育程度、技能专长)、社会资源(社会关系、社会声望)、公民资源(如选举权、言论自由权)。在现实社会中，社会分层的这些要素可以通过社会成员所处的职业来显示。

2. 社会分层的类别

根据不同的分层标准和研究目的，可以将社会成员分成不同的类别。目前西方社会阶层的分类少则2层，多则12层。两类社会阶层有：蓝领和白领、下等和上等、下等和中等；三类社会阶层有：蓝领、灰领和白领，下等、中等和上等；四类社会阶层有：下等、下中等、上中等和上等等。

按职业分，美国劳动部把美国的从业人员分成6大职业阶层。第一，高级管理人员、经理和专业人员阶层；第二,一般技术、销售和行政管理人员阶层；第三，服务人员阶层；第四，精密生产、工艺和维修人员阶层；第五，操作、装配制造和体力劳动者阶层；第六，农、林、渔业人员阶层。英国把全部就业人员分成4大部分：政府官员、企业经理和其他行政主管加上各种专业人员，一般专业技术人员和职员、秘书等，工艺人员、私人服务和保护服务人员，销售人员、车间和机器操作者以及其他职业人员。在近20年中，人数增长较快的是第一部分人员，而下降幅度较大的是各种从事体力劳动的蓝领工人，特别是各种修理工，工厂里的装配工、油漆工、包装工，交通运输部门的司机、装卸工、货栈管理工艺及各类杂工。

3. 改革开放以来我国的中间阶层

对我国改革开放以来出现的中间阶层的研究，尚处于起步阶段，下面主要对中间阶层的概念界定、构成、规模和功能进行了分析。

(1)中间阶层的界定

所谓中间阶层，是指以从事脑力劳动为主，靠工资及薪金谋生，具有谋取一份较高收入、较好工作环境及条件的职业就业能力及相应的家庭消费能力，有一定的闲暇生活质量；对其劳动、工作对象拥有一定的支配权；具有公民、公德意识及相应修养的社会地位分层群体。换言之，从经济地位、政治地位、社会文化地位上看，他们均居于现在社会上层和下层的中间水平。在我国现阶段，中间阶层、中产阶层、中产阶级和新中产阶级实质指的是同一个群体。

李强认为，中产阶层是指生活水平、财产地位处于中等层次的社会群体。该阶层可以分别从经济上和教育、职业上区分。美国中产阶层的家庭年收入标准在4万～20万美元，而印度中产阶层的家庭年收入标准只有700～3000美元。中国中产阶层的标准是“个人年收入3.4万～10万元，家庭人均可支配收入1.8万～5.4万元，家庭年收入为5.37万～16万元人民币”。中产阶层也需要具备相当的教育水平，一般应该是受过大学教育的。总的看来，中国人口中具备中产阶层教育条件的比例还是很低的。在现代社会，职业地位是人们的首要社会地位，因此，所谓“中产阶层”首先是由居于社会中间地位的职业群体构成的。从职业与教育的关系看，教育是潜在的社会地位，职业是显在的社会地位，教育往往成为进入某种职业位置的重要准入条件。

（2）中国社会中间阶层的构成和规模

现阶段中国社会中间阶层大致由以下4个方面的来源构成：一是缘于传统的“中产阶级”，包括小业主、小商贩等自营业者、个体户。二是从计划经济体制下的“中间阶层”分化出来的部分干部、知识分子。三是改革开放以来新生的私营企业主、乡镇企业家。四是由引进“外资”及高新技术人才而生的新型中间阶层。新型中间阶层主要为现代企业家群体和应聘于外商独资、合资企业中的“白领”员工，这两类职业群体，可视为典型的现代“工业社会”中新型的中间阶层的代表群体。

李强认为，中国中产阶层由4个集团组成：第一集团是最典型的中产阶层，即传统的干部和知识分子阶层，当然其中有小一部分属于更高的阶层。第二集团是所谓“新中产阶层”，即科技开发型企业家、国外驻华企业的中方管理人员、国有金融行业中的中高层管理人员、各类专业技术人员，尤其是就职于中介机构的专业技术人员、现在个体私营企业家的一部分。第三集团是效益比较好的国有企业、股份制企业和其他经营比较好的企业、公司、单位的职工层。第四集团是大量的个体、私营经营者。

对中产阶层的规模，目前尚无较系统、较规范的统计，处于仅凭借官方及媒体传达的相关数据作模糊性估量的状态。大致有3种说法：其一，占就业人口的13%～15%；其二，占总人口的20%～25%；其三，中产阶级消费群已有1亿人口，在未来10年内，中国具有中等收入的群体将达4亿。

（3）中间阶层的功能

一般而言，中间阶层的社会功能应以能稳定一个现代化社会所需要的公正、有序、协调发展社会结构为定位。就现阶段中国社会结构转型的具体国情而论，中间阶层的社会功能应为：第一，贫富分化及社会利益冲突的缓冲功能。第二，社会地位公正获得的示范功能。第三，社会主义市场经济及现代性社会价值观的行为示范功能。

（三）社会分层的后果

社会分层后果研究，主要研究人们在社会分层系统中的位置是否影响或如何影响人们的态度和行为，并由此引发社会政治性的后果。目前大多数这类研究涉及的是阶级背景对个人层面的影响，如消费实践、生活方式、宗教信仰、投票行为、生理和心理健康、越轨行为、生育率、死亡率、价值观和态度等。在这些研究中，有关消费实践和生活方式的研究最多。

在有关消费和生活方式的研究中，后现代主义理论有很大的影响。后现代主义者认为，现代社会的消费行为是个性化的或个体化的，受到个人的多元身份的影响。阶级或身份的归属并不能机械地决定人们的消费实践，消费实践是通过个人偏好不断地创新、再生和特别化的形式而主观建构出来的。后现代主义者指出，当代社会的消费实践正在脱离阶级区分的影响，需要一种新的理论（而不是阶级理论）来解释人们的态度和生活方式。

另一种对消费和生活方式研究产生很大影响的理论是布丢等人的社会再生产理论。这一派学者通常是把阶级（由经济地位所决定）与身份群体（由消费和生活方式来确定）两个概念结合起来讨论。他们认为，阶级不仅对社会选择过程和个人的社会化过程有影响，而且也影响到个人的性情、品味和生活方式，这些性情和品味（布丢称之为惯习）还可以在代际间传递，从而导致了阶级地位的再生产。毫无疑问，社会阶层分化是否影响人们的行为、习惯和价值观念的争论还在继续。

二、社会流动

社会流动与社会分层总是相伴而生，有分层才有流动，流动又产生新的分层。

社会流动往往与社会的开放程度密切相关，越开放的社会流动越频繁。

（一）社会流动的概念和基本类型

社会流动指个人或群体，从一种社会地位或社会阶层向另一种社会地位或社会阶层的变化。社会流动可分为向上和向下流动、水平和垂直流动、自然和非自然流动、代际和代内流动、结构和非结构性流动。社会流动的实质是社会资源占有的变化，社会流动有利于激发人的积极性和创造性，使社会成员获得改变自身社会地位的机会，从而缓解社会冲突，促进社会和谐发展。

（二）社会流动的条件和意义

1. 社会流动的条件

社会成员因占有社会资源的不同，被分为不同的社会阶层，又因占有资源的变化而产生了社会流动。社会学通常分析代际流动与代内流动。代际流动是将父母的社会地位与其子女或孙子女所获得的社会地位相比较而言；代内流动是指个人在其一生中的社会地位变动。这两种流动都包括向上和向下流动。

一般来讲，人们总是努力向上流动，以获取更好的社会地位、工作和生活。在特定社会，有两个条件特别容易产生向上的流动，这就是先进工业的发展和大规模的学校教育。工业化的发展需要更多人力资源，因而也为社会大众提供了更多的就业岗位，而学校教育为社会成员提供了知识和技能的培训，因而成为社会流动的主要条件。

此外，社会成员的流动还受到其家庭出身、父母职业和文化程度及社会制度和政策等的影响；一般而言，社会越封闭，这些因素越限制大多数成员的社会流动；社会越开放，家庭背景的影响越小，社会制度和政策等的影响越大，社会流动性越大。

2. 社会流动的价值

合理的社会流动具有重要的意义。第一，有利于社会保持一种开放式分层结构，不断调整个人与社会分层结构之间的关系，增强社会成员改变自身社会地位的机会，促进社会公平的发展。第二，有助于拓宽社会各阶层之间的接触界面，增进不同社会阶层之间的相互联系，缓解社会矛盾和冲突，促进社会良性运动。

第三，社会流动能够有效地激发人的积极性、创造性和开拓进取的精神，从而为社会注入强大的活力，推动社会的进步和发展。

三、体育的社会分层

（一）体育分层的历史演变

1. 古　代

（1）职业分层

随着社会的发展演变和人们生存能力的不断提高，中国古代出现了传授攻防格斗等生存教育和军事教育，同时也出现了满足祭祀的体育舞蹈，体育已经出现了明显的职业分层，具体可分为先生（教官）、学生、士兵和巫师。

夏、商时代的校与序一般是文武兼习，但以武为主。在专职老师（一般由有作战经历的老年人充任）带领下，主要学习射箭的技术。周代的庠除了敬养老人外，还是向青少年传授礼仪和射箭技艺的地方。而宋代出现的角抵社和相扑社，其成员大多是职业选手。先秦的贵族学校有专门的射箭练习场，学生在专职教师“师氏”“保氏”的指导下从事各种技艺和知识的学习，其目标是为奴隶主政权培养文武双全的人才。

（2）技术分层

古代六艺中的“御”是指驾驭马车的技术。御的技术主要有五种，成为五御，分别是，第一，鸣和鸾：指行车时马铃具有节奏感，指驾车平稳的技术。第二，逐曲水：指顺着曲折的水道或河道边驾车，以练习驾车转弯和避开障碍物的技术。第三，过君表：指驾车迅速通过狭窄的门户和道路的技术。第四，舞交衢：指在复杂的道路情况下自如驾控马车的能力与技术。第五，逐禽左：在狩猎时，能够将车驾驭到猎物的左边，以便让车上的射手拉弓射箭（先秦车战中射手一般站在车的右边）。这五种御术综合反映了贵族青年的驾车能力，但其要求上是逐层提高的，出现了明显的技术分层情况。

西周的射礼，按等级也分为四层，大射、宾射、燕射、乡射。大射是在周天子祭祖、祭神等大典上举行的礼射活动；宾射是周天子在欢迎诸侯来朝时的仪式上举行的礼射活动；燕射是周天子与群臣在宴会与娱乐时举行的礼射活动；乡射是卿大夫、士等各地的贵族统治者在民间举行的射礼。不同等级的人参加射礼，其所用的弓、箭、靶、音乐、色彩、礼仪等均有极为严格的规定。

（3）项目分层

原始社会：射箭、锤、钺、斧、棍棒、刀、石球、健身舞蹈等；中国奴隶社会，西周“小学”教育内容“六艺”中的礼、乐、射、御是典型的具有体育性质的内容；封建社会有剑术、刀术、棍棒术、象棋、围棋、秋千、风筝、登高等划分；欧洲中世纪骑士七技的前六技全是体育项目，即骑马、游泳、投枪、击剑、狩猎、游戏（包括下棋和球戏）；古阿拉伯的射箭、狩猎、球戏和棋类活动；古代美洲的摔跤、跑步、划船等都显示了体育项目的分层。

（4）参与分层

参与分层主要指参与方式与参与程度上的分层，参与方式上有竞赛和休闲娱乐两种方式，如两汉三国时期的蹴鞠，宫廷里不仅有正规的比赛和娱乐活动，民间街头巷尾的踢球活动更是频繁。在参与程度上，不同对象对不同项目的参与程度有所不同，如拔河、角力投壶、蹴鞠、斗鸡、摔跤、武术等活动，平民参与较多；而因军事训练需要，刀枪剑戟、奔跑跳跃等在军队开展较多，军人对体育的参与程度更高。

2. 近　代

中国的近代体育是伴随着国民的觉醒和民族的复兴而开始的，一般指 1840 年至 1949 年之间的中国体育。这一时期中国体育发展的主要特征是：西方近代体育通过不同途径传入中国，逐渐取代了流传几千年的中国古代传统体育的主流位置，成为中国体育的主要内容与模式。中国近代体育的发展先后经历了洋务派、维新派和教会与基督教青年会等清朝末期中西方的影响及中华民国成立后民国体育的影响。从中国近代体育的发展变化也可以看出西方近代体育的影子和痕迹。

（1）职业分层

晚清时期，各地已有不少体育学堂。辛亥革命后，新开办了许多以培养体育师资为主的体育专科学校，如上海中国体育学校、华东体育专科学校、北平民国大学体育科，许多高等学校也设立了以培养体育专业人才为主的体育系科，政府部门也设立管理体育的分层机构，因此体育教师、体育专业的学生及管理体育的官员在近代社会是一个典型的体育职业。

基督教青年会在培养中国早期体育运动专门人才方面也做了大量工作。例如，1908 年埃克斯纳在上海创办了体育干事培训班，同年成立体育部，培训项目有篮球、排球等，开了办班培养人才的先例。其毕业生大多被派往各地青年会担任干事，也有到大、中学校任教。因此，这时的职业有体育教师、教练、裁判、运动员。而近代中国参与或举办的对内、对外竞技体育比赛，也使教练、裁判、运动员成为一种常见现象。例如，近代中国参加了 3 次奥运会、10 届远东运动会，举办了 3 届远东运动会、7 届全国全运会等。此外，还有一些知名体育思想家与学者，如吴蕴瑞、袁敦礼、程登科、徐一冰、马约翰等。

19 世纪的欧美，各种体育竞赛休闲娱乐活动已经在学校及社会全面展开，不仅拥有许多体育类的师范学校、全国性和世界性的单项协会、体育研究组织和竞赛组织，还频繁举办国内和国际体育比赛。因此，专职的教练、业余和职业运动员、教师、体育科研人员和管理人员在近代西方尤其是欧美社会普遍存在。

（2）技术分层

太平天国时期为了选拔和发现军事人才，开设了武举科考。除军事理论外，考试内容有马射、步射、舞刀、举石等，各级武试合格者，根据成绩分别授予“艺士”“英士”毅士”“猛士”“武状元”等称号。民国时期，国术比赛的前三名分别授予“国士”“侠士”“武士”称号。近代中国，学校体育和政府体育管理机构比较健全，因此，教师和官员也同样存在技术资格分层，教师有教授、副教授、讲师及助教等区分，官员有行政级别和管理事务的分层。而近代西方体育的技术分层则主要表现职业运动员和业余运动员在各种国内国际体育比赛中因技术水平不同而表现出来的分层，及体育管理人员的技术级别划分。

（3）项目分层

西方的近代体育是伴随文艺复兴、宗教改革和启蒙运动而逐渐形成并发展的。随着英国产业革命的发生和发展，应新兴资产阶级和工人阶级的需要，近代西方体育的项目，由最初的以德国和瑞典体操为主，逐渐发展到体操和户外运动为主及随后发展起来的现代奥运会，包含项目非常丰富：秋千、跷跷板、毽子、板球、滑冰、游泳、划船、击剑、舞蹈、赛艇、板球、网球、橄榄球、拳击、高尔夫、田径、垒球、田径、足球、滑雪、溜冰、赛马、网球、板球等。这些运动后来都传入了中国，并在军队和学校中广泛开展。此外、中国的传统武术、太极在这一时期也有一定的影响，武术家霍元甲当时威震中西武林，陈式太极拳、杨式太极拳、孙式太极拳、吴式太极拳等在社会中有极大的影响。

民国时期的学校体育项目没有大的变动，仍然以田径、游泳、篮球、足球、排球、体操、体育游戏等为主，同时还开展乒乓球、羽毛球、拳击、网球、举重、击剑、棒球、中国武术、中国式摔跤、射箭等运动项目，而民间传统体育项目主要是踢毽、跳绳、打花棍、空竹、风筝、斗牛、石锁、推小车、掷沙袋、舞龙舞狮等运动项目。1927 年，国民党叛变革命后，中国共产党先后创建了自己的根据地，在红色根据地也开展各种学校体育活动、群众体育活动和军事体育竞赛，除了体操（单双杠）、球类（篮排足）、田径（跳高、跳远、标枪、铁球、跨栏、跑步等）、武术、舞蹈等常规项目外，还比赛投弹、刺杀、劈刀、搏斗、夺枪、射击、秋千等运动项目。

（4）参与分层

参与分层指以体育为职业或学业的参与，和将体育作为健身、休闲娱乐内容的参与两层，前者因职业和学习需要经常参与体育运动或体育管理，后者只是为了健康、休闲娱乐而进行的自主性参与。在清朝晚期及民国政府统治的稳定时期，这些参与在有序进行，但随着军阀混战和日本入侵，体育的健身休闲娱乐参与率大大降低，体育教育管理及学习也经常得不到保障。

近代西方体育，在“绅士体育、纯洁体育”等口号的遮掩下，一直是欧洲贵族和资产阶级上流社会的专利品，因此，初期在体育参与上是以健身和休闲娱乐为主的。后来随着职业体育的发展，一些以体育为生的下层阶层也参与到体育中来，且在当时学校体育迅速发展的过程中，欧洲各国也开办了很多体育师范学校，培养体育教师，因此也存在许多以体育为职业的人，体育的参与分层主要表现职业参与和业余参与。

3. 现　代

人类社会已从传统农业社会进入现代工业社会，并继续向后工业社会发展。世界变成了地球村。体育已经成为国际社会交流、合作、文化共享的手段和平台，其分层也呈现出趋同的现象。

（1）职业分层

在各国政府和社会的重视下，体育已经遍及社会的每一个角落，总体可以分为学校体育、大众体育和竞技体育。这三个领域存在着大量的体育从业人员。学校里体育职业以体育教师、专业体育学生、体育科研人员为主；大众体育领域内主要包括健身教练、体育培训师、体育管理人员、体育销售人员和体育后勤服务人员；竞技体育领域内主要是高水平体育教练员、运动员、裁判员、体育管理人员、体育科研人员及相关的体育服务人员。此外，还有国家和各级地方政府中设置的分别管理这三大体育领域的政府官员。

（2）技术分层

目前，体育的技术分层主要表现为教练员、裁判员、运动员和体育教师等技术等级分层。教练员可以分为国家级教练、高级教练、一级教练、二级教练和三级教练。裁判员可以分为国际级裁判员、国家级裁判员、一级裁判员、二级裁判员、三级裁判员，有的国家将裁判员分为国际裁判、国家裁判、地区裁判。而运动员技术等级主要分为国际运动健将、运动健将、一级运动员、二级运动员和三级运动员。体育教师在中小学分为正高级教师、高级教师、一级教师、二级教师、三级教师；大学体育教师分为教授、副教授、讲师和助教。此外，还有体育工程技术人员分层（研究员、高级工程师、工程师、助理工程师）和实验技术人员的分层（高级实验师、实验师、助理实验师、实验员）和科研人员分层（研究员、副研究员、助理研究员和研究实习员）等。

（3）项目分层

项目分层有很多分法。第一，按照是否是奥运项目分层：可以分为奥运项目和非奥运项目。第二，按照具体项目分层，就有几百个项目，例如，2008 年北京奥运会奥运项目分为 28 个大项 302 个小项。这 28 项为：田径、赛艇、羽毛球、垒球、篮球、足球、排球、拳击、皮划艇、自行车、击剑、体操、举重、手球、曲棍球、柔道、摔跤、水上项目、现代五项、棒球、马术、跆拳道、网球、乒乓球、射击、射箭、铁人三项和帆船帆板。2012 伦敦奥运会奥运项目分为 26 个大项 300 个小项：足球、网球、曲棍球、羽毛球、手球、排球、乒乓球、篮球、游泳、田径、自行车、体操、马术、射箭、射击、击剑、举重、拳击、柔道、摔跤、跆拳道、皮划艇、赛艇、帆船、现代五项、铁人三项。第三，按照体育娱乐性和竞技性分层，体育娱乐项目内容丰富、种类多样，大众熟知的项目主要有踢毽、跳绳、打花棍、空竹、风筝、斗牛、石锁、推小车、掷沙袋、舞龙舞狮、门球、跳棋、中国象棋、围棋等；竞技体育项目以奥运项目为主。第四，按照民间的和民族的项目分类，不同国家、地区民间体育项目有所不同，种类繁多。中国的民间体育项目有抛绣球、抢新娘、赛龙舟、丢沙包、拔河、滚铁环、荡秋千、斗鸡、太极拳、太极剑、太极扇等，而民族体育特色非常明显，如中国的武术，韩国的跆拳道，印度的瑜伽，日本的相扑、巴西的足球，英国的马术、板球，美国的橄榄球，法国的击剑等。

（4）参与分层

参与分层可分为四类八种：第一，直接参与和间接参与；第二，当然参与和或然参与；第三，终身参与和间断参与；第四，主动参与和被动参与。其中当然参与是指因从事体育工作或职业要求经常从事体育训练，以及在规定时间内达到国家法定体育标准的人，如运动员、教练员、体育教师、体育专业学生、武警等。

（二）体育分层的动力和结果

1. 体育分层的动力

体育的职业分层、技术分层、项目分层及参与分层的动力来自社会需要与人自身的需要。社会的发展进步需要更多的专业人才、更多的技术分工、更丰富的运动项目和更多的体育参与来满足社会政治、经济、文化、教育、军事等领域发展的需要。而人自身的发展也随着社会的繁荣富强而必然经历了生理需求、安全需求、社交需求、尊重需求和自我实现的逐级变化，因此，体育在人类的生活中扮演了多种角色，发挥着多种功能。

2. 体育分层的结果

体育分层的结果使体育的社会功能、经济功能、文化功能、教育功能等得以充分发挥，不断满足着人类社会群体和个体的需要，同时也为体育资源的流动创造了条件，为体育的发展注入了更多活力。

四、体育的社会流动

（一）体育社会流动的类型

体育社会流动的类型主要为垂直流动与水平流动、自然流动与非自然流动。垂直流动指体育人员向上或向下的流动。例如，运动员从一级升为健将级，或者从省队进入国家队即为向上流动；反之则为向下流动。垂直流动会改变体育人员的社会地位和相应的社会待遇，一般来讲，向上的流动多于向下的流动。水平流动是指体育人员不改变社会地位级别，只改变群体、组织或地域关系，在现代社会中，水平流动越来越频繁、流动中的经济成分越来越多，而且运动人才一生中的流动范围加大、速度加快、流动次数增多。

自然流动指体育人才在人才链条上的正常、顺向的流动，非自然流动则相反。例如，体育师范类大学生毕业后做体育教师属自然流动，而毕业后转行进入银行、物流或者其他行业做非体育工作则是非自然流动。

社会分层与社会流动是相辅相成的，有分层就必然有流动，流动又形成新的分层。日益开放的现代社会必将为体育的社会流动注入新的活力和机遇。

（二）影响和制约体育社会流动的因素

影响和制约体育社会流动的因素主要表现如下。

1. 先赋和后致因素

前者主要指家庭出身、父母职业和文化程度等；后者主要指个人的受教育程度、专业技能等。一般而言，先赋性因素作用越大的社会越封闭，后致性因素作用越大的社会越开放，个人自由选择和发展的空间就越大。封闭型社会是一种制度化的稳定性与不平等，它通常建立在血缘和门第等先赋条件的基础之上。在这种社会中，不同等级的社会成员之间无法进行流动。而开放型社会则相反，开放型社会通常是建立在后天的能力、专业技术、受教育程度等获致性条件的基础上，不同成员之间的流动属正常现象。

先赋性因素起决定作用的分层，例如，古罗马的贵族、平民（自由民）和奴隶之间的区分，罗马的角斗士属于奴隶，即使他有强壮的身体、智慧的头脑、高超的技战术，即使他能在角斗场获取很多次胜利，也很难获得自由民的身份。我国的封建社会也是封闭型社会，武官的后代可以轻易世袭官位，而普通老百姓只能在武举制的层层选拔下，才有可能进入社会的上层。现代社会是一个后致性因素主导的社会，为体育人才的流动创造了更多的条件和机会，是个天高任鸟飞，海阔任鱼跃的时代，为许多有能力、有实力的体育人才提供了更多的表演舞台。

2. 社会制度和社会政策

社会制度是为了满足人类基本的社会需要，在社会中具有普遍性、是在相当长的一个历史时期里具有稳定性的社会规范体系。社会政策，是通过国家立法和政府行政干预，解决社会问题，促进社会安全，改善社会环境，增进社会福利的一系列行动准则和规定的总称。一般来讲，社会制度的稳定性和层次更高，而社会政策是社会制度的具体、细化操作，是解决或对付社会问题的基本原则或方针。制度和政策的实质都是“规定”，是人们必须遵守的强有力的价值和行为规范。

在现代社会，中国的体育制度主要指“举国体制”，即举全国之力来发展体育，实际上是政府办体育，竞技体育、学校体育目前主要依靠政府来办。我国的社会体育也一直在政府的推动下向前发展，但相对于国民需求来讲，群众体育的发展最缓慢。根据我国目前的经济发展和大众的健身需求，2014 年 10 月 20 日，国务院下发 46 号文件《国务院关于发展体育产业促进体育消费的若干意见》，从国家层面开始进一步推动全民健身运动的发展。这是继 1995 年颁布《全民健身计划纲要》和《中华人民共和国体育法》，大力推动全民健身运动以来，第二个具有里程碑意义的大事件。这反映出，国家对大众健身和体育产业发展的高度重视。在这种背景下，体育人才的流动必将迎来第二个高峰。

3. 价值观念

价值观是一个社会中人们所共同持有的关于如何区分对于错、好与坏、违背意愿或符合意愿的观念。价值观是决定社会的目标和理想的普遍和抽象的观念，价值观通常是充满感情的，它为一个人的行为提供正当的理由。

在我国，人们普遍认为，体育有健身、健美、休闲娱乐、康复防病、塑型等与人们生活密切相关的价值和功能，还具有政治、经济、文化、教育、军事功能。体育的生物功能和社会功能在个体和社会中分别发挥着重要的作用。因此，与这些功能相关的领域存在大量的从业人员。但社会职业观和收入仍然影响着人们流动时的选择，更多的体育人才倾向于流入有稳定收入、较高社会地位或者较高收入的职业，如与体育有关的学校、政府机关及其他企事业单位，但随着这些领域就业的逐渐饱和和体育服务业的繁荣，一部分体育人才开始进入大众健身服务业。

改革开放后，我国学校体育价值观大致经过了快乐体育、终身体育、“健康第一”、娱乐体育、人文主义或人本主义等的变化。

（1）快乐体育：第二次世界大战后发源于日本，于日本高桥健夫认为，快乐体育就是“让人们从运动中体验快乐，并把它作为终生追求的目标。”20世纪80年代，快乐体育价值观传至中国，受到一些中国专家学者的推崇。毛振明等专家学者积极倡导学生能体验体育运动中的乐趣，从而热爱运动。

（2）终身体育：脱胎于终身教育理念，1965年，联合国教科文组织成人教育巴黎会议上，法国人朗格朗率先提出了终身教育的理念。受终身教育理念启发，1992年国家教委颁布了《全国普通高等学校体育课程教学指导纲要》，明确提出了“终身体育”价值观。1995年，国家体委颁布并推行的《全民健身计划纲要》指出：对学生进行终身体育教育，培养学生体育锻炼的意识、技能和习惯。

（3）“健康第一”：20世纪90年代末，“健康第一”价值观横空出世。1999年，《中共中央国务院关于深化教育改革全面推进素质教育的决定》中提出：学校教育要树立“健康第一”的指导思想，同年，教育部体卫艺司在其1999年主要工作安排中强调：审核教育改革，组织力量对学校体育与健康教育相结合研究和学校体育与健康教育相结合的课程体系、教学内容的研究，使学校体育与健康教育课程体系进一步科学化。此后在教育部直接领导和50多名课题组成员的努力下，2001年3月，完成了《体育与健康课程标准》征求意见稿，并于当年9月进入各实验区实验。《标准》的设计思路是：淡化竞技运动教学模式，以人为本，牢固树立“健康第一”的指导思想；重视学生的主体地位和体育课程的功能开发，增强体育课程的综合性；关注个体差异与不同需求，培养学生的运动兴趣，树立学生“终身体育”观念，提高学生的社会适应能力，确保每个学生受益。

（4）娱乐体育：2002年，胡小明提出“娱乐体育”或“玩具体育”的观点，认为深化改革需要再一次转变观念，从工具到玩具，让体育融入每个人的生活。2007年，张尚晏等同意胡小明的观点，认为体育无乐，就没有生命力。

（5）人本主义：2005年后，学界出现了“人本主义”或人文主义价值观，强调学校体育应主要关心人的成长。2005年6月，蒋桂凤等在《北京体育大学学报》上撰文《人本主义学校体育价值取向的理论基础》，支持和提倡人本主义价值观，并认为其理论基础是现代教育人本论，实践基础是健身和娱乐。同年8月，湖南师范大学马卫平在其博士论文《体育与人——学校体育的文化重构》中，批判了以往学校体育的工具性，提出了人文主义价值观，认为学校体育存在的价值是促进人的全面发展。

4. 经济发展和服务业的繁荣

我国GDP经过10多年的高速增长已开始变缓。根据欧美的发展经验，这正是发展体育产业促进体育消费的最佳时机。从长远来看，真正能让一个国家不止有钱而且持续的是消费。欧美国家和日本的GDP中70%是消费，而我国GDP中只有35%是消费拉动的。2008年我国人均GDP已经达到了3000美元，全面实现小康，城镇居民生活富裕，人们有能力进行各种体育消费。健身会所、体育用品和体育器械商店等体育劳务和实物产品有了一定的市场发育。因此，国务院2014年颁布了46号文件《国务院关于发展体育产业促进体育消费的若干意见》，从国家层面又对体育产业的发展和体育消费水平的提高给了一把力，这属于第三产业的体育服务业，需要大量的体育专业人才来为大众健身、休闲娱乐提供服务，而这个领域也蕴含着无限的商机和经济利益，因此，这也成为影响体育人才流动的一个因素。

（三）奥运冠军的社会流动

奥运冠军是竞技体育领域的标志性群体，是运动员的优秀代表，是竞技体育的核心载体，是许多专业运动员运动生涯的终极目标。分析奥运冠军的社会流动，有利于了解以奥运会为代表和集中体现的现代竞技体育运动在我国社会阶层形成中扮演的角色。

1. 获取奥运冠军前后的阶层变化

对第27、28届夏奥会冠军社会流动的研究表明，这些运动员夺冠前主要来自产业工人（46. 6%）、专业技术人员（23. 3%）和农业劳动者（15. 1%）阶层。夺冠前后的阶层分布发生了明显变化，夺冠后流入的社会阶层主要为国家与社会管理者（39. 7%）、专业技术人员（34. 2%）和办事人员阶层（9. 6%），以体育官员和教练为主，由原来的中低层为主变为以中高层为主，下层和底层中已不见他们的身影。据百度、360 及搜狗百科可知，最初来自中下层阶层的家庭的跳水冠军熊倪现任湖南省体育局副局长、举重冠军占旭刚现任浙江重竞技中心主任、羽毛球女双冠军葛菲现任南京市体育局副局长、竞走冠军王丽萍现任北体大田径队竞走教练等，他们都通过优异的运动成绩进入了社会上流。

2. 奥运冠军社会流动的主要原因

（1）明星效应

① 奥运冠军的稀缺

奥运冠军是世界各国竞技体育里的明星。“世界乒坛皇后”邓亚萍在其运动生涯中先后获得过 180 个冠军，而奥运冠军只有 4 个；世界羽毛球历史上唯一的超级全满贯选手林丹（超级丹）也仅获 2 个奥运冠军，目前我国奥运史上获得金牌最多的是体操运动员邹凯（至 2012 年共 5 枚）。奥运冠军是实实在在的明星，是数量有限的稀缺资源。因此，获取奥运冠军的运动员是国家的骄傲、民族的荣耀、体育的辉煌、青年人的楷模、商家的宠儿、媒体的焦点，是集千百宠爱于一身的英雄。

② 社会资源的汇聚

一个人社会流动的影响因素主要有先赋和后致两种，前者主要指家庭出身、父母职业和文化程度等；后者主要指个人的受教育程度、专业技能等。从某种程度上说，现代社会是一个后致性因素主导的社会。竞技体育“成绩至上”的特点使奥运冠军获取的社会资源急剧增加，极大弥补了其先赋资源不足的劣势，而拥有较多的社会资源与职业地位的获得往往呈正相关。因此，优异的运动成绩使运动员拥有了向理想社会阶层流动的资源和能力。游泳冠军罗雪娟、体操冠军杨威、“跳水王子”田亮、乒乓冠军王楠、羽毛球冠军吉新鹏、柔道冠军冼东妹等都来自中下阶层家庭，但都通过优异的运动成绩进入了社会上流。即使运动员无法达到所谓的巅峰，竞技训练仍然会带给他们一笔财富，即顽强拼搏的竞争意识、远高于一般人的运动技能、坚韧的意志品质、良好的运动习惯。在国家大力发展体育产业、促进体育消费的有利形势下，他们不仅在大众健身、休闲娱乐市场中熠熠生辉，甚至在非体育领域也能发光发热。

（2）传统社会阶层认知

① 阶层间的不平等

“人往高处走，水往低处流”，是大自然和人类社会的发展规律之一，每个人从呱呱坠地就开始了社会化过程，家庭的关爱、学校的教育都是为了让其将来成为社会的有用之才。而“落后就要挨打”虽然是斯大林在 20 世纪 30 年代提出的，但仍然适用于今天的国际事务、社会现实和个人发展。无论何种社会，有限的社会资源总是更多地集中在社会上层和中层成员中，不同职业身份在社会系统中所能获得的地位、威望与认可度，不可避免地影响了奥运冠军的阶层流动意愿。较高的阶层意味着较高的社会地位和收入、良好的工作环境、富裕的生活和较多的发展机遇等；反之，就意味着较低的地位和收入、较差的工作环境、贫穷的生活、较少的流动机会、话语权缺失等。

② 拼搏改变命运

大多出身于社会下层的运动员过早地品尝了生活的艰辛、不易，有着更强烈的步入社会上流的愿望，更懂得顽强拼搏的重要性。据《重庆商报》报道，2012 伦敦奥运会羽毛球冠军李雪芮，父母都是工人阶层，一家人挤在 50 多平方米的老房子里，家里的钱大部分都用在了她的教育和训练上，这也促使其持之以恒、艰苦训练，并最终取得优异成绩。2014 年澳大利亚网球公开赛女单冠军李娜家也是普通的工薪阶层，她刚开始练网球时，父母的工资加起来每月才 100 多元。1996 年 14 岁的她父亲病逝，家庭生活更加艰难，因此，她在球场上练得更加刻苦，而后取得了一系列的成绩和丰厚的回报。截至 2014 年 3 月，李娜运动成绩世界排名第二，职业生涯总奖金达 1000 多万美元。举重冠军占旭刚 10 岁时为了农转非而开始练举重，最终成为中国举重历史上蝉联两届奥运会冠军的第一人。这样的例子多不胜数，正是竞技训练成就了他们，改变了他们的地位和命运。

（3）政治动员

政治可以被认为是一种活动，通过这种活动达成并实施集体的决定。政治的精髓在于权力，权力是指个人或群体控制或影响他人的能力，不管这人是否愿意合作。控制他人行动主要有三种机制，首先，某种有价值的东西作为一种奖赏提供给服务者。第二种机制是威胁不遵从者，给以惩罚。权力还可以通过控制和操纵信息、态度和情绪等从而间接地发挥作用。在这里，政治动员主要指通过第一和第三种机制来获取竞技体育支持者的一种活动。政治动员为奥运冠军的社会流动创造了外部动力和便利条件。

① 重奖优秀运动员

奥运冠军是优秀运动员的典型代表，对其奖励具体表现在社会声誉、物质奖励、职业转变和高层次教育机会获得四个方面。在百度搜索引擎中输入 2012 伦敦奥运会冠军，网络显示出 420 多万条相关信息，反映出各种媒体对优秀运动员的高度关注。除社会声誉外，还有高额的物质奖励、社会地位和高等教育机会的获得。据《中国青年报》报道，2012 年伦敦奥运会，国家、地方政府、企业和各种基金会等给每位冠军的奖励至少在 500 万元以上，相当于工薪阶层年收入的 200 倍。奥运冠军退役后的社会地位更是有目共睹，据第 27 届、28 届退役运动员的社会分层统计，他们中 90. 5% 都处于社会中上层。目前，在中国体育界的“举国体制”和全国到地方的“金牌战略”“奥运战略”的双重作用下，即使有严格的选拔任用制度和组织考察程序，奥运冠军进入国家与社会管理者和专业技术人员阶层依然有相对宽松的环境，而成名后的他们也顺利获得了高等教育机会。对他们而言，接受更好的教育会在与家庭背景或者其他变量无关的情况下获得更高的收入。绝大多数奥运冠军在 30 岁左右就已获得较好的工作和较高的社会经济地位，进入社会中上层，个别运动员还成为全国人大代表，这正是政治制度在资源分配上对优秀运动员的倾斜。冠军运动员退役后，还有各种运动基金会和组织进行经济和再就业的扶持，因此，从某种意义上说，是政治制度塑造了优秀运动员，并为他们提供了上流机会。

② 承担训练比赛费用

对一个国家来讲，社会的资源就像一块蛋糕，但这块蛋糕在内容上并不固定，而是随政治的需要而变化。在目前的训练体制下，省级及以上层次优秀运动员的生活和训练比赛费基本由地方政府和国家承担，且每月还可获取一定工资。这对那些主要来自中层和下层家庭的运动员，竞技训练不仅能帮他们发挥特长，实现梦想，还可用获得的工资和奖金反哺家用，实现家庭和个人双赢。

3. 奥运冠军社会流动的积极影响

（1）强大的激励作用

从古到今，个人的成长、进步和道路的选择都离不开成功人士的指引和影响。

奥运冠军是典型的成功者，他们的成长转变对社会大众，尤其对有运动天赋或对竞技运动感兴趣的少年儿童具有巨大的影响。2004、2008 年两届奥运会柔道冠军冼东妹是农业劳动者的后代，是柔道训练改善了她的地位和生活。据报道，冼东妹夺冠后曾获得“全国劳动模范”、中国青年“五四”杰出贡献奖章、广东省第十次党代会代表、第十一届全国人大代表，“改革开放 30 年感动广东人物”之一等一系列殊荣，曾代言永通电子、中山“日康”等品牌，并于 2008 年获得国家和地方政府 150 万 ~ 200 万元的奖励，目前是广东省重竞技体育训练中心党委副书记兼纪委书记。这种转变对她本人、家人及有志于竞技训练的人来讲都是一种正能量。

由于大多运动员出身“寒微”，父代阶层的社会流动对其实现社会上流所能提供的资源条件十分有限，使得运动员的社会上流之路完全不同于当下社会中备受普通民众质疑的依靠“拼爹”，而存在于社会中上阶层的“富二代”“官二代”“煤二代”们。在某种程度上，是通过依靠社会体育资源，挖掘个人先天禀赋，坚持后天努力奋斗，把握时代发展机遇等实现的正常社会流动的典型代表，他们身上蕴含着成长的激情、精神的光辉和人性的温暖，还折射出坚韧的毅力、顽强拼搏的斗志及永不言败的信念，因此，他们的成功在时刻昭告和激励着全体社会成员通过自身的努力奋斗实现自己理想的社会流动。

（2）社会结构优化的途径

国际社会公认的理想社会阶层结构是两端小、中间大的纺锤形结构。这种结构要经过社会成员不断的分层流动才能最终形成。我国目前的实际社会阶层结构近似金字塔式，农业劳动者、产业工人和商业服务员员工阶层占绝大多数，而其他阶层的比例则较低，是一种亟待改善的很不稳定的社会结构。

我国奥运冠军的社会上流既是对运动员十几年如一日艰苦训练的肯定和褒奖，也是在无声中对我国的社会阶层结构的优化。随着经济的高速发展，社会结构正在发生深刻变化，社会矛盾和问题正在凸现，贫富分化、收入差距扩大、身份认同危机、社会保障缺乏等问题，都容易造成社会低层成员的心灵动荡和行为过激。而竞技运动帮助较低社会阶层的后代实现了社会上流，在某种程度上缓解了这些社会矛盾和冲突，是社会结构优化的生动体现，对促进社会的稳定和良性运行具有积极作用。

（3）奥运战略的有力支撑

奥运会是各国竞技体育交流的平台，也是各国扩大影响、塑造形象、比拼国力的舞台，作为发展中国家的中国，在今后很长一段时间内还会继续大力发展竞技体育，这符合国家的政治外交、经济发展、社会教育和文化传播等各方面的利益诉求。

运动员是奥运竞技的主体和承载者，奥运冠军利益的最大化有利于高水平竞技体育后备人才的吸纳、选拔和现役运动员竞技能力的提高，使我国的竞技体育和奥运战略得以持续实施。如果运动员经过十几年甚至几十年的顽强拼搏，获得了竞技领域里的至高荣誉，而结果却是失业、生活贫困、社会下流、颠沛流离，那么没有人会愿意再从事竞技训练，这样的结果对运动员和家人来讲无疑是慢性自杀。运动员成功步入上流是我国奥运战略得以顺利实施所必需的社会力量。

奥运冠军的社会上流是我国经济社会快速发展背景下社会结构良性变化的体现之一。这种流动结果对竞技体育的持续发展具有十分积极的作用。但这种流动也会给社会大众一种“非公平”感，不利于提高全社会成员在国家动员情况下的一致执行力，同时奥运冠军社会流动结果的强大刺激效应也容易扭曲社会伦理道德，使我国体育事业的全面协调发展失衡。

第三节 体育与社会和谐发展

一、体育与人类社会的不断融合

体育贯穿于人类社会漫长的繁衍、进化发展过程中，除了在欧洲中世纪倍受压抑和遏制外，体育一直与人类社会保持着密切的联系。从人类的基本生存、安全到社交、尊重及自我实现，体育无不扮演重要角色。在现代社会，体育几乎无处不在，无所不至，只因为体育的本质是人的身体活动，而人是社会的主体和核心。

（一）社会的基本构成要素

政治、经济、文化、人口和环境是社会的基本构成要素。这五个要素和谐发展才促使人类社会不断从原始、蒙昧状态过渡到现在文明、智慧、繁荣的现代社会，其中人口又是五要素的核心部分。

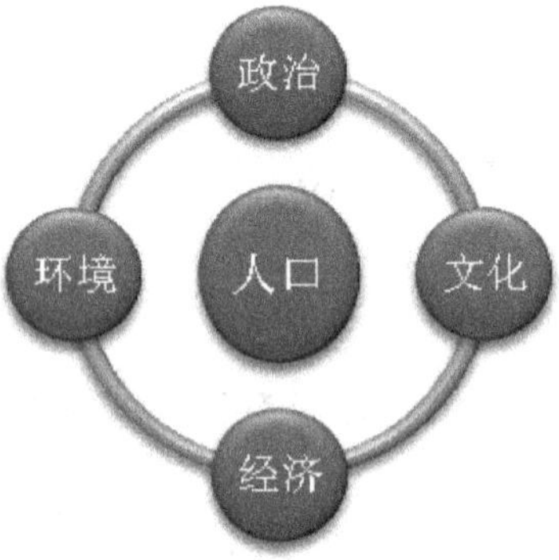

图3-1　社会基本构成要素

人口，指在特定时空内，由一定社会关系联系起来的、一定数量和质量的有生命的个体所组成的总体。在社会资源有限的情况下，人们不可避免地进行竞争、抢夺以满足各自的需要，这时候就需要一定的社会秩序和规则来进行规范约束，政治就扮演着这样一个角色。政治是一定阶层或集团为了维护和发展其自身利益而夺取政权和巩固政权的活动，以及实行的对内对外全部政策和策略。政治主要由政府推行，是涉及各个生活领域的、在各种社会活动中占主要地位的活动。对于人来讲，经济主要指一定范围内，与人的生存和发展有关的物质的生产、分配、流通和消费等活动的总称。在当代社会，经济也包含各种非物质的劳务和服务。文化是人们创造的物质文化和精神文化的总称，狭义的文化主要指精神文化，如信仰、道德、法律、艺术、宗教、价值观等。文化是人们在交流中创造的，文化的发展意味着人们不断改造环境以利于自己生存，同时也调整自己的行为以适应变化的环境。文化意味着创新、创新、再创新，以不断满足人们的物质和精神需求。环境则是指人赖以生存的物质环境和社会环境。政治、经济、文化和环境分别为人口的生存和发展提供了规则保障、物质和精神需求，它们密不可分，缺一不可。

（二）体育与社会基本要素的相辅相成

在当今社会，体育已与政治、经济、文化、环境和人口全面融合在一起，互相促进，共同发展。大型体育比赛可以进行爱国主义教育、显示国家制度的优越性，促进国内政治的统一和各民族的统一，还可为国家的外交政策服务；体育产业在发达国家占GDP的比重在3%左右，足见体育的经济价值巨大。我国体育产业发展缓慢、体育消费水平低，体育对国民经济的贡献率还较低，不到1%，但随着人们生活的整体富裕，经济增长速度的放缓，体育消费水平会有大幅度的提高；体育是人类社会的产物，是文化的重要组成部分，并形成了特有的体育文化。体育中的“更高、更快、更强”，体育中的顽强拼搏、持之以恒，体育中的各种规则、制度，体育中各具特色的场地、器材和项目都极大地丰富了文化的内容，并不断更新着文化。

体育和环境的结合经历一个轮回，最初与自然环境结合紧密，是人们生存的一种活动，后来体育逐渐从自然环境转入人文环境，更多的体育场馆被建造出来，更多的体育器材设备被发明创造。体育从室外转入室内，从纯粹的自然环境转入人文环境或自然与人文相结合的环境中。如今，人类环保意识的觉醒，使体育又重新开始亲近大自然，如近年来活跃的登山运动、徒步旅行、马拉松运动、环海湖自行车运动等；体育是人类社会的产物，体育的发展自始至终都在围绕人的需要进行，体育在不断地改善和满足人类自我的个体生理、心理环境乃至社会群体的生理、心理环境。因此，体育被不断地赋予新的价值和意义，进而不断在各个领域发挥着功能和作用。

二、体育与社会现代化

（一）现代社会概述

1. 社会现代化的概念

社会现代化是指传统社会利用不断增长的知识和能力改造自然、社会和人向现代（工业）文明社会转变的世界性历史进程。

2. 现代社会的特征

现代社会是一种以工业发展为标志，经济、政治、科学技术、文化生活高度发展的社会。现代社会是相对传统社会而言的，也是从后者演变过来的。前者继承了后者积累起来的物质财富和精神财富中的积极成果，扬弃了后者保守、落后的形式和内容。因此，从传统社会向现代社会的演变，是巨大的进步和重要的转折，理应受到人们的欢迎。

现代社会具有工业化、城市化、教育普及、科学技术高度发展、组织管理科学化、通讯网络和交通运输广泛使用的特征。工业化是社会现代化的必然结果，也是现代社会最明显的特征，随着工业化的推进，城市化水平不断提高。改革开放以来，我国的城市化进程大致经历了以下三个阶段：1978—1984 年，以农村经济体制改革为主要动力推动城市化阶段。1985—1991 年，乡镇企业和城市改革双重推动城市化阶段。1992 至今，城市化进入全面推进阶段，以城市建设、小城镇发展和普遍建立经济开发区为主要动力。城市化水平也从 1978 年的 17. 9%、1992 年的 27. 63%，到如今接近 60%，城市化水平显著提高。城市化发展的主要动力是经济的发展，而经济的发展又带动了教育、科技、通讯网络和交通运输业的发展及行业领域组织管理的科学化。

3. 中国现代化的进程

人类社会的发展经历两次重大转变，第一次是农业社会向工业社会的转变，第二次是工业社会向知识经济社会的转变。现代化是中国人民长期为之奋斗的目标。我国在 1964 年召开的第三届全国人大会议上，提出了现代化的目标，会议号召全国人民“在不太长的历史时期内，把我国建设成为一个具有现代农业、现代工业、现代国防和现代科学技术的社会主义强国”。1975 年，周恩来总理在四届全国人大会议上又重申了这个目标，即著名的“四个现代化”（即工业、农业、国防和科学技术现代化）。1987 年 4 月，邓小平同志提出了我国现代化建设的“三步走”发展战略。党的“十三大”确定了实施“三步走”发展战略的部署：第一步，从 1981 年到 1990 年，国民生产总值翻一番，解决人民温饱问题；第二步，从 1991 年到 20 世纪末，国民生产总值再翻一番，人民生活水平达到小康水平；第三步，到 21 世纪中叶，人均国民生产总值达到中等发达国家水平，人民生活比较富裕，基本实现现代化。然后，在这个基础上继续前进。

2000 年 10 月召开党的十五届五中全会宣布，我国已经胜利地实现了“三步走”战略的第一、二步目标，人民生活总体上达到了小康水平，人均GDP达到 848 美元，实现了从温饱到小康的历史性跨越。这是中华民族发展史上的一个里程碑。从新世纪开始，我国已经进入全面建设小康社会，加快推进社会主义现代化的新的发展阶段，也就是开始实施第三步战略的新阶段。

现代化既是一个目标，也是一个过程，是目标与过程的统一。我国的现代化研究主要从 2002 年开始，《中国现代化报告 2002》提出了第一次现代化和第二次现代化的概念，随后出版了一系列的研究成果，每个报告都有一个主题，从多个角度研究现代化的进程。

为了清醒地认识当下我国现代化过程，陈柳钦等根据中国国情和各省市现实发展状况，建立一套与奋斗目标相衔接的，可以对目标实现状况进行测评的指标体系。从经济现代化、社会现代化、环境现代化、政治现代化、文化现代化和人的现代化等六个方面遴选了 24 个指标，作为反映我国基本实现现代化进程的评价指标（表 3-1）。

表 3-1　我国基本实现现代化主要评价指标体系（到 2050 年）

类　别	编　号	指标名称	单　位	基本现代化标准值
经济现代化	1	人均GDP（常住人口）	美元	> 10000
	2	现代服务业占整个产业的比重	%	> 55
	3	R&D投入占GDP的比重	%	> 3.0
	4	万元GDP能耗	吨标准煤	< 0.20
社会现代化	5	城市化率	%	> 75
	6	基尼系数		< 0.30
	7	城镇居民社会基本保障率	%	> 95
	8	社会平安指数	%	≥90
文化现代化	9	文化家庭消费支出的比重	%	> 25
	10	万人互联网用户数	户	> 5500
	11	万人拥有公共文化体育设施面积	平方米	> 13200

续 表

类 别	编 号	指标名称	单 位	基本现代化标准值
政治现代化	12	万人拥有律师数	人	>4
	14	公民政治参与程度	%	>80
	15	公共服务质量满意度	%	>90
	16	政府公共服务上网率	%	>80
环境现代化	17	万人公共汽车拥有量	标台	>15
	18	人均道路面积	平方米	>20
	19	绿化覆盖率	%	>49
	20	环境质量综合指数	%	>85
人的现代化	21	高等教育毛入学率	%	>60
	22	人均受教育年限（常住人口）	年	>13
	23	平均预期寿命	岁	>78
	24	恩格尔系数	%	<25

表 3-2 中国现代化报告主题

年 份	主 题	年 份	主 题
2002	知识经济与现代化	2008	国际现代化
2003	现代化理论、进程与展望	2009	文化现代化
2004	地区现代化	2010	世界现代化
2005	经济现代化	2011	现代化科学
2006	社会现代化	2012	农业现代化
2007	生态现代化	2013	城市现代化

（二）中国体育的现代化

体育作为社会的一部分，在社会现代化的进程中，也必然在发生着深刻的变化。目前，我国体育现代化评价指标的研究文献并不多见，主要有（吕树庭，

2004）广东省体育现代化指标体系、（厉丽玉，2003）浙江省体育现代化指标体系、（孔庆鹏，2003）苏州市体育现代化指标体系标体系、（范宏伟，2006）甘肃省县级体育现代化评价指标体系和（余道明，2007）体育现代化理论及其指标体系研究——以首都体育现代化研究为例。学者们从不同的角度阐明了具有区域特色的体育现代化评价指标。但从体育现代化的理论分析上，余道明的研究更为系统全面。

余道明在结合前人关于体育现代化研究的基础上认为：体育现代化是在社会现代化进程中，指向未来体育发展目标且具有阶段性特征的水平状态和发展过程。它伴随社会现代化发展而发展，与社会现代化发展一样，以工业化为推动力，以工业革命为逻辑起点；它不是一个体育的自然发展发生过程，是人们自觉的奋斗过程。

1. 中国体育现代化内容

体育现代化的内容是体育现代化的具体表现，它不但要包含体育的主体内容、相关内容，还要反映出在社会现代化进程中体育发展的时代特征内容。（余道明，2007）认为，体育现代化的内容应该包括群众体育现代化、学校体育现代化、竞技体育现代化、体育科技现代化、体育产业现代化、体育管理现代化、体育信息现代化、体育文化现代化八个方面。

群众体育的现代化主要表现在群众体育的全民化、终身化、组织化、生活化；学校体育现代化应体现在思想观念现代化、师资队伍现代化、课程体系现代化、物质条件现代化、制度建设现代化；竞技体育现代化是人的现代化、科学的训练方法、训练手段现代化及训练的场地设施、仪器设施等现代化的综合；

体育科技工作作为整个科技工作的重要组成部分，已渗透到体育的各个领域，在运动训练、体育竞赛、体育管理、体育教育和群众体育方面均发挥出越来越大的作用。体育科技的发展水平是体育事业取得辉煌成绩的关键因素之一。现代科技的发展推动运动健身器材和运动服装的发展与革新，推动了体育场馆设施的建设，大型比赛计算机网络系统、电视转播、电动计时、光电遥测、兴奋剂检测、负荷监测、医疗保健等无不凝聚着现代高科技的结晶。

体育产业就是以体育活动和体育产品为主要内容，通过体育健身、娱乐、体育竞赛、表演、培训以及体育技术、信息咨询等方式，以商品形式进入流通领域的企业。体育产业的现代化主要表现在体育产业规模、产业结构、体育消费和人力资源；体育管理现代化是指管理思想、管理人员、管理制度和管理手段等方面的现代化。在信息化、网络化时代，电子政务作为反映现代化管理的一个重要形式，日益受到政府及各个管理部门的高度重视；体育信息现代化集中体现在传播基础条件和传播效果方面的现代化；体育文化就是人类在所有的体育现象及促进体育发展的活动中，在价值观念、精神状态、情感倾向等层面，在理论认识、方法手段、技能技术等层面表现出来的思维方式，与在有意识的实践活动中表现出来的行为方式的总和。体育文化现代化是指，人类体育思想观念、体育精神等意识形态领域内诸构成要素，及其行为方式的国际最新、最高发展水平状态或过程。而对人的生存健康关怀、优化人的生活方式和对人性的弘扬与追求，是体育文化主题。

2. 体育现代化指标的评价体系

表 3-3　首都体育现代化指标体系结构表

总体层	一级指标	二级指标	三级指标
首都体育现代化	群众体育	保障条件	★人均群体活动经费
			★人均体育场地面积
			★每万人拥有体育场馆数量
		体育组织化程度	★社会体育组织数量/万人
			★参与社会体育组织人数占总人口的百分比
			★每千人拥有社会体育指导员数
		体育人口	★体育人口数量占总人口的百分比
			★国民体质合格率
		群体活动	区县级以上集中性群体活动次数/年
			社区集中性体育活动次数/月
		残疾人体育	人均残疾人体育经费投入
			残疾人专用体育设施数量

续　表

总体层	一级指标	二级指标	三级指标
首都体育现代化	学校体育	经费设施	学生人均体育活动经费投入
			学生人均体育场地面积
		教师队伍	教师与学生的比例
			青年教师中有研究生学位的比例
			青年教师中有研究生学位的比例
			高级职称教师比例
		体育课	休育课开课率
			体育课时数/周
		课外锻炼	学生每天平均活动时间
			大课间活动或课间操的次数/周
			学生体育社团数量
			参与体育社团人数占学校学生总人数百分比
			学生体质健康合格率
		课余训练和竞赛	学校运动队数量/千人
			参与业余训练人数占学生总人数的比例
			全国中学生运动会获得奖牌总数
	竞技体育	教练员队伍	★教练员总人数
			★高级教练员人数
			★国家级教练人数
		运动员队伍	★一级以上运动员总人数
			★国家级以上运动健将人数
			业余训练规模
		体育竞赛	★运动员获世界比赛奖牌数
			运动员获洲际、全国比赛奖牌数
			举办全国性体育赛事次数/年
			举办国际体育赛事次数/年

续 表

总体层	一级指标	二级指标	三级指标
首都体育现代化	竞技体育	裁判队伍	★裁判员总人数
首都体育现代化	竞技体育	裁判队伍	★国家级裁判员数量
首都体育现代化	竞技体育	裁判队伍	★国际级裁判员数量
首都体育现代化	竞技体育	场馆设施	★高水平体育场馆数量
首都体育现代化	竞技体育	场馆设施	先进训练器材数
首都体育现代化	竞技体育	场馆设施	体育训练基地数量
首都体育现代化	体育产业	体育产值	★人均体育产值
首都体育现代化	体育产业	体育产值	★体育产值平均速度增长
首都体育现代化	体育产业	体育产值	★GDSP占GDP的比重
首都体育现代化	体育产业	体育消费	★年人均体育消费
首都体育现代化	体育产业	体育消费	★年人均体育消费占人均可支配收入的比例
首都体育现代化	体育产业	产业结构	★非财政体育投入占体育系统总收入的比例
首都体育现代化	体育产业	产业结构	体育本体产业总产值占GDSP的比重
首都体育现代化	体育产业	产业结构	体育用品业总产值占GDSP的比重
首都体育现代化	体育产业	人力资源	体育产业就业总人口
首都体育现代化	体育科技	科技队伍	科技人员数量
首都体育现代化	体育科技	科技队伍	青年科技人员中有研究生学位人数的比例
首都体育现代化	体育科技	科技队伍	科技人员中高级职称的比例
首都体育现代化	体育科技	科技保障	SR&D经费占体育总投入的比例
首都体育现代化	体育科技	科技保障	重点实验室数里
首都体育现代化	体育科技	科技保障	体育科研机构数童
首都体育现代化	体育科技	科技成果	每年国家级科研奖项
首都体育现代化	体育科技	科技成果	每年被收录在国际期刊收录论文数量
首都体育现代化	体育科技	科技成果	★部委级以上体育科研项目立项数
首都体育现代化	体育科技	科技成果	体育专利申请数量/年
首都体育现代化	体育科技	体育教育	体育专业在读学生数（包括研究生）
首都体育现代化	体育科技	体育教育	体育院校数量

续　表

总体层	一级指标	二级指标	三级指标
首都体育现代化	体育管理	管理机构的健全程度	★全民健身体育指导站数量
			★国民体质监测站数
		管理队伍	管理队伍中拥有本科以上学历的人数比例
		电子政务	市、区、县级拥有的专门体育网站数量
	体育传媒	传播基础条件	每天地方电视台体育节目播出时间占总播出时间的百分比
			每天地方广播电台体育节目播出时间占总播出时间的百分比
			地方体育报刊种类数
			地方广播、电视台体育界节目的从业人数
		★国民体育意识	专业体育报纸的发行量/天
		参与体育志愿者活动人次数	电视中体育节目收视率（平均每天收看体育节目的时间）
		赛场文明程度	广播中体育节目收听率（平均每天收听体育节目的时间）
		★国民体育意识	网络中体育网站、栏目的点击率
	体育文化	体育文化意识	★国民体育意识
		体育文化行为	参与体育志愿者活动人次数
			赛场文明程度

注：带“★”为他人亦有研究成果。此表摘自余道明. 体育现代化理论及其指标体系研究——以首都体育现代化研究为例[D]. 福建师范大学博士学位论文，2007：138-140.

厉丽玉、林可等（2003）从现代化动力、现代化质量、现代化公平三个现代化特征构建了浙江省体育现代化指标体系，包括体育科技、竞技体育、体育意识、体育投入、体育体制、体育素质、体育队伍、体育设施、体育产业 9 个二级指标，并设置 27 个三级指标。吕树庭、张宏等（2004）对广东省体育现代化评价指标体系的框架进行了初步的设计，并运用特尔斐法确定指标体系中的指标及其权重，最后建立了包括动力表征、质量表征、公平表征在内的3个维度、11个水平指标的广东省体育现代化评价指标体系。余道明（2007）采用德尔菲法，确立了包含8个一级指标、31个二级指标和81个三级指标的首都体育现代化指标体系，相对更全面地反映了体育现代化的指标情况。

3. 体育对社会现代化的贡献

体育对社会现代化的贡献主要体现在政治、经济、文化、环境和人口方面，体育是改善和满足大众健身、休闲娱乐、享受生活需求及体现公民权的重要途径；体育是现代服务业的重要组成部分，对提供就业岗位和国民经济的发展具有重要意义；户外体育运动又是宣传和保护自然环境的主要手段。体育的发展将极大促进大众公共文化体育设施条件的改善，提高现代人的身体健康和人均预期寿命，培养现代人的竞争意识、主体意识，促进人的社会化发展等，此外，体育还推动了高科技的发展和城市建设，因此，体育对社会现代化的贡献是全面而深远的，现代社会必须重视体育。

三、体育改革与社会变迁

体育作为社会一个组成部分，其结构和内涵随社会的变迁在不断发生变化，以适应人类社会的体育需求。

（一）现代社会的变革

现代社会正处于农业社会向工业社会转变的过程中。党和国家领导人非常重视社会的改革和发展。经济体制改革取得重大进展，现代市场体系和宏观调控体系不断健全；政治体制改革继续推进，民主法制和文化建设都迈上了新台阶，综合国力大幅提升，财税、金融、科技、教育、社会保障、医药卫生、事业单位、党的建设等改革稳步推进，人民生活质量和水平显著提高。

现代社会的改革使中国国富民强，蒸蒸日上，但改革中还存在许多尚未解决的问题，前进道路上还有很多困难。例如，科技创新能力不强，产业结构不合理，农业基础依然薄弱，城乡区域发展差距和居民收入分配差距依然较大；社会矛盾明显增多，教育、就业、社会保障、医疗、住房、生态环境、食品药品安全、安全生产、社会治安、执法司法等关系群众切身利益的问题较多，部分群众生活比较困难；一些领域存在道德失范、诚信缺失现象，形式主义、官僚主义问题突出，奢侈浪费现象严重，反腐败斗争形势依然严峻，等等。这些问题仍需我们高度重视，进一步认真解决。

（二）社会变革中出现的体育问题

社会变革中出现的问题不可避免地折射到体育中来：球迷骚乱，滥用违禁药物，运动员资格作弊，行贿受贿，性别歧视，高水平竞技体育与学校体育、社会体育发展的失衡，竞技体育队伍的文化素质偏低，体育场地设施不足，现有场地被侵占或挪作他用，体育产业发展水平低、体育志愿者服务体系缺失、基本公共体育服务水平还很低等问题目前还普遍存在，亟需解决。

（三）体育的改革与发展

1. 改革的概念和内涵

改革是指政治、社会、文化、经济、宗教组织等作出的改良革新，相较于革命以极端方式推翻原有政权以达成改变现状的目的，改革是指在现有的政治体制之内实行变革。通常改革是否能成功会影响一个国家的命运，若成功可让该国走向稳定局势，若失败可能遭致内乱或冲突。

改革的目的是去除社会发展各个领域的不和谐音符，使人、自然、社会和谐发展，最终造福人类，提高人类的生活品质和这种生活的可持续性，其本质是解放和发展生产力。

2. 体育改革的本质和动因

体育改革的本质是体育领域内国家与社会关系的根本性重组，具体表现在合理调配各种体育资源，充分发挥体育的功能，造福社会。体育改革的动因主要表现在政治、经济、文化三个方面。

（1）体育改革的政治动因

体育改革的政治动因主要是指体育为满足政治需求而进行的变革。在 20 世纪 80 年代，为了冲破西方资本主义国家的封锁，摘掉“东亚病夫”的帽子，我国政府提出了著名的“举国体制”，即举全国之力来办竞技体育。经过这么多年的努力，新中国竞技体育水平实现了从量到质的巨大飞跃，从 1984 年参加洛杉矶奥运会获15金、8银、9铜，共32枚奖牌，排名第四，到2008年举办北京奥运会获51金、21银、28铜，共100枚奖牌，排名第一。夺金项目既有保持稳定优势的乒乓球、羽毛球、举重、跳水等，也有不断取得新突破和带来惊喜的田径、网球、跆拳道、帆板等。中国的举国体制使中国的国旗无数次在国际大赛的赛场升起，中国的国歌无数次在国际大赛的赛场奏响。这充分显示了我国社会主义制度的优越性、综合国力的提高，对打破国际封锁，重塑大国形象，推动国际交往起到了很好的作用。

如今，中国的快速发展、繁荣富强是世界各国有目共睹的事实。更多的国家愿意与我国联合，以求互惠互利、共同发展。举国体制所担负的历史使命基本完成，因此中国的体育改革开始从政府办体育向政府宏观调控、社会办体育转变。家庭和社会在竞技体育后备人才培养中的作用越来越大，全民健身已提高到国家战略高度，高水平竞技体育也开始走向职业化和市场化，这也充分说明体育与政治历来都是密切联系，不可分割。

（2）体育改革的经济动因

体育的发展离不开经济的投入，体育的发展也必将产生巨大的经济效益。那么，投入到体育中的资源总量应该多少，如何在竞技体育、学校体育和社会体育中合理分配，如何使投入的资源产生最大的经济效益是体育改革的根本原因，改革的目的是少量投入、合理分配以产生最大效益。

据媒体报道，2012年伦敦奥运会，中央政府对每枚金牌的奖励是50万元，如果加上各级地方政府的奖励，每位金牌得主的奖金一般在百万元以上。如果再加上各种基金会和企业的奖励，金牌运动员收获数额巨大。这些奖金基本上都归运动员所有。这里面存在的第一个问题是，这样的分配合理吗？每位夺金运动员在成长的过程中，政府投入了大量的人力、物力、财力，而运动员夺金后，不仅在物质上获得极大丰收，而且在社会地位、社会声誉、受教育机会上也收获颇丰。当然，运动员也付出了青春年华，付出了辛勤的汗水。存在的第二个问题是，一个奥运周期，国家和地方政府投入几百亿元人民币去争取几块金牌，合算吗？在特定的历史时期，我们是不计成本代价的，但如今，在国家发展进入一个平稳、高效、资源日益贫乏的历史时期时，我们还能这么不计代价吗？

社会需要健全人格、完美体格的社会公民和人才，这需要学校体育和社会体育担负起更多的责任和义务，但是相比竞技体育的经济投入，这两个领域的人均投入明显偏少，但人口的健康对国家的发展更重要。因此，我国的体育改革开始注意资源的合理配置，在政府宏观调控的前提下，更加注重按照市场规律办事，遵循着谁投入、谁受益的规则进行改革分配。家庭、企事业单位、社会团体的积极性被逐渐调动起来，目前正通过完善健身消费政策、税收价格政策、规划布局与土地政策、人才培养和就业政策等方式来吸引社会投资，开拓体育市场。

（3）体育改革的文化动因

文化是人类社会交流的产物，文化的产生和发展又进一步促进了人类社会的交流。体育改革的文化动因主要从狭义的文化出发，改善人们的体育认识和体育价值理念，重新构建人们的体育价值观和行为方式，使人们重视体育、崇尚体育、广泛参与体育，吸收体育运动所传递出的健康、快乐、团结、竞争、尊重、拼搏、自信、积极等价值符号，为体育普遍进入家庭和人们的生活创造条件。

思考题

1. 简述体育社会分层的历史变迁。
2. 奥运冠军社会流动的原因及影响是什么？
3. 请举例说明中国体育改革的本质和动因。

参考文献

[1]李庆钢．中国奥运冠军奖金 28 年涨 83 倍，伦敦冠军奖励 50 万元[EB/OL]. http://finance. sina. com. cn/china/20120808/102912791039. shtml，2014-03-30.

[2]百度百科．雾霾天气[EB/OL]. http://baike. baidu. com/view/740466. htm，2015-01-15.

[3]牧益堂．地图迁徙大数据：房价涨跌的人口密码[EB/OL]. http://www. vkadoo. cn/12CDDA7F40CC6316B37B86290F919D9B. wxhtml，2015-02-06.

[4]柴静．穹顶之下[EB/OL]. http://www. hula8. net/article/13043. html, 2015-04-10.

[5]李培林，李炜．2008年中国民生问题调查报告[N]. 北京日报，2009-01-14.

[6]百度百科．恩格尔系数[EB/OL]. http://baike. baidu. com/view/28093. htm，2015-02-25.

[7]同[1]

[8]徐勇．对阶级阶层划分的冷思考．[EB/OL] http://www. tecn. cn/data/detail. php?id=3460，2015-01-10.

[9]张宛丽．现阶段中国社会分层近期研究综述中国社会学网 [EB/OL]. http://www. sociology. cass. cn/pws/zhangwanli/default. htm，2006-06-10.

[10]戴敬东、顾进．改革分开放以来中国学校体育多元价值观问题研究 [C]//全国高等学校体育教学指导委员会．中华人民共和国第九届大学生运动会科学论文报告会论文集[C]. 北京：北京体育大学出版社，2012：398-403.

[11]高强．国富了，幸福呢[M]. 北京：中国友谊出版公司，2013：38.

[12]严行方．民生数据的真相[M]. 北京：中国社会出版社，2012：108.

[13]王雪峰，肖锋，刘洪磊．结果与动因：中国奥运冠军的社会流动[J]. 沈阳体育学院学报，2014，33（6）：73-77.

[14]陈柳钦．我国基本现代化及其评价指标体系[EB/OL]. http://www. chinavalue. net/Article/Archive/2010/10/1/192883. html2011-05-31.

[15]吕树庭，张宏，王玉听．广东省体育现代化指标体系的研究[J]. 广州体育学院学报，2004，24（4）：3.

[16]厉丽玉，林可，胡烈钢．浙江体育现代化指标体系[J]. 体育文化导刊，2003（5）：17—18.

[17]孔庆鹏，朱永新，王家宏等．苏州市体育现代化研究[M]. 苏州：苏州大学出版社，2003. 7：97・98.

[18]范宏伟．甘肃省县级体育现代化发展程度评价指标的内涵界定和设计原则[J]. 搏击，2006，3（I）：76.

[19]周威，熊国庆．现代科技对中国体育的影响[J]. 体育学刊，2002，9（2）：17.

[20]冯胜刚. 对“文化”和“体育文化”定义的求索〔J〕. 贵州师范大学学报（社会科学版），2003（6）：70—74.

[21]吴增基，吴鹏森，苏振芳. 现代社会学[M]. 上海：上海人民出版社，2001：314，225-256.

[22][美] 戴维. 波普诺. 李强，等译. 社会学（第十版）[M]. 北京：中国人民大学出版社，2000：622,，63-73，252-254，69.

[23]李培林等. 当代中国民生[M]. 北京：社会科学文献出版社，2013：46-47.

[24]王雁. 巅峰之道——中国女奥运冠军成功奥秘[M]. 北京：首都师范大学出版社，2008：3-9.

[25]李强. 转型时期中国社会分层[M] . 沈阳：辽宁教育出版社，2004：1，365-385，156-178，59-63，302-310，312-315.

[26]李培林，覃方明. 社会学理论与经验[M]. 北京：社会科学文献出版社，2005：229-277.

[27]戴洁. 生活资源与社会分层——一项对中国中部地区的社会分层研究[D]. 武汉大学硕士学位论文，2004.

[28]陆学艺. 当代中国社会流动[M]. 北京：社会科学文献出版社，2004：1-23，46、49、271-279.

[29]孙立平. 断裂——20世纪90年代以来的中国社会[M]. 北京：社会科学文献出版社，2003：14.

[30]当代心理科学名著译丛修编委员会. 消费者行为学（第七版）[M]. 上海：华东师范大学出版社，2002：399-400.

[31]李培林，李强，孙立平，等. 中国社会分层[M]. 北京:社会科学文献出版社，2004：427-428，473.

[32]陆学艺. 当代中国社会分层研究报告[M]. 北京：社会科学文献出版社，2002：252.

[33]郝勤. 体育史[M]. 北京:人民体育出版社，2007：197-200，201，204，277，312，288-330，305-307.

[34]卢元镇. 体育社会学（第二版）[M]. 北京:高等教育出版社，2006：62-63，80-81，295-296，327-333.

[35]余道明．体育现代化理论及其指标体系研究——以首都体育现代化研究为例[D]. 福建师范大学博士学位论文，2007：63-67，138-140.

南京体育学院：王雪峰

第四章

体育中的社会互动

本章提要

社会互动理论是社会学的重要理论之一，主要关注社会的微观方——社会互动行为和作为社会存在的个人。本章在介绍社会互动的内涵及其理论的基础上，分析了体育中社会互动的内涵与类型，研究了体育中社会互动的意义及体育中社会互动的载体与方式。

第一节　社会互动及其理论

【案例 4–1】

在健身中分享互动的乐趣

小夏在北京一家健身会所担任私人教练，他在这儿已经工作五年了。五年来，他结识了上百位来此健身锻炼的人。一些初来的健身者经由会籍顾问引荐给小夏，他便热情地接待他们，听他们诉说自己的健身需求，针对他们的需求为他们介绍适当的健身方法，讲解健身器械的使用方法，并指导他们配合营养与饮食等增强健身效果。小夏善于与客户沟通，在指导过程中，一个鼓励的眼神、一句激励的话语都让健身者增强了信心，体会到健身的乐趣。小夏也在年复一年的工作中不断得到健身者的认同，甚至与一些人成了朋友。

小夏一直在做什么呢？他根据健身行业建构和分享的一些规则与健身者互动，他们之间的互动遵循着相互期待法则。小夏期待健身者的支持和认同，健身者期待小夏能给他们带来专业的服务。其实，人们在体育领域如同在社会生活中一样，会表现出各种各样的行动，有的行动只需自己，但多数行动都涉及与他人的互动。在社会学家看来，研究这些微观琐碎的社会互动是社会学所有研究中最有吸引力的领域之一。

资料来源：编者编写。

一、社会互动的含义

（一）社会行动

人都具有社会属性，因此，在社会活动中，人的行为（或行动）也必然具有社会性，这表现为人的行为是有意识、有目的地与他人和社会有关的行为。这种指向他人并以他人的符合自己预想的反应为目的的行为被称为社会行动（Social Action）。

马克斯·韦伯最早强调研究人的社会行动，主张把社会学分析的重心放在人类个体行动者上面，理解行动者赋予其行动的主观意义。韦伯认为，某一行动之所以被称为社会行动，是因为它具备了如下条件：行动者赋予其行动以主观意义，即行动者有行动的动机；第二，行动者主观意识到自己的行动与他人的关系。对此，韦伯举例予以说明，两个相向骑自行车的人试图躲避对方的行为或者在相撞之后互相谩骂、殴打或者平心静气地协商的行动是“社会行动”。因为他们的动机中包含了以他人行动为取向的考虑。

（二）社会互动的含义

一般认为，德国社会学家格奥尔格·齐美尔在其《社会学：关于社会交往形式的研究》一书中最先使用“社会互动”一词。稍后。在美国形成了相关的学派和系统理论。社会互动在社会上被广泛地引用，但不同的学者研究角度不同，对社会互动内涵的理解大致有下列几种观点。

1. 社会互动是指人与人之间以及人与群体之间的交互影响

莱特和哈特在其《社会学导论》一书中提出：“社会因素交互影响，结果导致人性与文化之产生者，被称为社会互动。”

2. 社会互动是指通过符号使人与人之间相互沟通的过程

著名代表有米德的符号互动论、麦瑞等人的沟通互动论。麦瑞认为：“社会互动是建立于沟通的基础上……个人借助沟通媒介与他人互动。此种活动的结果，即社会互动。”

3. 社会互动是指个人与其自我之间的互动

持这一观点的社会学家认为，当一个人在室内致力于一个问题解决时的自言自语，即可被视为此人在与其自我——社会客体发生互动。而此时的行动者即可被视为正处于社会互动之中。

从以上可见，社会互动主要是从微观角度和社会心理角度理解人与人之间的关系。

我国学者张兴杰认为，人们社会生活的很大部分都是通过社会行动与他人直接或间接地产生联系，并在这种联系中开展工作、学习与生活。这种人与人之间的社会交往，或人们对他人的社会行为作出反应的过程，就是社会互动（Social Interaction）。

在人类社会中，社会互动的形式多种多样，如向长辈问好、排队等候公交车、向警察问路等。人们在与他人接触过程中，一方面对他人的行为有所期待，另一方面对他人对自己的期待也很清楚，都尽量作出某一情境下符合他人期待的行为。同样，每个人也会按照惯例理解他人行动的意义。只有在双方都能确定和理解自己的处境及他人行动的意义时，社会互动才会有条不紊地进行。

社会互动包括以下要素：①互动主体。互动主体是互动过程首要的构成要素，社会互动的主体必须是两个或两个以上个体，或个体与群体。②互动行为，社会互动以主体之间的相互依赖性的行为为前提。社会互动的过程是双方享用文化、情境、传输手段等多种因素而结成的行动体系。③互动媒介。任何互动总是通过一定的媒介而发生，媒介包括语言、肢体语言、表情、工具等，这些是社会互动传递信息的基本手段。现代社会远距离的电话、互联网等也成为互动的手段，并扩大了人们社会互动的范围。④互动情境。社会互动都发生在特定情境下，情境不同人们的互动方式不同，而不同情境下的社会互动也具有不同的意义。例如，一个蹦跳，我们并不清楚这一行为的确切意义，只有在具体情境下才能判断其意义。如果在赛场上，一个蹦跳很有可能为比赛热身；如果在寒冷的室外，也许它是为了抵御寒冷，等等。

二、社会互动的基本理论

社会学对人类社会互动的考察发展出几种不同的理论，其中，比较有代表性的理论有符号互动理论、拟剧理论、常人方法学和社会交换理论等。

（一）符号互动理论

符号互动理论特别强调事物的意义、符号在社会互动中的中介作用，致力于从微观层面分析个体之间或小团体之间的社会互动。所谓符号，是指能够有意义地代表其他事物的事物，包括语言、文字、记号、图画等，甚至个体的姿态和表情也是一种符号。只有当互动双方都能确定和理解互动情景下各类符号的意义，才能行顺利地进行社会互动。

这一理论的代表人物是乔治·H. 米德、赫伯特·G. 布鲁默。米德是符号互动理论最重要的奠基人，他论述了当代符号互动理论的许多关键概念和思想。但真正将符号互动理论发展为理论流派的是布鲁默。布鲁默提出了“符号互动理论”这一名称，并建立了符号互动理论的基本框架。

布鲁默指出，符号互动理论建立在三个理论前提基础上：第一，个人对事物所采取的行动，是以他对事物赋予的意义为基础的；第二，这些意义产生于互动过程之中；第三，这些意义不是固定的而是通过自我解释过程得到修正。在这三个前提之下，布鲁默提出其关于符号互动理论的观点：（1）符号是社会相互作用的中介。人类的互动由符号的使用和解释以及探知另外一个人行动的意义作为媒介。（2）人是符号的使用者，人们通过对符号的定义与理解进行互动。人类的最本质特征是用符号表示各种体验的能力，人类的交往是定义与理解符号的过程。（3）符号互动是能动的可变的过程。人们在互动过程中，不断地进行自我反思并能动地进行修正。（4）角色扮演是最基本的互动方式，在角色扮演中，人们不断进行内部解释，即想像站在对方的角度去理解其行动的意义。（5）符号互动对社会组织、结构及制度具有创造、维持与变革的作用。

（二）拟剧理论

美国社会学家戈夫曼把戏剧比拟引入社会学，开创了社会学理论中的戏剧分析范例，提出了拟剧理论。拟剧理论将人们生活的世界比喻成一个大舞台，认为每个人都是这个舞台中的演员和观众，生活就是演戏；每个在这个大舞台上的表演者必须调整自己的行为反应以寻求与其他演员的相互协调；每个演员都必须与观众（即参与互动的他人）相呼应，并考虑观众的态度；每个演员都试图在他人面前塑造能被人接受的形象，并让对方做出符合自己预期的行为反应，以实现特定的生活目的。

拟剧理论认为，人们的表演区分前台和后台。前台是让观众看到并从中获得特定意义的表演场合。在前台，人们呈现的是能被他人和社会所接受的形象。后台是相对于前台而言的，是为前台表演做准备、掩饰在前台不能表演的东西的场合，人们会把他人和社会不能或难以接受的形象隐匿在后台，只有关系更为密切的人才被看到“后台”。

戈夫曼认为，人类互动的最重要特征是印象管理，即如何在他人心目中塑造一个自己所希望的印象的过程。人们通过印象管理影响他人的行为，特别是影响他人对他的反应，以引导他人自愿地根据他的意图而行动。戈夫曼还归纳了几类印象管理的策略，如“理想化表演”“误解式表演”“神秘化表演”“补救表演”等。

（三）常人方法学

常人方法学又称“本土方法论”“民族方法论”，代表人物是加芬克尔。常人方法学研究的基本问题是普通人看待社会的方式、方法。研究普通人在日常生活中，如何运用常识性知识、程序和思考来解释日常情境并行动的方法，从普通人的日常行动及其看待行动的思考模式出发来考察社会现象。

常人方法学假定人是理性的，人们按照日常推理完成日常生活实践，使日常生活呈现出秩序和逻辑。常人方法学关于日常推理实践的核心观点有：①社会活动是有序的，它们在重要的方面是非随机的、周期性发生的、重复出现的、匿名的、有意义的和连贯的；②这种有序性是可观察的，因为社会活动是公共的；③这种可观察的有序是平常的和可接近的；④这种平常的、可观察的有序性是有取向的，人们基于共同的取向进行相互活动；⑤这种有取向的、平常的、可观察的有序性是理性的；⑥这种理性的、有取向的、平常的、可观察的有序性是可描述的，人们可以借助语言描述活动的秩序。

（四）社会交换理论

社会交换理论的代表人物是乔治·霍曼斯和彼得·布劳。社会交换理论认为，分析、理解社会互动的最佳方法是将社会互动行为看作互动双方交换有形或无形的商品和服务的过程。这些商品和服务既包括物质财富等有形之物，也包括社会认同、同情等无形之物。人们往往选择将其能够分享的物品，在权衡了行为过程的利弊得失后，选择最有吸引力的东西进行“理性”的交换。

霍曼斯借用心理学和经济学的行动、互动、情感、刺激、报酬、成本、投资、利润、公正性期待等概念发展其社会交换理论。霍曼斯认为，报酬是最核心的概念，人们的所有行为都是为了获得报酬。在此基础上，霍曼斯还提出了成功命题、刺激命题、价值命题、剥夺—满足命题、攻击—赞同命题、理性命题等六大命题。霍曼斯的所有命题都是关于人际之间交换行为的，而布劳则发展了霍曼斯的理论，重点讨论社会结构的交换基础，探讨基本交换过程如何影响社会结构的形成和发展，社会结构又怎样制约交换过程。布劳为社会交换理论由微观向宏观过渡作出了重要贡献。

第二节　体育中的社会互动及其分类

一、体育中社会互动的内涵

与社会互动是社会学研究的基本问题之一相类似，人们在体育活动中有意识的“交往活动”或“相互作用”也是体育社会学关心的重要领域，因而成为体育社会学重要的研究对象之一。

发生在体育领域，存在于特定体育情境中的人们之间的社会交往，或人们对他人社会行为作出反应的过程，我们称之为体育中的社会互动。尽管人们在作为社会大系统的一部分——体育领域中的社会互动首先应符合整体社会环境中的互动规范，但由于体育活动所具有的特殊性，又使得人们在参与体育活动过程中的互动行为、互动方式以及互动媒介等呈现出不同的特点，对这些特殊规律的揭示与分析是体育社会学的重要任务。

体育活动中的社会互动尽管发生在微观层次，但其对参与者乃至体育发展都具有重要的作用。

从体育活动参与者的角度来看，发生于体育活动中的社会互动有利于促进参与者实现社会化。符号互动理论创始人米德将体育领域作为研究社会互动的重要领地来研究儿童通过体育活动促进社会化的重要性。也有学者对参与体育活动及体育中参与者社会化更感兴趣。体育社会学的许多研究证实了体育活动中社会互动促进参与社会化的作用。发生于体育活动中的社会互动还具有满足参与者自身需求的作用。发生在体育中的社会互动，使参与者通过参与体育活动、与他人交流、学习体育知识、观看体育节目等途径或平台，满足和实现自己在身心和情感等方面的需求和利益。

从宏观的体育发展角度来看，体育中的社会互动有利于传承和发展体育文化，甚至可以推动民族和国家的身份认同。社会互动理论强调个体的社会实践能够有效地形成社会世界，至少是他们所居住的社会世界的一部分。例如，美国棒球联赛中的孩子们，通过他们拥有的共同的身份、认同和集体仪式延续青少年棒球的特有文化。体育本身是一种符号，可以起到标示、区分族群的作用，同时，体育还是一个场域，提供一些具有符号性质的标志，如国旗、国歌等表示尊敬的舞台，因而可以成功地促进民族认同。例如，爱尔兰曲棍球就代表了爱尔兰体育社团中的民族主义，由于爱尔兰特殊的政治历史文化以及与英格兰长期的历史纠葛，体育成为特定时期锁定民族认同的特殊手段。甚至在全球化的今天，爱尔兰曲棍球等体育活动，仍然扮演着重要的民族稳定剂和黏合剂的角色。

二、学习体育中社会互动的意义

社会互动理论为我们理解社会生活提供了一个微观视角，体育活动是社会生活的组成部分，在体育活动中，也存在着这样那样的社会互动活动。学习体育活动中的社会互动具有重要意义。

（一）有利于加深对体育亚文化的理解

符号互动理论注重体育运动的符号特征，强调体育亚文化的意义和特殊性，并关注符号在体育参与者之间交流的重要性。亚文化是社会中某一群体形成的既包括主文化的某些特征，又包括一些其他群体不具备的文化要素的生活方式，是在人们的社会互动中被积极创造出来的。在体育文化中同样包含着不同的亚文化，按照体育的不同形态，可以分有竞技体育亚文化、大众体育亚文化、学校体育亚文化；按照不同运动项目，还可以有运动项目亚文化人们根据个人的特点和背景对体育赋予不同的符号意义，在不同体育亚文化背景下，往往形成体育活动喜好上的差异，即使在同一文化圈内，对体育赋予的意义也千差万别。

例如，在美国青少年棒球联盟中，每个运动队都形成了自己的意义和知识体系，并以此评价自己的棒球体验，指导与队友在整个赛季的互动。也就是说，每个运动队都形成了自己的亚文化，是孩子们对自己在联盟中的体验予以解释，并赋予其意义。根据自属文化，为了得到同辈群体认可，许多男孩子选择可以表现独立性的行为，强化其男性气质。

（二）有利于理解某些体育现象的发生机制

体育作为一种社会现象，其发生发展在很大程度上受参与者互动行为的影响。从这一角度来看，社会互动理论为我们解释某些体育现象提供了依据。例如，自发性运动团体的形成，是运动团体参与者之间发展密切关系，给予运动体验某种定义和意义并将这些体验与自己的生活相联系的结果。在中国各地兴起的自发性运动休闲团体中，团体成员在参与体育活动过程中，不断强化团队成员共享的符号及其意义，加深团体成员对共同身份和集体仪式的认同，这种认同又不断使团体的关系得以维持。

（三）有利于理解体育参与者的行为模式

以微观视角为取向的社会互动理论不同于宏观社会学强调社会结构对人们的影响，而是从个人的行为入手研究人们如何解释周围的情境，又如何做出应对。因此，这也为我们理解体育参与者的特定行为提供了理论工具。互动论者研究体育时，通常关注人们如何形成与体育相关的意义和认同，那些意义和认同又如何影响他们的行为以及与他人的关系，来重构和描述存在于研究对象头脑中的现实。

在国外，有研究者发现，年轻人加入体育团队的社会世界后就非常投入地进入他们的运动员角色中，以至于这些角色深深地影响到他们如何看待自己及其在运动、社会生活和学业上的时间分配。运动团队的社会世界成为他们看待这个世界的其他部分、设定目标、评价和定义自己的背景。例如，女子职业高尔夫球队的队员，非常关心消除主导的性别观念潜在的负面影响。她们强调：“我们的思想和行为不同于一般的有满屋子孩子的已婚妇女。”

三、体育中社会互动的类型

社会互动是社会存在的基本形式。没有社会互动，人的社会性就无从表现，社会也难以存在。由于社会成员、社会成员的活动形式和内容以及这些活动的时空特征都是多样化的，因此，社会互动也是千差万别的，体育活动中的社会互动也是如此。对于体育社会互动类型的介绍可以使我们在纷繁复杂的社会互动中，找到一些具有共性的互动形式，从而有助于我们更好地理解体育社会互动的概念。

在社会学研究中，关于社会互动的类型有不同的观点。胡荣（1993）将社会互动划分为直接互动和间接互动，单位内互动和单位外互动，个体间互动、单位间互动与个体单位间互动，并强调“合作与竞争、互助与冲突、交换与掠夺”是社会互动中三对最基本的方式。庞树奇等（2000）将社会互动划分为直接型互动与间接型互动、横向型互动与纵向型互动、志愿型互动与非志愿型互动、职性型互动与日常事务型互动、开放型互动与封闭型互动、有序型互动与无序型互动。王思斌（2012）划分社会互动类型的依据有不同规模行动主体以及不同性质。按照社会互动主体规模的不同，他把社会互动划分为人际互动与群体互动，按照性质不同，他将社会互动划分为合作、竞争与冲突三种。此外，他还提出集体行为是一种特殊的社会互动。

体育活动的复杂性，决定了体育中社会互动类型的多样性，仅用某一标准很难将人类体育活动中社会互动的类型予以明确的划分。学者张永保（2012）借助社会学理论和观点，结合体育社会互动实际，以行动者的人数规模、群体归属、活动项目、互动目的和互动方式等为标准，对体育社会互动类型进行划分。具体包括：①以行动者的人数规模为标准，体育社会互动划分为个体与个体之间互动、个体与群体之间互动以及群体与群体之间互动三种类型。②按行动者群体归属划分，体育社会互动又可以划分为学校体（自身）互动、社会体育（自身）互动、竞技体育（自身）互动、学校体育与社会体育互动、学校体育与竞技体育互动、社会体育和竞技体育互动。在每个子系统内，也可以将行动者的群体归属再进行细化。③以行动者从事的体育运动项目为标准，体育社会互动可划分为同类运动项目群体之间互动和不同类别运动项目群体之间互动，同一类体育运动项目内还可以再进行细分。④以行动者互动目的为标准，体育社会互动可划分为学习型互动、健身型互动、合作型互动和竞争型互动。⑤以行动者参与方式为标准，体育社会互动可划分为直接型互动和间接型互动。

参照以上观点，考虑体育活动的特殊性，我们提出如下划分方式。

以互动主体规模不同，可以有个体间互动、个体与群体间互动及群体与群体间互动。个体间互动，如教练员与运动员之间的互动，裁判员与运动员之间的互动等。个体与群体之间的互动，如明星运动员与其粉丝群体之间的互动，某群体的新成员与群体之间的互动等。群体与群体之间的互动，如运动队与运动队之间的互动，不同项目或同一项目群体之间的互动等。

以运动项目为标准，可以有不同运动项目中的社会互动，如冬季项目、夏季项目，团队项目和个人项目等。不同项目的社会互动形式既有相似之处，又会呈现出本项目独有的特点。尤其是团队类项目成员之间的互动和个人项目成员之间的互动会显示比较大的差异。

以所处情境不同，可以有教育教学情境下的社会互动、运动休闲下的社会互动和竞技比赛下的社会互动。在社会互动过程中，情境是一个重要的因素，不同情境下的社会互动有着不同的意义。体育活动发生的情境主要有教育教学、运动休闲和竞技比赛，相应地形成的社会互动也有所不同。

除以上标准外，还有以体育参与方式为标准的参与型社会互动和观赏型社会互动；以互动性质为标准的交换、合作、竞争、冲突和强制等互动方式。

第三节　体育中社会互动的载体与方式

一、体育中社会互动的载体

人们进行社会互动，需要借助一定的载体进行信息交流，语言是社会互动重要的信息载体。语言的实质是一种运用声音、形式表达特定意义的符号系统。在体育活动中，人们也需借助书面和口头语言进行交流。通过语言交流可以实现体育思想的传达、体育知识的共享和积累。例如，教练员在赛场边用口头语言和图示语言对队员进行指导。

除了语言交流外，在体育活动的互动中，更多的信息通过非语言形式进行表现，如肢体动作、面部表情、特殊的手势等，都隐含着丰富的信息。研究表明，在人际交往中，语言所传递的信息量不足35%，而非语言沟通的信息则占到65%。在体育活动中，尤其是在不适合利用语言进行沟通的赛场上，非语言即体态语言传递的信息占有更大的比重。

（一）面部表情

体态语言中最令人注意的是面部表情。由于面部表情可以直接展示人的情绪变化，人的复杂心理活动无不从面部表现出来。在体育活动的人际交往中，目光、笑容等都能传递大量信息，他人可以从对方的眼神乃至面部表情中，注意其情绪的变化，并理解其传递的态度、感情及隐含的意义。例如，教练员和运动员在赛场上以表情表达和传递对裁判、对队员以及对比赛的各种情绪。

（二）手　势

在体育比赛的赛内外，手势是另一个运用较多的非语言载体。借用手势，可以形成赛场上裁判员与运动员之间、运动员与运动员之间、观众与运动员之间的互动沟通。并且，随着体育项目及体育比赛的规范化和组织化发展，已经形成了通用的手势语言。

（三）肢体动作

除了面部表情和手势，肢体动作也成为体育参与者尤其是体育比赛过程中，各类参与者传递信息的重要手段。在赛场上，肢体动作成为运动员表达情绪的主要途径之一。例如，运动员在赛场上用肢体动作表达胜利的喜悦。

（四）体育中特有的社会互动载体

体育作为一种以身体活动为核心的特殊的社会文化活动，不同运动项目的身体活动对服装、装备等有着不同的功能要求，同时，体育赛事等体育活动为参与者提供了仪式化的展示时空。在每个特定的时空内，除语言和非语言的互动方式外，还有体育特有的服装、标志、装备等的互动载体。例如，足球队的服装和标志便是赛场内外球迷和某一球队互动的媒介。在球队比赛期间，球迷穿着所支持球队的服装，手举球队的队旗，以这样的方式表达对球队的支持。球迷之间也通过这样的载体彼此进行划分，寻求认同。

在运动休闲活动中，同样存在体育服装、装备这一互动载体。例如，在登山运动和骑行运动群体中，服装和装备不仅满足人们登山、骑行等户外活动的功能化需求，还成为参与者专业化程度的标志，也是人们寻求群体认同的重要载体。

二、体育中社会互动的方式

人们以何种形式，通过什么途径展开相互行为的过程即为互动方式。人们之间进行互动，要受到相互认知程度、现实媒体状况和具体情境的制约，而这些因素对人们所产生的制约强度又与其自身的知识、需要、动机和目标相关联。在多种因素综合影响下，形成人们之间不同的互动方式。在体育领域，这种影响人们互动的因素会随着体育情境的不同而有所不同，使得体育中社会互动的各种形式表现得更加突出，而这种不同体育情境下的社会互动又刺激互动参与者达成体育目的。

（一）交　换

交换是指个人或群体为了获得报酬而与他人进行交往的过程。在社会生活中交换随处可见，家庭、公司、学校等都存在交换关系，人们彼此用来交换的不仅是有形的金钱、财物等，还可以是无形的情感。

人类的交换关系是交换理论的研究主题。交换理论认为，人们彼此的交往是基于自我利益这一动机。人们做事或与他人交往的原因是为了获得奖赏回报。一般来说，人们不一定基于即时的回报而行动，大多基于预期的回报。按照交换理论的观点，即便在婚姻、友谊等关系中，也是出于回报与成本的计算而得以维持。这一观点遭到诸多社会学家的批评。但在社会中各种交换关系的重要性仍旧被人们所重视，因而，交换理论也越来越占有重要的地位。

在运动休闲活动群体中，运动者之间的相互帮助，例如，群体成员对新加入这一运动的成员进行技术指导，在他人需要时出借自己的装备等，这些都是体育运动中社会互动的重要表现。按照社会交换理论的观点，相互帮助其实也是一种社会交换。通过相互帮助，参与者获得快乐、关爱、感激和社会赞赏等内在报酬。或者从体育群体的社会交换活动以外获得邀请、帮助和服从等外在报酬。

（二）合　作

合作主要指个人或群体之间为了达到共同目标或各自目标，相互配合、彼此协助的过程。人类的合作行为是由人类社会生活的根本性质和需要所决定的。人类社会生活的本质是群体生活，之所以必须以群体生活，是因为生存的需要。人类无论是衣食住行，还是生老病死，人生各种需要单靠个人的力量无法满足，必须求助于他人，必须与他人合作。因此，社会生活的合作必不可少。

产生合作行为的条件，是人们的兴趣、信念、价值观相近，彼此信任，利害相关，目标相似，互为依赖。合作行为表现了人类的社会本性，因而是一种基本的互动方式。在体育领域中合作必不可少，很多体育项目需要多人配合完成，并且团队成员之间越善于合作，团队越容易取得好成绩。即便是单人比赛的项目，运动员的训练、参赛等都离不开团队合作。

尼斯比特区分了人类合作行为，划分出四种合作类型：①自发合作。它是最古老的合作形式，这种合作产生于某种情境下的实际需要，人们自发地展开合作。②传统合作。它是自发合作逐渐变为稳定的社会习惯并被制度化而形成的合作。③指导合作。它是指双方在具有权威地位的第三方的管理和协调下进行的合作，第三方可以是雇主、教练、上司等。④契约合作。它是指个人或群体之间正式同意以某种方式进行合作，并对彼此权利义务进行清楚界定。此外，从人们发生合作行为的需要与动机来考察，还可以有交换型合作、援助型合作、协同型合作等。

体育领域同样存在尼斯比特划分的四种合作类型。例如，民间自发体育群体的参与者之间维持较为松散的群体活动，就属于自发合作。而一旦这类群体组织化程度提高，参与者之间按照分工协作的方式使自发体育组织运行，就形成了传统合作。在四种合作形式中，较为常见的是指导合作和契约合作，如教师开展的在体育课上学生之间的合作、教练安排的队员之间的互相陪练、按照教练的部署队员们在赛场上的合作等，都属于指导合作。而球队引进外援的教练、球员等，引进的教练和球员与球队之间开展的属于契约合作。

（三）竞　争

竞争主要指个人或群体为了达到某一目标，相互之间展开较量行为，并力图超过对方的过程。

竞争行为的产生源于人们需要的无限性与社会资源有限性的矛盾。按照马斯洛的需求层次理论，人们的需求由低到高，低层次的需求得到满足，便会产生高层次的需求。但用以满足需求的社会资源和社会机会是有限的，个人和群体为满足需求，自觉不自觉地加入对社会资源和社会机会的竞争之中。在体育领域，社会资源和社会机会可能表现为比赛的名次、参赛的资格、从事体育活动的场地设施资源，等等。围绕着这些资源，参赛的个人或群体会形成竞争关系。体育领域的竞争有利于激发参与者强烈的动机和热情，考验参与者的意志，因而，体育领域的竞争对培养参与者的坚韧精神和意志品质具有重要作用。

体育竞争的特点有：（1）竞争都有标的物。标的物或者是实物资源或者是非物质的荣誉、称号等。体育领域比较常见的标的物是比赛的名次，参赛者大多针对冠、亚军展开争夺；（2）竞争的主体是双方或多方的。参与竞争的主体至少存在两方，并且竞争主体之间大多会集中在某一场合（赛场）之下进行公开的争夺；（3）竞争存在一定的规则。体育领域的竞争，都具有明确的规则。竞争各方在规则之下，以各自的实力展开公平的争夺。体育竞争强调公平性和平等性。唯有公平合理的竞争，才能使体育竞争机制得到有效发挥，使竞争行为成为促进体育发展的强大刺激剂。

体育领域的竞争可以分为赛场上的竞争和赛场外的竞争。赛场上的竞争直观地表现为，比赛场上两个或多个团队、两个或多个参赛者为了获得比赛胜利而进行竞争，如两只足球或篮球队之间的比赛、两个羽毛球运动员之间的比赛、一场游泳比赛中游泳远动员之间的竞赛、龙舟比赛各个龙舟参赛队伍之间的竞争等。赛场上的竞争只在比赛时展现，其实更多的竞争发生在赛场之外，因此，还有赛场外的竞争，赛场外的竞争主要体现为团队的竞争，即便在赛场上由单个运动员参赛，但在赛场下，一般都有团队为其服务。为了使参赛者在赛场上获胜，其服务团队会通过科研的竞争，在训练、营养、战术制订等各方面为参赛运动员提供服务。赛场外的竞争虽然是无形的，但更为关键。

（四）冲　突

所谓冲突是指个人之间、个人与群体之间及群体之间针对珍稀物品或价值的斗争。冲突不同于竞争关系，更多地表现为彼此之间直接和公开的争斗，一般会表现出敌对的态度。

产生冲突的原因也在于人们追求的社会资源和社会机会是有限的，人们为了获得有限的资源，突破竞争规则，以剧烈的甚至违规的方式进行争夺，便会产生冲突。在体育领域，冲突也时常发生。常见的比如，在比赛激烈的赛场上，裁判员裁判不公时，或赛场上运动员违反规则时，容易引发赛场冲突。此外，激烈的比赛还会引起球迷之间的冲突。

社会学家乔治·齐美尔（1955）概括了社会冲突的四种主要类型：群体之间的战争、群体内的冲突、打官司（指合法处理并且通常在法院加以解决的冲突）和理念之间的对立，认为理念之间对立引起的冲突最具破坏性。例如，由于宗教观念差异引起的中东地区的冲突等。

体育领域的冲突主要表现为群体之间的冲突和群体内部的冲突。群体之间冲突，如参与比赛队伍之间发生在赛场内外的冲突、两只篮球或足球队的球迷之间的冲突等。在大众体育领域，业余的健身团队为了争夺场地资源等也会发生类似的群体之间的冲突。在我国曾经发生广场舞团队与居民、两只广场舞团队之间的冲突等。群体内部的冲突如教练员和运动员之间的冲突，或者同一支队伍内运动员和运动员的冲突。

由于冲突容易引发社会失序，人们对冲突一般持否定态度。但在齐美尔之后，社会学家科塞（1956）认为冲突也有一定的积极功能。冲突过程也是社会上各种情绪宣泄、体力宣泄、感情宣泄的过程，适当地允许冲突也是一种特殊的社会控制方式。冲突体现群体间彼此的差距，给群体以同一性和凝聚力，促进个人与群体的密切接触。在一般情况下，冲突的结果可用是否有利于调适人际关系、社会制度和社会关系，使社会结构趋于合理化这个标准来衡量。

（五）强　制

强制是指个体或群体将自身的意志强加于另一方，并使另一方以自己的意愿行动的过程。强制的互动形式源于互动双方力量的不平衡，一方以强势的物质力量、暴力的威胁、精神力量等为基础，实施对另一方的控制。但是，也存在一些微妙、隐晦的强制手段，如对于父母的爱、对于国旗的敬、对于上帝的信仰，以及对于孤独的恐惧，都可以作为强制的手段。

强制通常被看作是一种负面的社会互动形式。但强制也存在正面的社会功能。例如，竞争双方对共同规则的遵守往往依赖于某种强制性力量，否则就容易演变成冲突；强制有利于形成人们的行为预期，从而降低社会失序的可能性，减少社会运行的成本。

在体育领域，这样的强制互动形式也比较普遍。教练对运动员的指导、指挥便是一种强制。体育比赛中，举办赛事一方定订的竞赛规程、赛事形成的规则等都对参赛者形成强制。而自发性的体育群体在群体形成过程中形成的约定俗成的做法，也会对群体成员形成强制性约束。

【案例 4-2】

民间体育社团中的社会互动

沈阳有一个民间发起的徒步社团——“沈阳徒步”。这个社团的发起人叫东北虎（发起人的网名），他带领核心骨干美言、丽媛、疯子、啡儿、海亮人生以及市内各团队领导者，持续开展大众性户外徒步活动，形成了一个覆盖沈阳市区，参与者众多的民间体育社团。

沈阳徒步最坚实的基础是位于沈阳市区各大公园和广场的健身夜走团队，包括北陵团、沈水湾基地、长青支队、青年支队、万泉支队、铁西新干线等团队。每个支队都有几个乐于奉献的志愿者，每晚负责拿团队的旗帜、音响，负责组织人员整理队伍，利用公园、广场的便利条件，组织团队成员夜走。沈阳徒步每年还开展“百公里毅行”“沙漠露营”“草原露营”“滨海露营”和“金秋赏枫”等大规模活动。参与这类活动都实行AA制，参与者自负交通等费用。

在沈阳徒步，参与者找到了日常工作和生活之外的朋友和乐趣。徒步参与者通过参与活动，相互之间形成情感支持，同时，还利用网络媒介表达问候、传递情感。在沈阳徒步的论坛里，会有人问候队友生日快乐，对会员的发帖进行顶贴支持的再加上几句鼓励支持的话语。徒步成员之间尤其是关系比较密切的成员之间，不仅在情感上彼此支持，还会在生活、工作等方面提供一些帮助。参与者还在参与运动过程中，分享运动乐趣和经验，回忆令人愉悦的难忘瞬间。更有人在论坛或QQ群等网络平台上对这些难忘的瞬间进行展示、描绘、回忆，抒发情感。

资料来源：冯欣欣.制度与生活视野下城市体育社团运作的比较研究[D].上海体育学院，2014。

【知识链接 4–1】

符号互动理论在体育社会学研究中的应用

19 世纪 70 年代早期，符号互动理论就被用来解释体育文化的独特性，这一理论重视体育运动的符号特征，重视体育运动时社会活动中精的、隐的、非正式的主动过程。符号互动理论在体育社会学研究中的应用体现在以下几个方面。

（一）符号互动理论被用来解释体育运动中运动员罢工事件，关注罢工事件对球队、管理人员、教练员、运动员各方面的隐性意义。研究注重对这些人以不同的身分地位谈论发生的问题，并注意他们表达自己的想法、感受、行动，以及对外（如大众传媒）的各种舆论反应。

（二）符号互动理论被用来分析竞技场上通过互动产生认同的过程，如从初学者到熟练运动员的转换（Donnelly & Young，1998），美国大学里学生运动员认同的冲突（Adler & Adler，1985），基督教运动员的认同（Stevenson，1998），女性残疾运动员的认同（Henderson & Bedini，1996），美国少年棒球联赛中的集体认同（Atkinson，M. and K. Yong，2008）。这些研究关注的焦点都是形成认同的过程以及遇到问题时的回应。

（三）符号互动理论被用来分析体育教练工作中教练员和运动员的互动（Jones，R. L. ，Mike Hughes，Kieran Kingston，2008）。认为教练员和运动员为了建立相互尊重的友好关系，不得不努力工作，为对方着想，完成对方期望。

资料来源：熊欢. 身体、社会与体育——西方社会学理论视角下的体育[M]. 北京：当代中国出版社，2011：146；仇军，钟建伟. 社会学与体育社会学：视域开启与理论溯源[J]. 体育科学，2007（2）：46–53。

思考题

1. 如何理解体育中的社会互动？
2. 体育中社会互动的类型有哪些？
3. 举例说明体育中社会互动的载体。
4. 举例说明体育中社会互动的方式。

参考文献

1. 安东尼·吉登斯. 社会学（第五版）[M]. 北京：北京大学出版社，2009.

2. 王思斌. 社会学教程简明版[M]. 北京：北京大学出版社，2012.

3. 马克斯·韦伯著，林荣远译. 经济和社会[M]. 北京：商务印书馆，1997.

4. 张兴杰. 现代社会学新编[M]. 北京：北京大学出版社，2012.

5. 侯均生. 西方社会学理论教程[M]. 天津：南开大学出版社，2010.

6. 熊欢. 身体、社会与体育——西方社会学理论视角下的体育[M]. 北京：当代中国出版社，2011.

7. 林勇虎. 体育的社会学探索[M]. 沈阳：万卷出版社，2005.

8. 陆小聪. 现代体育社会学[M]. 上海：上海大学出版社，2009.

9. J. Coakly译. 体育社会——议题与争议（第六版）[M]. 刘精明，等译. 北京：清华大学出版社，2003. 59-60.

10. 胡荣. 社会互动的类型与方式[J]. 探索，1993（6）：65-69.

11. 庞树奇，范明林. 普通社会学理论新编[M]. 上海：上海大学出版社，2000.

12. 张永保. 体育社会互动：体育社会学的一个基本概念[J]. 体育学刊，2012,（4）：7-12.

13. 戴维·波普诺著，李强译. 社会学（第十一版）[M]. 北京：中国人民大学出版社，2007.

14. 冯欣欣. 制度与生活视野下城市体育社团运作的比较研究[D]. 上海体育学院，2014.

15. 约瑟夫·马奎尔，凯文·扬. 理论诠释：体育与社会[M]. 陆小聪主译. 重庆：重庆大学出版社，2012.

16. 仇军，钟建伟. 社会学与体育社会学：视域开启与理论溯源[J]. 体育科学，2007（2）：46-53.

沈阳体育学院：冯欣欣

第五章

体育社会控制

本章提要

社会的健康发展依赖于一个良好的社会秩序，这是不言而喻的。但是一个社会秩序到底要靠什么来维系，恐怕就没有一个统一的答案了。但有一点可以达成共识，社会控制是维护社会发展的重要手段。本章主要介绍了社会控制的类型和功能；体育运动与社会控制的相互作用及作用形式；社会组织的含义、特征及构成要素；体育社会组织的类型和发展概况。

第一节　社会控制概述

一、什么是社会控制

控制（control），具有支配、调节、抑制、管理等含义，从根本意义上讲，是指人类对客观事物的运行过程及运行结果进行调节、引导和管理的行为过程，在这一过程中，充分体现了人类的主观能动性和创造性。社会控制的概念最早来源于生物学，原意是指社会必须对人的动物本性加以控制，限制人过于追求私利的倾向。1901 年，美国社会学家E·A·罗斯在社会学领域首次提出社会控制的概念，并从考察社会秩序入手进行全的、系统的研究。自此以后，社会控制始终是社会学研究的一个重要领域，并形成具有社会学特色的社会控制理论体系。

社会控制有广义和狭义之分。广义的社会控制，是指社会组织体系运用社会规范以及与之相应的手段和方式，对社会成员（社会个体、社会群体及社会组织）的社会行为及价值观念进行指导和约束，对各类社会关系进行调节和制约的过程。狭义的社会控制，是指对社会越规者施以社会惩罚和重新教育的过程。社会学领域一般使用广义的社会控制概念。

二、社会控制的类型

从不同的角度对社会控制进行分类，可以将社会控制分为不同的类型。一般可分为：宏观控制和微观控制、硬控制和软控制、积极控制和消极控制、外在控制和内在控制、制度化控制和非制度化控制，本节重点介绍前两种控制类型。

（一）宏观控制与微观控制

宏观控制是指社会运用政权、法律、纪律、政策、条令等控制手段对全体社会成员及整个社会关系进行调控和制约。在社会发展的重要时期、改革的攻坚阶段，社会矛盾突出的关键节点都需要政府通过制定方针、政策调整战略，适应新形势的需要。

微观控制是指某个具体的社会组织运用组织规章、组织文化等控制手段对其组织成员实施指导与约束。

宏观控制和微观控制是辩证统一的关系。用宏观控制整体目标，对社会行为进行方向性趋向影响，而非决定性的规定；用微观控制具体的社会行为，为整体目标服务。在社会发展的过程中，二者缺一不可。因为宏观控制不能排除具体社会行为中的各种微观层次上内外的影响和互动，不能决定个性的所有特征和行为，必须动用微观控制的力量加以调整；与此同时，宏观控制对于具体社会行为是一种稳定的长期影响，通过规范性指向作用保证和调节着社会控制的稳定性和方向性。总之，二者必须结合起来，没有微观控制，宏观控制就失去了作用；没有宏观控制，微观控制就失去了方向。

（二）硬控制与软控制

硬控制是指运用强制性控制手段，如政权、法律、纪律等，对社会成员的价值观和行为方式实行控制，因而又称之为强制性控制。它是实现国家职能，推动经济和社会发展的最重要的、经常的、不可缺少的手段。在硬控制下，每个主体都能忠实地履行法定义务，继而，正确地行使和维护法定权利，从而建立有条不紊、充满生机的良好秩序。

软控制是指运用非强制性控制手段，如舆论、风俗、习惯、伦理道德等，对社会成员的价值观和行为方式实行控制，因而又称之为非强制性控制。正如美国行为主义法学派代表人物唐纳德·布莱克所言："法律本身是一种社会控制，但是还有其他许多社会控制方式存在于社会生活中，存在于家庭、友谊、邻里关系、村落、部落、职业、组织和各群体中。"这种广泛存在于社会生活之中的控制方式，基本上属于软控制，它通过作用于人的内心进而规范人的行为，起到社会控制的作用。

硬控制和软控制这两种社会控制形式为每个社会所必需。它们在功能上是互补的和呈反比关系的，主要区别在于影响人们行为的机制不同：硬控制具有明确的规范、专门的组织和角色、强制的控制过程、可预测性的结果；而软控制则不同，它的根本特点就是不确定性，即规范是不明确的，主体也不确定，控制过程带有更多的主观性和情感性，结果也随之是不确定的。另外，硬控制主要用于对一些重要的社会关系和行为的控制，并且主要存在于政治组织、社会之中；而软控制在现实社会中可能表现得更为经常和普遍，它主要作用于一些日常的社会关系和行为。

三、社会控制的功能

（一）维持社会秩序的稳定

秩序即是合规律性、井井有条、稳定与平衡、和平与安全、协调一致、多样统一等的代名词。任何社会的存在和发展都依赖于良好的社会秩序、和谐的人际关系，以及人民安居乐业。历史证明，凡是经济社会发展较快的时期，都是社会稳定、秩序良好的时期。没有一定的社会控制措施，社会就会陷入混乱的状态，就不可能良性运行和发展。因此，维护社会秩序是社会控制的重要功能之一。人类社会就是在不断解决社会冲突，确立良好的社会秩序的过程中向前发展的。而良好社会秩序的建立与维护，都有赖于适度的社会控制。

（二）调整各系统的利益格局

社会个体、群体和组织都生活在一定的社会秩序当中，在遵循一定的社会规则的前提下，通过互动与其他社会个体、群体和组织交往，并形成稳定的社会关系。它们都有自身所代表的利益，合作和冲突在所难免。一方利益的获得有可能对另一方的利益造成损害，使得社会关系紧张，甚至引发大规模的对抗性冲突。为了维护社会良性运行和协调发展，需要社会动用控制手段协调社会运行的各个系统，把意识彼此不同、利益复杂多样的社会人群结合成为功能耦合、结构协调、相互配套、系统同步的有机整体。

（三）维护社会个体和群体自由

讲社会控制、社会秩序，并不是否定民主自由，建立抹杀个性的社会秩序，而是在强调民主自由的基础上，建立倡导和鼓励个性发展的社会秩序。适度的社会控制就是在遵守法律和道德规范的前提下，最大限度使社会个体和社会群体享有自由，鼓励生产，激发创造，使人与人之间相互协作，和谐共处。在这样的状态下，社会发展会日趋符合人类的主体性目标，最终走向一种社会性与个体性相协调的社会状态，社会就会良性运行和快速发展。

总之，社会控制作为上层建筑的一个组成部分，在任何社会都存在。关键问题在于追求一种刚柔相济、张弛有度的社会控制。欠度控制不利于社会稳定，不利于社会秩序的维系，甚至容易引起社会动乱；过度控制不利于发挥社会成员的积极性和创造性，社会缺乏活力。适度的社会控制才能实现社会的良性运行和协调发展。

【知识链接 5-1】

我国现在处在社会主义初级阶段，属于世界上最大的发展中国家，同时也是世界上人口最多的国家。自改革开放以来，我国就进入全面的社会转型期，即从传统社会向现代社会，从计划经济向市场经济转型的时期。在社会转型期，维护社会的稳定与和谐具有十分重要的意义。尤其是我国当前处在战略机遇期和社会风险期，处在转型期的关键时期，要完成稳定、持续发展的历史使命，就需要探索适合我国当前社会实际的有效的社会控制机制，采用有效的控制手段以维护社会稳定、激发社会活力。要实现和谐社会的目标，必须探索适度的社会控制。适度的社会控制就是能最大限度允许社会成员有自由的社会控制形式。“度”的确定依据是现实的社会结构情况、社会治安状况、社会流动状况和社会文明程度等。

资料来源：武中哲．适度与多元：和谐社会的控制机制 [M]. 百度文库。

第二节 体育运动与社会控制

一、不同时期体育的社会控制

社会发展带来的是社会结构变动，社会价值观与社会行为方式也会随之发生变化，产生许多新的价值观和行为方式。我国体育利益格局是与社会阶层结构变迁相适应的。不同时期体育的发展受到社会发展的制约。

（一）计划经济时期的体育

在这一时期，国际形势严峻使人民体质亟需改善，为了保卫社会主义新中国，改变民族形象，百废待兴之时，党和政府把积极参加体育运动作为宣扬国家强盛、民族振兴的工具，具有浓厚的政治色彩。这一时期，体育具有明显的国防体育的特征：侧重大型体育活动的组织，开展竞技体育训练、竞赛，体育为工、农、兵服务。一切以保家卫国的国家利益为中心，国家利益决定着个人利益，甚至要牺牲个人的体育利益；一切与社会主义国家意识形态相违背的体育活动都受到限制。

1. 竞技体育

集中国家有限资源，保证重点体育项目建设，提高竞技水平，在国际比赛中创造优异成绩，最终达到为祖国争取荣誉的体育目标。具体表现为：在组织管理方面，主要通过体育主管部门对竞技体育的唯一领导和管理，集中人力、物力、财力，通过统一规划、调配、布置而形成优势重点项目；在训练体制方面，形成以体育传统学校和中小学运动队为代表的初级训练形式，以体育运动学校和业余运动体校为代表的中级训练形式，以国家集训队和各省专业队为代表的高级训练形式的三级训练网运动员培养体制；在运动竞赛方面，表现为“国内练兵，一致对外”的全运会选拔竞赛模式，比较明确地提出了运动竞赛的任务是提高运动技术水平；在保障体制方面，国家对运动员训练、学习、比赛甚至饮食起居等给予全方位的保障。

2. 群众体育

新中国成立以后，国家高度重视我国城乡群众体育事业的发展，相继制定并颁布了一些制度促进该项事业的发展。但是体育政治化倾向非常明显，即“体育运动是为了增进国民的健康，为了新中国的建设和新中国国防的巩固。”体育运动旨在增强人民体质，培养人民大无畏精神，不怕困难、勇往直前，肩负起建设祖国、保卫祖国的重任。在体育活动内容上，虽然党和政府倡导城乡群众体育运动要各具特色，根据行业特点来区别发展。然而，由于服务政治的整体性，限制了不同群体体育利益分化的条件是工人、农民及其他一切阶层和部门大都开展田径、篮球、排球等体育项目，体育活动也被封闭在单位的狭小空间内。

3. 学校体育

我国学校体育为政治服务的色彩更为浓厚。1949 年 9 月，国家就将“提倡国民体育”纳入到中国人民政治协商会议制定的《共同纲领》中。20 世纪 50 年代，国家体委参照苏联“准备劳动与卫国体育锻炼标准模式”，结合我国的实际情况，制定了《准备劳动与卫国体育制度暂行条例》，明确指出：“劳卫制是国家根据社会主义建设事业的需要，对人民在体育锻炼上的基本要求而制定的，其目的在于鼓励人民积极参加体育锻炼，促进体育运动的广泛开展，提高运动技术水平，使人民身强体壮，意志坚强，更好地为社会主义建设和保卫祖国服务。”运动项目基本统一，如田径、篮球、排球、基本体操以及一些军事体能项目，充分体现了国家意志对体育的控制特点。

（二）改革开放后的体育

改革开放以后，中国社会阶层结构发生了重大变迁。国家对资源的全面控制相对减弱，平均主义分配方式被打破，人们在利益上对国家的绝对依赖也随之改变。不同利益群体因其社会地位、生活条件、文化素质等方面的不同，对社会生活方式变革的要求、态度也各异，导致了其体育生活方式特点不同。多种体育利益主体开始形成，体育的社会目标和价值取向出现了多元化的趋势。多元体育利益主体已经基本形成，群众体育、竞技体育满足个性化需求，社会对体育的控制由原来的刚性转变为弹性，侧重于宏观控制。社会生产力的极大发展和经济结构的重大变化，使利益主体追求多样化需求成为可能，体育也随之得到发展。

1. 竞技体育

20 世纪 80 年代开始，我国对竞技体育进行了全面调整，强调利用社会力量办体育。到 20 世纪 90 年代，竞技体育进行深度改革，国家对体育由集中、单一的控制转变为国家办与社会办相结合、集中与分散相结合的多元的竞技体育体制和良性循环的运行机制。具体表现在：（1）发展目标方面，与计划经济时期单一的“为国争光”目标相比，追求商业价值也成为竞技体育发展的主要目标；（2）管理体制方面，与计划经济体制下高度集中的行政管理体制相比，体育社团和行业体育协会等社会组织开始发挥竞技体育组织管理的功能；（3）训练体制方面，三级训练网转变为竞技体育俱乐部、协会、社团多渠道多元发展；（4）在运动竞赛方面，由计划经济体制下“国内练兵，一致对外”的单一竞赛模式，逐渐向多元竞赛模式转变。此外，从20世纪90年代开始，加强了立法工作，初步形成了竞技体育法制化的运行调控机制。

2. 群众体育

从20世纪80年代开始，国家开始对群众体育的统揽局面进行改革，提出了由国家包办体育到国家办与社会办相结合转变的体育社会化改革思路。20世纪90年代，国家进一步推动体育社会化进程，在划分社会责任的同时，运用政策引导和体育资源的合理配置来调动社会各方面办体育的积极性。群众体育的运行机制开始由单纯行政化向政府领导、社会运作的方式转变。具体表现在：①社会化，体育社会团体、事业单位和其他中介组织在兴办群众体育事业中发挥更大的作用；②法制化在行政管理方式上将由主要依靠行政手段转向主要依靠法律手段；③产业化，随着市场经济的不断完善和人民生活水平的提高体育健身、体育娱乐、体育康复、体育表演等形成巨大的体育消费市场，将大大推动体育产业的发展，并且带动相关产业的发展。可以说，政治、经济、文化等多元的力量共同影响和控制着体育的发展。

3. 学校体育

改革开放以来，学校体育有了一定程度的发展，政府对学校体育的发展导向有了质的变化。由以前的军事化导向转变为教育化导向，学校体育由以往对政治功能的强化转变为教育功能的回归。“健康第一”是新时期学校体育的指导性思想，这是对体育价值的重新审视和思考。然而，学生体质持续下降又不容回避，究其主要原因是国家政策法规、行政力量与观念意识的冲突，导致改革收效甚微。一方面，据不完全统计，三十多年来，国家共颁发有关学校体育的政策、法规268件。国家对学校体育的重视可见一斑；另一方面，家庭、学校“重教轻体”的观念重，社会环境、舆论对学校体育的不重视等因素都是学校体育发展的瓶颈，如何对青少年体质下降进行控制是当下重要的研究课题。

二、社会对体育控制的形式

（一）硬控制

1. 行政力量对体育行为的控制

行政力量包括行政部门制定体育的方针、政策。比如，2014 年最令人瞩目的体育大事件之一，就是国务院下发的《关于加快发展体育产业促进体育消费的若干意见》国发〔2014〕46 号（以下简称《意见》)。《意见》提出“营造重视体育、支持体育、参与体育的社会氛围，将全民健身上升为国家战略”，并提出了一系列针对性、操作性强的措施。这个行政命令的出台，对于全民健身的快速发展具有重要的现实意义。以中国足球为例：中国足球改革开始于 20 世纪 90 年代初期，当时就确定了产业化和社会化的方向，但截至今日，足球改革效果仍不明显，面对中国足球发展窘境，国务院办公厅下发了《中国足球改革发展总体方案》，分 11 大项提出了 50 个条款的改革措施，这种自上而下的关于足球战略的顶层设计也是典型的行政力量对体育行为的控制。

2. 法律法规对体育行为的控制

法律法规对体育行为的控制包括有关体育的各种法令、规章、条例、制度、职业标准、竞赛规则等。其中，《宪法》是控制国家体育事业的根本大法。《体育法》是体育事业的基础性法律。《体育法》分为 8 章 56 条，对体育事业起到了保驾护航的作用，保证了体育事业持续、快速的发展。《全民健身计划纲要》《学校体育工作条例》《国家体育锻炼标准》《反兴奋剂条例》等，属于行政法规，对体育的某个局部进行控制。据统计，目前共有各类体育立法 100 多项，涵盖了体育领域的各个方面，如学校体育、竞技体育、全民健身和体育经营活动等。但我国的体育法制建设还存在一些问题，有些法规如《体育法》《全民健身计划纲要》等，由于没有配套措施而难以落实；有些法规由于缺乏法律责任条文而无法追究相关的违法行为等。加强体育法制建设，依法治体是我国体育事业改革发展的必然选择。

3. 纪律对体育行为的控制

纪律对体育行为的控制包括运动员、教练员、裁判员守则，赛区赛场纪律，职业俱乐部的纪律等。纪律是体育的“刹车系统”，通过行政手段来推行。必要的纪律控制可以维护体育的健康发展，实现体育中的正义，维护运动员精神。违反就要受到纪律处罚。纪律处罚如下。

（1）申诫罚，即影响相对人声誉、给相对人施加一定精神压力的处罚，主要有通报批评、警告两种。

（2）财产罚，即剥夺一定财产或课以财产给付义务的处罚，主要是罚款。

（3）能力罚，即取消或限制相对人某种能力或资格的处罚，主要有停赛、禁赛、禁止随队进入比赛场地工作、取消比赛资格、取消转会资格、降级、取消注册资格、撤销或降低技术等级、取消举办或承办比赛资格、扣分等。

（二）软控制

1. 风俗习惯对体育的控制

风俗习惯是指人们在长期的社会生活中自发形成、代代相传并自觉遵从的行为方式的总和。“风”强调风土等自然地理条件对人的行为的影响，“俗”是一种习以为常的社会生活模式，如衣食住行、待人接物、时岁节庆，等等。习惯成自然，民俗体育就是其中的组成部分之一。如游泳和划船，最先就是人的谋生手段，后来从生产劳动以及战争中分离出来，逐渐成为上层社会的一项体育娱乐活动。美国的橄榄球、篮球，巴西的足球，日本的柔道，韩国的跆拳道，朝鲜的射箭，中国的武术等，都是起源于民间风俗，具有本民族的特色，后来发展成为这些地区或国家的象征。也正是因为体现了特定的民俗精神、民俗品格，这些体育项目才会经久不衰。“越是民族的，越是世界的”，在体育领域也不例外，要充分传承民俗体育中的精华部分，使之在多元文化交融的现代社会熠熠生辉。

2. 道德对体育的控制

道德是调整个人与个人、个人与社会之间关系的社会行为规范的总和。体育活动中存在着大量的人和人之间的关系，存在着荣与辱、胜与负、得与失的选择和判断，很大程度上依靠道德来控制。在人类体育实践中，道德具有规范性力量，逐渐形成了人们体育行为的参照、准则、甚至依据。离开了体育道德支撑的体育运动，必然为体育运动的参与者和观众所唾弃，体育运动将无法顺利开展。同时，体育运动作为人们必须进行的社会活动，能够对人们的生活起到潜移默化的规范作用，帮助个体完善道德品质。社会成员通过观看、欣赏体育比赛，与在体育场上顽强拼搏、团结协作的运动员产生共鸣，产生强烈的效仿愿望，鼓舞自己奋力拼搏，永不言弃，对良好社会风气的形成也具有重要的意义。20 世纪 80 年代的中国女排，正是因为她们的刻苦训练、顽强拼搏，她们的不畏强敌、果敢发挥，才铸造了世界女排史上首个“五连冠”的奇迹。“顽强拼搏，为国争光”的女排精神，极大地振奋了民族精神，给当代的仁人志士以巨大的精神动力，激励他们奋发进取、报效祖国，并在他们成长的道路上留下了难以磨灭的烙印。直到现在，以“顽强拼搏，为国争光”为核心的女排精神依然是中华民族奋发向上、永远向前的不竭动力。

3. 舆论对体育的控制

社会舆论是指多数人对社会生活中有争议的事件发的具有一定倾向的议论、意见及看法，简称舆论。社会舆论是蕴藏在人们思想深处的共同心理倾向，无形无体，却是一种巨大的精神力量，对社会成员的价值取向和行为方式产生很大的影响。社会舆论的社会控制作用机制是通过广为传播的舆论，造成一种社会氛围，处在这种氛围中的社会成员自觉不自觉地服从舆论的导向和制约。其具体作用方式是带有价值判断的社会评价，对某种具体的价值观或行为方式进行褒扬、赞赏，或进行批评、谴责。大众传媒（如报刊、电台、电视等）是社会舆论形成的重要窗口。在现代社会，大众媒介是社会的神经中枢和社会力量源泉，它以独立的意志和价值标准影响社会、建构社会和引导社会。在体育领域中，我国体育由“体育大国”到“体育强国”的转变，都是依靠大众传媒来推进的。因此，大众传播媒介最核心的任务就是如何用我们的镜头和语言传递现阶段公民社会的“惠民体育”宗旨，增加受众对新时期体育文化的认同感，推动中国体育强国梦的实现，以正确的舆论导向继续引领中国体育向前发展。

【知识链接 5-2】

法律、制度等作为硬性的社会控制机制，是任何一个社会都必须要有的社会控制手段，但不是唯一的控制手段，特别是在社会转型期和发展的关键时期，在文化多元化和价值体系多元化的时期，强调道德建设特别重要。通过道德宣传和教育，强化社会主流的价值观和先进的意识形态，倡导健康的生活方式，形成良好的社会风气，使那些非道德行贿受到舆论的谴责、公众的唾弃，为其设置一种无形的社会压力。

资料来源：武中哲.适度与多元：和谐社会的控制机制[M].百度文库。

三、体育运动对社会控制的作用

大量社会统计表明：体育运动不仅与社会控制具有紧密联系，而且其本身就是一种重要的社会控制方式和内容。体育运动具有明显的社会控制作用，并且体育运动中学校体育、群众体育和竞技体育对社会控制的作用表现在不同层面。

（一）学校体育对社会控制的作用

学校体育首先是教育，运动是它的载体，也就是说，体育是通过运动所进行的教育。具体表现在以下三个方面。

1.提高生存能力

生存教育是为人的生存（保存生命、生活）及其质量和发展而开展的各种教育。学校体的对于人的生存教育具有重要的作用。一方面，学校体育可以使学生有效地掌握体育基本知识、技能和卫生保健常识；另一方面，学校体育通过培养学生的锻炼习惯和终身体育的意识，可以提高其对复杂环境的适应能力和应变能力，增强生命活力。

随着知识经济时代的到来，劳动对象由实物资源向知识、信息等“虚拟资源”转移，劳动性质由体力劳动向脑力劳动转移，以及日常生活的信息化和自动化，人的体力活动逐渐减少，脑力活动逐渐增加，人的基本活动能力减退，“富贵病”“文明病”患病率上升。人类在繁荣和文明的背后，将面临新的危机——体能、抵抗力衰退。因此，学校体育要保证学生在有限的时间内进行有效的活动，增强他们的体质，为学生能够适应当前和未来的生存环境打下良好的身体基础。

2.改善生活质量

生活教育的主要观点是：学校教育必须同实际生活相联系，以生活为教育的出发点，发挥人特有的改造社会的作用和功能。正如古希腊哲学家柏拉图所说：

“罪恶是来自不良教育以及不健全的身体。”学校体育教会学生的不仅是体育技能、保健的方法，还有道德品质的培养、法制观念的建立、性格意志的锻炼，提高其生活质量和生活品质。学校体育从学校扩展到社会，影响人的一生。

从时间坐标分析，身体运动贯穿人的一生：童年通过运动感知世界、释放天性—少年通过运动增强身体素质、学会生活、营造运动梦想—青年通过运动形成生活方式，成就运动梦想—中年通过运动保持体力、愉悦身心、预防疾病—老年通过运动保持健康、延缓衰老、保证生活质量。

3. 促进身心健康

近 20 年来，由于各种复杂因素的影响，一个不容忽视的社会问题是，中国人的体质状况令人担忧，特别是青少年的体质状况更是不容乐观。教育家陶行知先生曾经说过，“忽视健康的人就是等于在与自己的生命开玩笑。”“少年强，则国家强”。青少年的健康成长是关系国家强弱、民族兴衰的百年大计，也是涉及亿万家庭幸福和谐的民生大计。《国家中长期教育改革和发展规划纲要（2010—2020 年）》指出，把促进学生健康成长作为学校一切工作的出发点和落脚点，要求“加强体育，牢固树立健康第一的思想”。

美国、英国、法国、瑞典、日本等发达国家特别关注国民尤其是青少年的体质健康问题。政府针对青少年体质下降的问题提出各种举措，高度重视从小学到大学的体育课。体育活动作为现代生活方式之一，已经渗透到日常生活中，并成功改变了人们对青少年的培育观念，着力培养青少年健康的体魄和坚毅自信的性格。因此，学校体育对于保障学生身心健康承担着重要的社会使命。

（二）群众体育对社会控制的作用

1. 促进社会参与

体育作为覆盖全社会的社会文化活动，内容繁多、形式多样、层次丰富。任何人无论其身体强弱、年龄大小、受教育时间长短、经济状况好坏、技能水平高低，都可以在体育中找到自己的位置，具有其他任何文化形态所不具备的社会参与性。正是体育这种天然的社会参与性，使之成为人类社会中规模最大、包容性最强的社会共享平台。体育所形成的平等的参与意识、参与规范和参与行为，对人们参与社会建设产生积极影响。世界上许多国家正是利用体育的这些特点，从儿童少年时代就通过体育培养其公民健康和积极的社会参与意识与行为。参与者在体育的场景中，意识到自己的社会角色，学会处理多种社会关系的社会准则，如公平竞争、公正裁决、分工与合作、规范与自由、团队精神等。通过良好的体育行为，将社会准则潜移默化于参与者的思想深处，培养良好的社会行为。

2. 改善社会治理

社会治理的核心措施之一就是构建和完善社会组织。首先，社会组织由于其非营利性、非政府性和公益性或互益性的性质，决定了其既优于政府的效率性，又优于市场的公益性，可以弥补政府、市场资源配置机制的缺陷；其次，社会组织是社会治理的合作主体。社会组织以其独特优势通过各种活动发挥“资源动员、社会服务、社会治理和政策倡导”等特殊的社会功能，成为政府、市场与社会之间冲突的缓冲器或协调中介。通过社会组织的中介机制，社会成员与政府之间相互影响，互融共生，保证社会的稳定。

体育在各个国家都是社会组织最为发达的一个领域，人们出于个人兴趣参与体育，自愿组织起来，组成体育活动小组、运动队、俱乐部、体育项目协会，等等。这些组织借助社区和互联网平台进行互动，体现自我教育、自我管理、自我服务的职能，发挥改善社会治理的作用。

3. 促进社会和谐

在现代化进程的发展中，一方面，社会发展带来经济、政治、文化等方面的进步，另一方面，它必然要打破传统社会中稳定的因素，这就必然会导致各种社会问题的产生。我国在发展过程中，虽然社会总体上保持了稳定和谐，但是，也存在不少影响社会和谐的矛盾和问题。

体育运动对于调节社会矛盾，缓解社会压力，具有“安全阀”“出气孔”和“心理发泄与倾诉”方面的功能，对于促进社会和谐发挥着重要的作用。体育由于其包容性参与和社会化等的特点，使得社区、单位、家庭等社会的细胞通过体育运动，获得的不仅仅是健康的身体，还有良好的邻里关系、融洽的团队氛围、社区的认同感，以及由此产生的社会责任感，保持社会的活力和可持续发展从而促进社会的和谐。

（三）竞技体育对社会控制的作用

1. 传播社会价值

社会建设的根基在于有一个社会认同的价值体系。社会成员只有在共同价值观念的基础上，才能形成社会建设的共识，整合社会建设的各个领域。

体育是积极健康的社会文化活动，具有鲜明的人文价值取向，突出地体现为奥林匹克运动强调的三大价值：卓越（Excellence），无论在运动场，还是在职业生涯中，都全力以赴。重要的不是取胜，而是参与，不断进取，享受身心和谐的健康状态；友谊（Friendship），是奥林匹克运动的核心，鼓励人们将体育运动视为个人间及群体间相互理解的手段；尊重（Respect），尊重自己和自己的身体，尊重他人，尊重规章制度，尊重体育运动，尊重环境。奥林匹克运动所代表的体育旨在“通过开展与奥林匹克主义及其价值观相一致的体育活动来教育青年，从而为建立一个和平而更美好的世界作出贡献”。体育在传递社会价值方面的特殊功能，在国际社会已经得到普遍应用。例如，联合国认为，“体育运动具有吸引、调动和激发人的独特力量。就其本质属性而言，体育运动是参与性的，关乎包容和公民认同。它代表了尊重对手、接受有约束力的规则、团队精神和公平性等这些人类的价值观，而所有这些正是载入《联合国宪章》的一些原则。”

在我国，体育运动生成的“社会凝聚力”同样不可小觑。当我国选手在世界大赛中取得优异成绩的时候，传递给社会的是一种奋进的力量和爱国主义的教育。特别是如今我国正进入改革的深水区，在这一时期，构建一个具有共识性社会价值体系具有重要作用。党的“十八大”报告强调指出：“倡导富强、民主、文明、和谐，倡导自由、平等、公正、法治，倡导爱国、敬业、诚信、友善，积极培育和践行社会主义核心价值观。”这一价值体系与体育所弘扬的社会价值高度契合。而且，通过参与体育运动更容易使价值观潜移默化地内化到心灵深处，起到更好的传播社会价值的效果。

2. 缓解国际争端

在国际交往中，由于各个方面的原因，国家之间在涉及自身利益的问题上往往会发生国际争端。战争成为近代国家处理国际争端的一个必备选项，有时是首要选项。与此同时，人类也在探求新的国际政治道德和法律原则以及相关的方法，以制止战争，和平解决国际争端。而国际间的体育竞赛，不仅为种族和个体的战斗热情找到发泄的途径，而且还可消除战争的危险性。正如诺贝尔奖获得者K·洛伦兹所说，体育运动的最大功能就是替那些最不可或缺但又最危险的攻击类型——战斗热情，加上一个健康而且安全的阀门。体育运动能促进不同种族或团体间人与人的了解，能促进人们为共同的利益奋斗和团结。因此，可以说，体育运动是战争的天敌。奥林匹克运动从创始、发展到今天，为世界和平作出的贡献是空前的。可以说，奥林匹克运动会是当某一国国旗升起时最少引起他国敌视的唯一场合。

【案例 5-1】

足球阻止战争

1967 年贝利“停火协议”

球王贝利随桑托斯队访问尼日利亚首都拉各斯，当时尼日利亚正爆发著名的“比夫拉内战”。战争双方因此临时达成为期 48 小时的停战协定，为了能共同观赏球王的表演。这场历时 3 年的战争夺走了 120 万人的生命，“贝利停火”是尼日利亚内战唯一的安慰。

2001 年 7 月美洲杯转危为安

2001 年 5 月，哥伦比亚发生连环爆炸案，6 月，阿根廷足协收到哥伦比亚游击队恐吓信，哥伦比亚足协副主席梅西亚被绑架，险些让本届美洲杯流产。南美足联起初决定剥夺哥伦比亚的主办权，但最后时刻仍然让比赛顺利举行。尽管阿根廷和加拿大退赛，哥伦比亚却邀请了哥斯达黎加和洪都拉斯入替。本届美洲杯以东道主哥伦比亚首度夺冠圆满告终，尽管饱受内战安全威胁，但杯赛举行期间未发生任何流血事件。

2005 年 11 月巴以联队中东维和

巴勒斯坦与以色列这两个政治世仇，在 2005 年 11 月终于肩并肩、手拉手走到了一起。巴塞罗那与巴以联队进行了一场友谊赛，1 年后，安达卢西亚大区联队和皇马也都先后与巴以联队比赛。这支 1996 年由以色列前总理佩雷斯赞助的巴以联队，多年来一直是倡导中东和平的旗手。当年的世界杯期间，巴勒斯坦极端组织哈马斯与法塔赫停火 1 个月，以色列还免费向巴勒斯坦提供了世界杯的直播信号。

2006 年 1 月非洲杯式和平

2006 年 1 月，科特迪瓦在非洲杯 1/4 决赛淘汰喀麦隆，此前该国南方反政府武装与政府军发生严重冲突，全面内战似不可避免。但在比赛日当天，反政府武装发表和平声明：以科特迪瓦足球的名义，与政府军议和。这是继“贝利停火”协议之后，足球再次阻止了战争的蔓延和爆发。

资料来源：http://sports.163.com/10/0625/08/6A0S2CA000052E97.html。

3. 抑制社会越轨行为

社会越轨（social deviance），亦称越轨行为、离轨行为或偏离行为，是指社会成员（包括社会个体、社会群体和社会组织）偏离或违反现存社会规范的行为。由于人们社会行为的复杂性、社会成员自身素质及阶级地位的差异性，因此在实际的社会生活中，偏离或违反社会规范的越轨行为在任何社会都是不可避免的社会现象。普通的社会越轨行为包括：违法行为、违纪行为和违规行为三种。

体育是一种心理调节的良好方法。首先，体育运动能够转移人的注意力，消除紧张心理、释放心理压力、消除消极情绪；其次，体育是一种积极向上的运动，能够使参与者的性格得到完善，人格得到健全。而健全的人格是预防越轨行为发生的重要因素；再次，体育有利于培养规则意识，为遵纪守法提供基础。体育运动是规则性很强的活动，每一种体育运动的规则相当于运动的“法”，运动员和裁判员都要受到比赛规则的约束。参与者在体育活动中会培养形成适应和遵循游戏规则的习惯，这种习惯一旦形成就会无形地覆盖到社会生活的各个领域。因此，体育运动对越轨行为的发生具有抑制作用。

体育运动对青少年犯罪具有抑制作用，这一点已被越来越多的国家所重视。俄罗斯总统普京曾公开表示，大力开展群众体育运动成功地降低了青少年的犯罪率，青少年酗酒和吸烟的现象也有所改善。

委内瑞拉首都加拉加斯地区多年来犯罪率一直居高不下，后来当地建起了一座社区体育馆，免费开放直至深夜，很快成为当地青年最钟爱的场所。此后，当地青少年犯罪率竟大幅下降，就连纽约也考虑向当地取经，在犯罪率居高不下的曼哈顿南端的总督岛建立同样的设施。

2011 年 3 月，立陶宛议会通过《国家体育发展战略（2011—2020 年）》。该战略的目的是增加从事体育运动的国民数量，降低国民染病率和死亡率，倡导积极健康的生活方式，降低青少年犯罪率。

第三节　体育社会组织

一、社会群体概述

几乎每个人都希望有归属感，这就是群体生活的本质。社会群体是指由两个或两个以上，彼此认同和互动，通过一定的社会关系结合起来共同活动的人群集合体。无论群体是如何形成的，它都是由拥有共同的经历和利益、对团体有忠诚感的人组成。

依据群体成员间关系的亲密程度，社会群体可以划分为初级群体与次级群体。初级群体是指由面对面互动所形成的、具有亲密的人际关系和浓厚的感情色彩的社会群体。典型的初级群体有家庭、朋友和亲属等。初级群体反映着人员简单、最初步的社会关系，即初级社会关系。次级群体指其成员为了某种特定的目标集合在一起，通过明确的规章制度结成正规关系的社会群体。群体成员间的感情联系相对不如初级群体，面对面的互动有限。典型的次级群体是各类社会组织，如公司、政府机构、学校等。

二、社会组织

社会组织是次级群体的表现形式，是社会结构的要素之一。社会组织化程度高低反映社会文明化程度高低。现代社会是高度组织化的社会，研究体育社会组织就离不开对社会组织的研究。

（一）社会组织的含义

社会组织的产生，其动力来源于功能群体的出现，以及群体正式化的趋势。社会组织一般有广义和狭义两种理解。广义的社会组织泛指一切人类共同活动的群体，包括初级群体和次级群体；狭义的社会组织是为了有效达到目标而构建的次级群体。

（二）社会组织的分类

研究目的不同，对社会组织的分类也不同。有的按照组织成员之间关系的性质，把社会组织划分为正式组织和非正式组织。正式组织中组织成员之间的关系由正式的规章制度作出详细和具体的规定，如军队、政府、机关等；而非正式组织中组织成员之间的关系则无这种规定，比较自由、松散，如业余活动团体。有的按照组织的功能和目标划分为生产组织、政治组织和整合组织。有的按照组织目标和获利者的类型织可划分为互利组织、商业组织、服务组织、公益组织；还有的按照组织对成员的控制类型分为强制性组织、功利组织、规范组织等；也有根据人们社会结合的形式和人们之间社会关系的表现划分为经济组织，政治组织，文化、教育、科研组织，群众组织和宗教组织等类型。组织类型的划分都是相对的，人们可以从研究和分析的需要出发，选择恰当的分类标准。

（三）社会组织的特征

区别于社会群体，社会组织主要有以下几种特征。

1. 特定的组织目标

组织目标一般是明确的、具体的，表明某一组织的性质与功能，人们围绕某一特定的目标才形成从事共同活动的社会组织。组织目标是组织活动的灵魂，它可以是单一的，也可以是具有内在联系的目标体系。

2. 制度化的组织结构

为了实现特定的目标，提高活动的效益，一般要根据组织功能和分工把职位分层与部门分工进行制度化。只有通过不同职位的权力结构体系，协调各个职能部门或个人的活动，才能顺利开展组织活动，最终实现组织目标。

3. 共同约定的行动规范

它一般是以章程的形式出现，并作为组织成员进行活动的依据。组织的行动规范是每个成员必须遵守的，它通过辅助的奖惩制度制约组织成员的活动，以维护组织活动的统一性。

4. 形成特定的组织文化

组织文化是指组织成员在长期的相互作用和相互影响过程中形成的价值观、

信念、仪式、符号、处事方式等文化元素。它是社会组织在与外界环境冲突、碰撞、融合过程中逐步形成的，不同的社会组织具有不同的组织文化。一个积极、健康、顺应社会环境变化且与社会环境保持合理冲突的组织文化，有利于社会组织健康发展。

（四）社会组织系统的构成要素

1. 组织目标

明确的组织目标是组织运行的灵魂，是确定组织活动路线的基础，也是衡量组织活动成效的标准。功能主义认为，社会组织就是人们为了实现共同的特定目标而组合起来的社会群体。艾兹奥尼认为，组织目标是组织致力于达到的某种期望的境界，是指向未来的东西，是组织期望达到的状态。管理学家则从更加具体和操作的角度来认识组织目标，认为组织目标是组织努力争取达到的、期望的未来状态，它包括使命、目标对象、指标、定额和时限等。

2. 组织结构

社会组织的结构是指组织内部各职位、各部门之间正式确定的、比较稳定的相互关系模式。职位、部门是构成组织结构的基本元素或单元，这些结构单元的不同组合又形成了组织结构的不同类型。职位是组织内部正式设立的、从事某种特定活动的组织位置，它通过各种规范化的正式角色动态地表现出来。从组织管理学的角度来看，社会组织的正式结构大致可划分为直线型、职能型和网络型三种。

3. 人员构成

实现社会组织的目标，必须有一定数量的成员，但人们要进入一个社会组织，成为组织的成员，必须通过一定的进入程序或手续。通过这种进入程序或手续，从而形成社会组织的边界，强化成员对社会组织的归属感和认同感，明确社会组织与其成员各自的权利和义务。也只有通过这种进入程序或手续，社会组织才能对其成员进行有效的管理。

4. 规章制度

社会组织的规章制度，是关于特定组织的性质、目标、任务、结构、组织原则、组织成员的权利与义务、组织活动规则等的规定。现代社会组织的规章制度一般都是成文的和成体系的。社会组织自身构成的复杂性决定了组织规章制度的复杂程度。此外，任何社会组织都需要有一定的物质条件来保障其运行，包括资金、设备和活动场所等。

三、体育社会组织

（一）体育社会组织的概述

体育社会组织是体育次级群体的表现形式，是体育组织中非常重要的组成部分。体育组织主要可分为体育行政机构、体育社会组织和体育企业。在我国，各级政府都设立相应的体育工作管理行政机构，对体育事业的发展起着领导、管理、协调和监督等重要作用。新中国成立初期，我国体育社会组织与体育行政机构相比发展相对缓慢。改革开放后，随着我国经济的快速发展和人们对健康的强烈诉求，体育社会组织得到迅速发展。建立和完善体育行政机构，积极发挥体育行政机构的职能，对体育社会组织建设起到重要的指导、管理作用。反之，体育社会组织自身逐步完善和发展，有利于体育行政机构社会职能的延伸和补充，对推动社会体育建设和为社会体育服务起到非常重要的作用。体育企业是以营利为目的的，它为政府、社会提供体育产品、体育服务等，对体育产业的发展起着举足轻重的作用。

（二）体育社会组织的类型

体育社会组织主要包括体育社团、体育民办非企业单位、体育基金会、自发性群众体育组织等。它们是以发展社会体育为目的非营利性组织。

1. 体育社团

体育社团是公民自愿组织、自主管理，为了实现会员共同意愿，按照其章程以体育运动（活动）为目的的非营利性社会组织。它代表群体参与政治活动，协助政府体育部门完成某些政府职能，发展成员在体育知识、技术、技能方面的素质，为成员寻求体育机会，保护成员的个别权益和群体权益。

不同的研究目的和研究视角对体育社团的分类不尽相同。从社团构成性质和构成主体角度出发，把体育社团主要分为竞技运动类社团、社会体育类社团、体育科学学术类社团、体育观众社团和体育娱乐享受型社团等，具有一定的代表性。

2. 体育民办非企业单位

体育类民办非企业单位常简称为体育民非。2000 年据国家体育总局与民政部联合发布的《体育类民办非企业单位登记审查与管理暂行办法》的规定，体育类民办非企业单位是指企业、事业单位、社会团体、其他社会力量和公民个人利用非国有资产举办的，不以营利为目的的，以开展体育活动为主要内容的民办中心、院、社、俱乐部、场、馆等社会组织。

根据以上规定，体育民非主要从事以下五类业务：①体育健身的技术指导与服务；②体育娱乐与休闲的技术指导、组织、服务；③体育竞赛的表演、组织、服务；④体育人才的培养与技术培训；⑤其他体育活动。体育民非运营资金的来源主要有：接受捐赠、资助；接受政府、企事业单位、社会团体、其他社会组织和个人的委托项目资金；为社会提供与业务相关的有偿服务所获得的报酬；其他合法收入等四个方面。这也体现了体育民非非营利性的特点。

3. 体育基金会

基金会，也叫慈善基金会，是指利用自然人、法人或者其他组织捐赠的财产，以从事公益事业为目的的民间非营利组织。体育基金会作为体育慈善的主要运营机构更有指向性地支持和发展体育慈善事业。体育基金会也可分为公募体育基金会和非公募体育基金会。

公募体育基金会属于公共筹款型基金会，主要靠面向社会公众开展公开募捐活动获得资金，以从事体育公益事业。公募基金会按照募集资金的地域性又可分为全国性公募基金会和地方性公募基金会。非公募体育基金会的资金来源主要是接受特定对象的捐赠资金及资金的增值，不得面向社会公众开展公开募捐活动。

4. 自发性群众体育组织

自发性群众体育组织，是指群众自发成立的，以不同体育兴趣、爱好、目的聚合在一起的群体，开展丰富多样的体育活动，通过学习、练习、竞赛、展示交流等活动，使社会的个体通过体育健身活动凝聚成为最广泛的体育参与群体。

自发性群众体育组织在社会中普遍存在。在我国因对体育社会组织管理采取“双重管理”，造成了自发性群众体育组织难以登记注册成为社团，所以在法律上还没有明确的“身份”。应加快对自发性群众体育组织的指导、管理，积极引导它们发展成为体育社团，更好地发挥它们为社会体育服务的功能。

（三）我国体育社会组织发展概况

新中国成立后，体育社会组织在我国政治、经济、文化和体育发展不同时期经历了不同的历程。

1. 体育社会组织初建期

为了规范社会组织管理体系，提高社会组织的服务效率，1950 年 10 月，政务院颁布了《社会团体登记暂行办法》，紧接着，1951 年 3 月，内务部出台了《社会团体登记暂行办法实施细则》，这为社会组织建设、发展创造了条件。1952 年，我国第一个体育社会组织——中华全国体育总会成立。

新中国建立初期，党和国家领导十分重视国民体质健康，积极鼓励和扶持一些新兴的体育社团，促使体育社团的数量快速上升。但在 1959—1961 年，由于我国经济遭遇非常困境期，体育也受到极其严重的影响。这三年间，没有一个体育社团成立。随着经济逐步好转，体育也得到了发展，仅 1964 年，就有 8 个体育社团成立，占当年所成立社团总数的 40%。

2. 体育社会组织发展遭遇破坏期

1966—1976 年的“文化大革命”严重破坏了我国的经济、文化、教育、体育等的发展。阶级斗争使群众人心惶惶，无心生产，更无心从事体育活动。很多体育行政机构被撤销，体育社会组织被解散，体育几乎丧失其功能。只有偏远地区一些自发性体育群体还在开展体育运动。

3. 体育社会组织恢复发展期

1978 年改革开放为经济发展注入新的动力，也为体育发展赢得了机遇。开放的中国急需竞技体育这个舞台展现自己。1984 年，中共中央下发了《关于进一步发展体育运动的通知》就明确提出要把竞技体育作为我国优先发展战略，同时也提出群众体育的发展要更多地依靠体育社会组织政策导向。1986 年，国家体委制定的《关于体育体制改革的决定（草案）》指出，要改变国家包办体育的现状，实现国家和社会相结合共同促进群众体育事业发展的新局面，把发动全社会办体育作为体育体制改革的指导思想。据统计，截止到 2009 年，中国已有 1788 个全国性社团和 20 多万个地方性社团。体育社团的数量也相应增加。但是受“奥运争光计划”的影响，国家重竞技体育、轻群众体育，使得体育社会组织处于因经费不足和体育行政机构不放权而缺乏自主发展的被动境地。

4. 体育社会组织发展期

1992年，党的“十四大”确立了社会主义市场经济体制的地位。转变政府职能、简政放权是社会主义市场经济发展首要解决的问题。1993年，国家体委在《国家体委关于深化体育改革的意见》中指出:“体育行政部门要转变职能，调整内设结构，实施政事分开，将大量事务性工作交由事业单位和社会团体管理，政府要把工作重点转移到宏观调控上来。同时，要理顺体育行政部门与各类体育社会社团的关系，探索发挥他们作用的途径和方法。”这从政策上为体育社会组织发展提供了良机，体育社会组织的数量不断增加。但由于各种因素的制约，体育社会组织从某种程度上依然依附于各级行政机构。

2013年11月15日，十八届三中全会通过的《中共中央关于全面深化改革若干重大问题的决定》指出:“要正确处理政府与社会的关系，加快管办分离、政社分离、明确政府和社会组织的权责关系，对于社会组织有能力承担的公共服务项目和解决的事项全权交由社会组织负责。同时，引入市场竞争机制，推动公共文化服务社会化发展，鼓励社会力量、社会资本参与到公共文化服务体系建设当中，培养文化非营利组织，激发社会组织投身教育的积极性。”这从国家层面上强调要加强体育社会组织发展，突出体育社会组织的地位，充分调动他们的积极性，更好地为社会体育发展提供更多的服务。

【案例5-2】

同“大提速”背道而驰，火车头体协引领行业体协没落

在新中国体育发展史上，火车头体协占据着举足轻重的地位。1952年成立的火车头体协是中国成立最早的行业体协，隶属于铁道总工会，是铁道部的直接下属单位。起步敢为天下先，火车头体协在为国争光上也诠释了要趁早。1988年11月，火车头体协被联合国教科文组织颁发了“发展体育突出贡献奖”，成为中国第一个荣获该奖的体育组织。然而，火车头体协之所以是影响力最大、知名度最高的行业体协，并非是在职工体育上的成功，而是在竞技体育上的地位。

2013年3月，根据国务院机构改革和职能转变方案，铁道部实行铁路政企分开，将不再保留铁道部。当国务院机构改革掀开盖头后，放眼未来，依托在“铁老大”下的火车头体协又该何去何从呢？新的领导上任后，给了16个职工编制，补充了十几个运动员。从目前的情况来看，即使失去了铁老大这个“亲爹”，火车头体协也没有砸饭碗的危险，但不管是铁道部还是中国铁路总公司，体育都是边缘地带，这意味着十之八九将继续维持“饿不死吃不饱”的状态。

火车头体协不管过去多辉煌、如今怎样困境、未来如何迷茫，都不该“忘本”，最重要的工作是负责320万铁路职工和近100万铁路学校学生及广大职工家属的体育工作，群众体育始终是他们工作的重点和方向。群众体育还是竞技体育，这样的思考绝对会让火车头体协大伤脑筋，或许火车头体协的未来，就是全面转向群体，不然的话，放弃会不舍，存在却尴尬。

资料来源：http://sports.163.com/13/0320/23/8QERU9MU0005/CAQ_2.html。

思考题

1. 社会控制的功能有哪些？
2. 社会控制的形式分几种？区别是什么？
3. 体育在社会控制中的作用有哪些？
4. 体育运动为什么能够抑制社会越轨行为？
5. 简述我国体育社会组织的发展概况。

参考文献

[1][美]布莱克．法律的运作行为[M]．唐越，苏力译．北京：中国政法大学出版社，1994.

[2]波普诺．李强等译．社会学[M]．中国人民大学出版社．1999，208.

[3]秦扬，邹吉忠．试论社会秩序的本质及其问题[J]．西南民族大学学报（人文社科版），2003，24（7）：153-158.

[4]冯文彬．关于开展人民体育的几个问题[J]．新体育，1950,（3）：4.

[5]曾桓辉．新中国成立后推行“劳卫制”的历史研究[J]．体育文化导刊，2005（2）：74-76.

[6]刘宁，刘静民，张威．改革开放以来我国学校体育政策、法规演变脉络之研究[J]．体育科学，2009，29（12）：88-92.

[7]韩勇．体育纪律处罚研究[J]．体育科学，2007，27（4）：84-94.

[8]胡振铎，孙立平．生活教育与终身体育——学习陶行知教育思想的感悟[J]．体育函授通讯，2002,（2）：26.

[9]国际奥林匹克委员会．奥林匹克宪章[M]．北京:奥林匹克出版社，2000.

[10]郑杭生．社会学概论新编[M]．北京：中国人民大学出版社，2003.

[11]约翰·J·麦休尼斯著．社会学[M]．风笑天，等译．北京：中国人民大学出版社，2009：196.

[12]黄亚玲．论中国体育社团——国家与社会关系转变下的体育社团改革[M]．北京：北京体育大学出版社，2004：96.

[13]卢元镇．体育社会学[M]．北京：高等教育出版社，2006. 6：195.

[14]吕树庭，刘德佩．体育社会学[M]．北京：人民体育出版社，2007：186.

大连大学：李冬梅

首都体育学院：马思远

第六章

体育文化

本章提要

一个国家、民族，生生不息的立身、进步之本在于千百年来传承的文化，而体育文化又以其独特的方式丰富着文化的内容。随着体育国际化与体育文化的普及，各民族间体育交流与融合日益加快，中国体育文化仍独树一帜，体现出修身、正心、和平等特色。本章在梳理有关文化观点的基础上，结合教学相关案例，归纳体育文化的内涵、特点以及中外体育文化主要差异并在大文化观指引下对体育文化传承与发展树立正确价值取向。

【案例 6-1】

布勃卡的意念“跳”

布勃卡是举世闻名的奥运会撑杆跳冠军，享有“撑杆跳沙皇”的美誉，曾连续 6 次赢得国际田径联合会世界冠军、1 次赢得奥运会撑杆跳金牌，并且总共打破男子撑竿跳世界纪录 35 次（其中 17 次为室外纪录、18 次为室内纪录）。他是第一位跳过 6. 0 米的运动员，更是唯一跳过 6. 10 米的运动员。

在参加“国家勋章”的授勋典礼上，记者们纷纷提问：“你的成功秘诀是什么?”布勃卡微笑着说：“很简单，每次撑竿跳之前，我先让自己的意念‘跳’过横竿。”

作为一名撑竿跳选手，有一段日子，尽管布勃卡不断尝试新的高度，但每次都以失败告终。他苦恼过、沮丧过，甚至怀疑自己的潜力。有一天，他来到训练场，禁不住摇头对教练说：“我实在跳不过去。”

教练平静地问：“你是怎么想的?”

布勃卡如实回答：“只要踏上起跳线，一看见那根高悬的横竿，心里就害怕。”

教练看着他，突然厉声喝道：“布勃卡，你现在要做的是闭上眼睛，先让你的意念从标竿上‘跳’过去。”

教练的提示，使布勃卡如梦初醒。于是，他重新撑竿。这一次，他顺利地跃身而过。教练欣慰地笑了，语重心长地说：“记住，先将你的意念从标竿上‘跳’过去，你的身体就一定会跟着过去。”

从以上的案例中不难看出，布勃卡一开始是败于心理，这种心理源自教学或训练过程自始至终贯穿着的阻力和助力。前者体现在过程中能量的衰减，也就是摇摆不定、进退维谷的人格特质或行为模式；后者则是不断能力加持过程，使之得以正向发生，以掌控式的延续，最终达到目标，可以说是体育文化产生张力的效果，即战胜自我才能步步提高，同时也要不断扔掉摇摆不定、前后不一与自相矛盾等心理包袱。诚然，如果教练仅凭热情，不顾布勃卡的气力、体格、技巧等让他去跳，那么他不仅跳不到预定的高度，还极有可能造成受伤等后果。

资料来源：http://flysjw.610g.163.com/blog/static/4217475520091059821498/。

第一节　体育文化内涵与特征

一、文化含义、结构与本质

（一）文化含义

1. 学术界主要观点

“文化”一词很难进行精确定义。现代的“文化”词义，大约在19世纪之后才逐渐定型。

由于学科以及判断标准等不同，国内学术界对“文化”一词有多种界定。《辞海》解释为：“从广义上是指人类社会实践过程所创造的物质财富和精神财富的总和。从狭义来说，指社会的意识形态，以及与之相适应的制度和组织机构。”这是从宏观到中观的角度解释文化的含义。庞朴主张是“人的本质的展现与成因”；周谷城认为，文化都是从解决衣食住行问题开始的，人类解决衣食住行的过程，是科学发展的过程，也是文化发展的过程。这些观点更注重满足个体需要以及科学追求探索文化内涵。

还有学者从“文”与“化”字义上进行探讨。例如，杜光从字的本义分析，“文”是古人在自己胸前画上花纹图形，使自己更美，称之为“文”。但是随着社会生产的发展，人脑力的发达，抽象思维能力不断提高，“文”字所涵盖的意义就不断扩大，即从具体到抽象，从物质到精神，从特殊到普遍。“化”就是变易，《周易・系词》认为，“化而裁之谓之变。”反映事物的动态过程，即由一种形态或性质转变为另一种形态或性质，如科学化是由不科学向科学转化。这种观点揭示出文化的本义与引申过程，有助于更深入认识文化的内涵。

国外有关文化的界定。文化最早指培养、种植、栽培或耕种，后引申为文雅、修养、高尚的含义。《牛津现代词典》将文化解释为：“人类能力的高度发展，借训练与经验而促成的身心的发展、锻炼、修养。或说人类社会智力发展的证据、文明，如艺术、科学等。”这种观点从人类后天训练得到的能力与智力发挥来解释文化的引申含义。

法国启蒙思想家卢梭则着重于习以为俗的生活方式来探讨对人的影响。他主张，文化是风俗、习惯，特别是舆论。其特点表现在，缓慢诞生，铭刻在人们的内心，每天都在获得新生力量并取代权威力量。此外还能维持人们的法律意识，激活疲软的法律或消亡的法律。

20世纪50年代对文化又有新的界定。例如，1952年美国学者克罗（A. L. Kroeber）和克拉克洪（CIyde kluck-hohn）在《文化：概念和定义的批评考察》一书中指出："文化由外显的和内隐的思维和行为模式构成；这种行为模式通过象征符号而获致和传递；它代表了人类群体的显著成就，包括他们在人造器物中的体现；其核心部分是传统的（即历史的获得和选择的）观念，尤其是它们所带来的价值；文化体系一方面可以看作活动的产物，另一方面则是进一步活动的决定因素。"这个定义将文化分为两个部分，一是内在的价值观，二是外显的和内隐的行为和思维模式。将文化看作成套的行为系统，其核心则是由一套传统观念，尤其是价值系统所构成。无疑，文化体现出整体性与历史性。这个定义，被大部分后来的学者所接受。而彼尔斯泰（1974）将其归纳为社会成员后天获得的所有认知，它是一整套复杂体系，包括想什么、如何想、如何做等。可见，后天的认知过程是文化表现的观点更容易被人理解，但文化的复杂性，需要我们不能以简单对其复杂体系断章取义以及褊狭武断推理，而是要以开放的态度探求其精神根源。

社会学的文化（Culture）概念是指某一民族或其他群体所具有的生活方式，是赋予一个社会以特色的，长期凝结和传承下来的思考和行为的方式及其结果。从这个界定中不难看出，每一个民族都有自己的独特文化，即文化还体现出个性与具体性的特点。

综上所述，可以看出，文化是一个抽象性的概念，广义文化包括政治、经济、艺术以及宗教等，它是人类历史的总和；狭义文化是指一个人、群体或民族受其历史、典章、制度、文物以及思想根源与演化所形成的自觉、约束、善良以及修养等精神。可见，文化体现在它是一个相对独立的生活领域，并与上述领域相适应，既能影响其他领域，又受到其他领域影响。

由于各民族文化并非产生一源，因此，文化还体现出独特性与多元性。学习文化从一般文化通性前提上，尊重每一文化个性，这种有生命力个性表现在绝大多数个人的思想、行为之中，为交流与借鉴创造条件。

一种文化的形成往往要经过漫长历史过程，其个性也体现在一个群体稳定的心理和行为的社会生活中，同时更对一个国家或地区整个民族生活方式、制度以及精神等产生更为广泛与深重的影响。它与政治、经济等经常变动性相比，文化的这种个性也表现为恒常性。

文化是一个民族存在和延续的基础。人类历史表明，如果文化不存在，该民族也就成为无源之水、无本之木。可见，文化传承延续了民族血脉，文化创新影响着社会的变革。诚然，文化又因历史悠久必然沉积渣滓，应去其糟粕，取其精华，发掘历史活源。

2. 文化对人的影响

人类不同于其他动物，除了活着之外，还要追求某种目标与价值，获得自我肯定与生命的意义。因此，必须要进入所形成的社会。同时，通过自我表达与行为，受到其他人的见证，得到相应评价，以此给人留下印象，达到实现自我的目的。正是这种区别于其他动物的“文化”含义，对环境产生良好影响，特别有助于对价值观、行为规范、个人修养、符号象征以及科学技术等认知与掌握。这些都根植于民族文化之中。

价值观体现在特定文化影响人生目标，例如，上大学是为了追求物质利益、享受等，还是为了塑造自我认同感、自信心、不畏失败百折不挠的精神和勇气，并具有创造力和成就感等，这些都与个体文化修养有关。

行为规范则告诉人们有所为有所不为，例如，法治社会的文化背景下，要求人们遵守法律法规以及一切规章制度，既可以指点自己，也可以影响他人，实现将个人良好的文化修养转化为习惯性的行为等。

符号象征，就是特定的文化有助于向人们表明，同一种符号象征对个人以及个人所处的社会环境代表一层含义，而对另一个社会背景下的另一个人却有可能代表另一种完全不同的含义。例如，红白两种颜色对汉族人来说，往往代表家中喜事或丧事。而对基督教来说，白色象征着纯洁与爱情，结婚仪式戴白花，婚纱也要穿白色的。这样的符号储存在人的无意识深处，约定俗成并左右一个地区人们的生活方式，形成文化的多样性。

郑杭生认为，社会成员一言一行无不体现着特定的文化特征，文化也无处不在地控制着社会成员的价值观念和行为方式。因此，注重文化的学习可以树立正确的价值取向、思维方式、心灵向往以及行为规范等。无疑，这些文化素养深深根植于民族文化之中。被称之为“现代经济学之父”的亚当·斯密不仅著述《国富论》，更主张社会实践要讲究《道德情操论》。这表明，要先做“文化人”再成为“经济人”，如此文化才能化为一种力量与财富。

美国学者塞缪尔·亨廷顿曾说：“对一个国家来说，21 世纪的竞争不再是经济的竞争、军事的竞争，而是文化的竞争。当知识经济向我们逼近时，运用文化资本增强竞争力、提高附加值则是每个企业家必须认真思考的战略问题。”在他看来，文化在当今世界中是步入现代社会的必要途径。可见，文化的地位与作用在社会发展中越发凸显出来，并启示着人们要重新思索文化的价值。特别是年青一代更要肩负起文化传承的时代使命，因为他们所秉持的传统价值观、独立思考性和社会影响力，无疑是推动社会发展、进步的生力军。

（二）文化结构与本质

1. 文化结构

人类是按照不同的地域组成一定的社会结构创造着文化，而文化结构又是分析文化现象最基本的工具之一，因为一个群体文化结构的状况直接体现了人际关系的状况，既构成了文明程度的基础，又构成文化上矛盾与冲突的原因。学术界大多从文化构成要素按其内在逻辑规定进行分析，以求对其有更加深入的认识。

庞朴将文化分为外层、中层与核心层。外层是物的部分，不是任何未经人力作用的自然物，是“第二自然”或对象化了的劳动；中层是心物结合部分，包括隐藏在外层物质里的人的思想感情和意志，如机器的原理、雕像的意蕴之类；不曾或不需体现为外层物质里的人的精神产品，如科学猜想、数学构造、社会理论、宗教神话之类；人类精神产品之非物质形式的对象化，如教育制度、政治组织之类。核心层是心的部分，包括价值观念、思维方式、审美趣味、道德情操、宗教情绪、民族性格等。按照刘光明的分析，他将文化分为物质、行为、制度与精神四个层面，即物质文化、行为文化、制度文化和精神文化，并做了分析（图 6–1）。

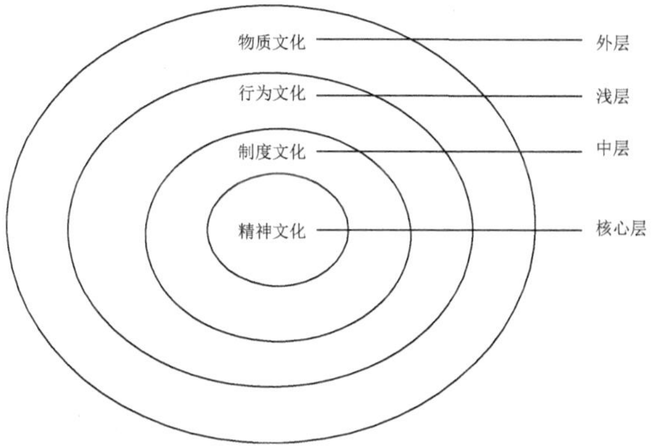

图6-1　文化结构示意图

资料来源：刘光明.《企业文化》（第三版）[M]，北京：经济管理出版社 2002，151。

刘光明认为，文化物质层，即一般有实体的物质与设施等构成的器物要件，如装饰、设计以及造型等。文化行为层是某一群体在生活、学习或工作中产生的活动文化。包括教育宣传、人际关系活动、文体娱乐活动中产生的文化现象。它是该人群的精神面貌、作风、人际关系的动态表现，也是价值观的折射。具体包括先进人物行为和群体行为。先进人物是价值观的“人格化”，是群体的榜样，在各自岗位上做出突出贡献。文化制度层主要包括领导体制、组织机构与管理制度三个方面，而精神文化是一种更深层次的文化现象在整个文化系统中处于核心地位。它是在生活、工作或学习中，受一定的社会文化背景、意识形态影响而长期形成的一种精神成果和文化观念，包括道德、价值观、风貌等，是人意识形态的总和，也是物质文化、行为文化的升华。在这个文化同心圆结构中，物质层外延最大内涵最小，行为层次之，而精神层外延最小内涵则最大。可见，文化表现形式与深度有所不同，在不同人与群体中有不同的反映，导致各结构要素的非同步性，也体现出文化复杂性与多样性。一般来说，为了保持文化的整体性，各结构要素大致上相互作用、相互促进与相互吻合。

2. 文化本质

人类社会区别于动物群体的一个显著特征就在于，通过文化超越个体的本能，并以文化的内化（教育等），来实现自我与所在群体的价值，进而推动社会进步，避免仅仅围绕着衣食住行等陷入动物本能的状态。因此，古今中外的任何社会都非常重视文化教育和普及，以此提升人们的思想境界。可见，文化的本质就是要塑造个体与群体完美的人格，在各个领域体现出更强的创造性与创新性，使社会生活更趋合理、更趋完善。

二、文化特征与社会

（一）文化特征

人是社会的存在物，人要在社会中生活，就必须遵循社会组织为了维持一定的社会秩序而建立的各种社会规范，其中社会责任感是最普遍、最广泛、渗透性最强的社会规范。个体的人之所以遵守社会规范，进行道德选择，是出于自身和社会生存与发展的需要。一个人能否得到社会和他人认同和赞许的关键，则在于是否有道德与美德。文化则是培养人道德品质和美德的一个重要手段，也是满足人类生存和发展的客观需要。社会要和谐与进步，就必须有共同的价值目标和行为规范，并要求全体社会成员共同去维护和遵守，这就要求人们有更高的文化修养。

郑杭生从社会学的角度分析社会对人们的三种控制手段：组织的、制度的和文化的手段。其中文化控制手段包含舆论、信仰、价值观念、风俗习惯、社会评价等，其特征体现在以下三个方面。

首先体现在非钢性，即靠人们的自觉遵守。文化制约着社会成员的价值观念和行为方式，是无形的难以察觉到的，但确实存在。每一个社会成员都处于一定的文化氛围之中。为了成为这一文化氛围的合格成员，必须学会如何待人接物，明白哪些言语是符合规范的，如何判断真善美与假丑恶。其次是广泛性。文化正如空气一样，虽看不见、摸不到，但却影响社会环境与每个人，它不仅是广泛的，还是积极的。即通过社会化，把社会规范内化为人主观信念、价值观、需求与良心；正确地进行奖赏，来引导人社会行为取向等。实际上，文化配合“硬控制”，意味着通过习惯、信仰与道德等信念的内在力，对个人和社会组织行为进行约束，从而达到保持社会秩序与稳定发展的目的。这两种特征不仅可以规范人的行为，更重要的是还能反映着人的内心世界，是一种内在的自律。

除此之外，我们认为，文化还具有互惠信任性。肯尼斯·纽顿的研究表明，通过互惠和信任的文化氛围，能把个人从缺乏社会良心和社会责任感的、自利的和自我中心主义的算计者，转变成为具有共同利益、对社会关系有共同假设的共同体的一员，从而构成了将社会聚合在一起的粘合剂。因此，文化的这种互惠信任性更强调人们互惠合作关系以及进行社会合作的可能性。正由于互惠互利、分享共同的利益，避免了群体内部恶性的争斗和制度上的等级化，增强了社会的凝聚力，为各种社会活动和社会合作提供了平台，并构成了社会活动的基础。

（二）文化与社会

文化因社会的存在而存在，并靠社会来承载，既不能游离于社会而存在，同时又是社会构成的一个要素。余英时认为，社会有三大重要因素：第一个是文化因素，即共同的语言、文字、价值、生活标准、生活习惯甚至饮食习惯，文化因此承继下来；其次才是经济因素和政治因素。在他看来，文化在社会中的重要性要高于政治与经济。

任何文化的传承，都会依赖包括各种民俗活动在内的文化符号，这些符号可能会因为时间长而变得丰富起来。同时，也促使人们思考这些符号背后的文化意义。例如，清明节的内涵非常丰富，除了扫墓外，还有踏青、插柳、荡秋千、放风筝等多种民俗活动。

没有社会，就没有文化。对一个社会来说，没有共同的文化，一个社会也将无法存在。但是文化与社会还是有区别的。

人类是唯一的具有文化的动物，但并不是唯一的社会性动物。大猩猩等也都以社会群体的形式共同生活，表现出某种交流和往来，虽然存在一定的劳动分工，但它们所依赖的不是文化，而是本能，即一种受遗传因素控制的与生俱来的行为模式。与此相反，人类的行为模式不但依赖于遗传，还依赖于靠后天的学习所习得的文化，即《三字经》所说的“性相近，习相远”。可见，文化是人类社会与动物群体的本质区别。

人类的行为深受生长在其中文化的影响，它具有将生物人塑造成为社会人的功能，是促进人社会化的一种重要手段。对群体来说，它同时又具有整合社会的功能，各种文化因素和文化装置都共同维系着社会团结。

三、体育文化内涵

（一）体育文化的概念

对体育文化的概念，学术界也有不同的界定。卢元镇认为，体育文化是关于人类体育运动的物质、制度、行为与精神文化的总和。大体包括体育认识、体育情感、体育价值、体育理想、体育道德、体育制度和体育的物质条件等。他主张，体育社会学的体育文化，应注重讨论体育社会制度、社会意识、价值观念、社会结构、社会控制与社会群体等问题。这种观点从文化的四个层面揭示体育文化的含义。由于强调规范自身日常生活的一切行为方式，并通过后天获得的认知形成的道德修养与教育程度，还缺乏从体育的社会功能上进行界定。

吕树庭等则从文化哲学的高度将体育文化分为“人”创造的身体文化、是“社会化”的一部分以及具有“意识性”，即人们在社会实践活动中所形成的体育活动方式、所创造的体育物质产品和体育精神产品上，体现出来的人的创造能力和智慧的总和。这种观点主要从外延方面说明体育文化的含义。

易剑东在《体育文化学》一书中表述为：“体育文化是一种利用身体活动以改善人类身体素质、追求精神自由的实践活动”，该观点强调其整体作用的发挥，更体现在它是一个动态、开放过程，正如作者分析，这种过程“以道德和极力克服懦怯、乖巧、卑劣等缺乏竞争能力的心态，从而纠正人类文化心理结构中的倾斜和不平衡状态。”这将体育文化升华到是体育群体心灵活动的结晶的高度。不过，学术界对体育文化的界定大都沿用文化的界定。体育社会学对体育文化界定应体现在以下几个方面。

第一，由于文化是后天获得的，并非先天具有的，因此，人体本能性的攀爬走动等不属于体育文化现象。

第二，体育文化意义和价值在于：通过体育健身等运动使人类自我个体生理、心理环境与群体生理、心理环境不断得到改善，从而创造和赋予新的生命意义与价值。

第三，体育文化是在体育领域被社会成员认同，并亲身参与的社会现象，更加强调人的育人行为与精神。

第四，由于文化具有符号传递以及民族地域等特点，体育文化在符号标识、沟通以及地域等方面有其独特性，担负着有助于文化不断进步的使命。

可见，广义的体育文化是指社会成员通过体育行为规范自身日常的一切行为方式，提高文化修养，并有助于社会化一切活动。狭义的体育文化是指一个人通过健身、赛事等运动培养诚实守法、尊重他人与人为善一系列的行为过程及其结果。体育文化是文化的一部分，透过体育文化便可以看出一个群体、个人与民族的文化素质。

（二）体育文化的构成

一种文化通常会通过不同的表现形式展现出来，并在其民族与社会发展中创造出各种样式，例如，宗教文化、科学文化以及体育文化等对社会生活产生影响。

体育文化作为文化下的亚文化，其形式、内容等在体育群体中有特定的表现。具体地说，它是体育群体生活方式的一种表白，由内心流露而出的，每一体育群体都有其体育的信念、价值判断以及道德等，这才是体育文化的核心，并且是自生、自主的。

学术界更多沿用文化结构探讨体育文化结构，即从行为、制度与精神等层面研究，虽有合理性，但难免被框架在一定的范围内，如果从与其他领域的协调发展上看，则往往受到较大的限制。本教材从体育社会视角与体育文化系统本身运行状态上进行考察，探讨其构成或许更易于理解不同领域群体体育文化的多样性、差异性以及传承必要性等问题。

宏观体育文化与微观体育文化。体育文化构成体现在全局与局部、主流与支流的关系。前者如社会体育文化、竞技体育文化以及学校体育文化等；后者如社区体育文化、乡村体育文化以及部落体育文化等。

民族体育文化与国际体育文化。这两种体育文化价值观，主要指无种族与国别之分。分为两种情形，一是体育文化的中心主义，即以自己熟悉的体育文化为标准，衡量其他体育文化的优劣，符合自己就认可，反之就不好。二是随着国际交往的不断增多，体育的国际价值观逐渐渗透与融合，无论是体育文化趋同，还是体育文化冲突，只要自愿选择，没有外在强迫与压制就应得到宽容对待。体育文化趋同与文化冲突体现在不同体育文化现象上，如体育修养、体育规范、体育符号象征（名次与利益）与体育活动等高科技科应用等是体育文化构成的具体表现。

体现在继承民族体育文化的精华，不断创新的过程。同文化发展过程一样，各种体育文化都在吸收新养料，这些新养料又必须经过体育群体的消化吸收后促进其生长，并达到繁荣，如冰上太极运动等。

（三）体育文化的本质

文化本质决定体育文化的本质。体育群体不仅具有相同运动素质、生活方式、信仰、法规、习惯等，还有作为社会成员所获得的“本我、自我与超我”的能力与习惯。因此，体育社会学下体育文化本质体现在，通过体育运动塑造个体与群体身心健康、促进技战术提高与完美人格的形成。简言之，这样的人既有体育运动之大勇，亦有体育文化之大智。

（四）体育文化的社会性

体现在工具性。在社会秩序、环境等外在条件遭到破坏的状态下，个人的身心抵抗成本与经济生活等过高，如果组成体育群体、体育社团等对重建社会秩序，减少冲突，协调某种专项体育活动，就可以实现分散的个体所无法达到的效率。如城市文化下的社区体育、农村文化下的农村体育以及企业文化下的职工体育等。

体现在目的性。也就是满足人对体育生活方式的需求。人是天生的社会动物，体育生活方式是体育社会成员生活必不可少的一部分。这些社会群体在日常体育行为中，既遵守体育规则，形成守法意识与习惯等，又不断提升文化修养与道德水平。

丰富文化资本内容。文化资本既包括从教育与人生经历中所学到的技巧与能力，也包含态度、期望值和自信心（Bowles and Jenson，2001；Wikipedia，2005）。还有学者认为，它可以影响到人对体育的看法，而体育参与也为增加文化资本提供机会。例如，大学生可以将体育看作是锻炼身体、增加信心的有效方法，也可以将其看作是加入某一社会群体的有效途径，还可以通过体育学会制订目标、学会自律、提高修养等，更好地度过学校生活，为形成“终生体育”的意识与习惯奠定基础。

可见，体育文化的工具性、目的性，不仅利于丰富文化内容，也利于个人在社会实践中把握特征、发挥优势，转化为良好的社会行为。

四、体育文化特征

体育文化作为文化的一个领域，除了有文化的非刚性、广泛性与互惠信任性特征，主要体现以下几个特征。

（一）符号传递性

符号论是美国社会学家乔治·米德提出来的。他认为，人对外部世界的适应是通过符号化的沟通过程实现的。体育文化符号不仅体现在体育项目技战术上，更重要的是，通过参与，有助于形成正确的认知、情感、意向和认知观念、评价观念与价值观念等文化修养，并总是与一定的符号相联系，代表着一定的健身群体、比赛群体等的观点与意向，反映其利益与要求。例如，在竞技体育比赛中，人们不仅通过服装、技战术等可视符号对运动员的表现进行评价，而且透过这些符号可以窥见运动员的比赛动机、风格与精神面貌，还可以对该队的包括赛事观念、意识、道德、心理等在内的整体价值意识进行评价。

体育文化这一符号，有助于社会塑造良好的精神风貌和道德风尚，有助于体育组织的建构与延续，更有利于个人发展、进步与追求完美。

（二）体系性

体育文化通过体育群体的社会实践（健身、比赛等）实现特定的目标，如提高健康水平、争取名次等。体育群体等不仅需要有运动素质，更要有共同的体育兴趣与爱好，否则就难以形成组织。同时，体育群体等也要有自己独到的生活方式、体育习惯等，自成体系，最终形成体育人口或具有观赏性的体育群体，如比赛现场的拉拉队以及粉丝团等。当然，每一个体育群体都可以划分子系统，每个子系统又有自己的目标体系与边界。与此同时，体育文化的体系性又不是孤立于其他社会现象之外的，它也不断地与其他领域进行物质与信息交流，反映体育领域运行状况。如果体育文化出现失衡，就容易导致体育社会问题。

体育文化需要以动态、发展的眼光去观察和分析。它与文化以及其他社会领域有密切的联系，既需要政治、经济等其他社会环境为其提供必要的支持，又必须为这些领域提供服务。

（三）地域性、民族性

体育文化是体育群体在体育实践中，通过刻苦学习训练和社会传递获得的，具有地域性的特征。一方面，体育文化也是在体育实践中产生，通过历代传递而被体育群体接受所形成的习俗。另一方面，各国因历史背景、地理环境、民族性格以及生活习惯等不同，所表现出来的各种体育文化也具有的不同特质或特色，形成一种特有的模式。例如，我国的太极拳、武术等项目更强调通过外练“筋骨皮”达到内练“精气神”的境界。这样就强调在学习训练中向内的精神磨练，即修身养性。而国外的体操等项目则以运动技术为中心，主张外部技术的完善，一味地追求剧烈运动时人体处于激烈状态，并向着“更高、更快、更强”的境界发展。

（四）时代性

体育文化是体育群体在长期学习、训练中知识、经验、信仰以及道德等的积淀，是通过长期创造、延续、继承创造出来的。因此，不同时代的体育文化有着不同的重点与特性。例如，封建专制时代的体育文化是尚权威、重服从，资产阶级革命时代的体育文化是讲人权、尚实效、重法治，社会主义时代的体育文化则是重科学、为大众、讲服务。诚然，体育文化也随着时代的发展、社会的变迁而发生变化，其发展也是从历史流传下来的文化遗产中汲取技战术与思想的养分，受到传统文化与风俗的影响，同时也不断吸收与借鉴其他民族的优秀文化成分，因此，体育文化也具有更强的时代印记。

第二节　国外体育文化

一、国外文化的主要特征

文化是一个民族稳定的心理和行为模式，其形成往往要经过漫长的历史过程，并包涵着非常复杂的历史成分。从地域上一般将文化分为东方文化与西方文化，而国外文化一般指来自希腊、罗马古典文明的“文艺复兴”、宗教改革、地理大发现、重商主义国策和商业资本主义的大发展、启蒙运动等西方文化。以下从几个层面简要分析国外文化。

（一）重于分析，善于细节

国外文化侧重于对事物进行分析的方法与延展的逻辑，更精于事物在小尺度方面的细节，体现在做事方面的有效性与效率。例如，西方医学体现出把人体划分为内、外、五官科等进行研究，体现一种“专”，即“术业有专攻”的思维方式。

但这种“外分”的过程极容易导致人体不断丢失“质性”。例如，经络被现代科学研究证实存在，但对于无生命特征的人体却消失了，但这种“质性”却客观地存在。

其他领域如教育学、社会学等也被分科与分工，对其进行研究。因为“分”，所以才能够更深入、更有效，但同样导致人体不断丢失“质性”。可见，擅长将事物划分为细节进行分析，是近代实证科学产生于西方的主要原因。

（二）重视群体性管理

国外文化中人的“社会性”是保护关于物质个体之间相互关系的外部形式，比较注重固化的形式。当群体依赖组织表面形式之时，或组织结构依靠于某种制度约束之时，不再依靠“精神”层面的凝聚力，而是依靠制度进行约束。在这种文化看来，制度是中性的，人是负性的，所以制度高于人。例如，20世纪以来，泰勒提出的科学管理在美国和欧洲大受欢迎。第二次世界大战后在此基础上提出的“管理丛”思想，对促进生产力的发展确实发挥着极大推动作用。

（三）注重定义，有利于学术沟通

在理解事物的概念、含义时，国外文化通常以“定义”的方式进行认知，其优点是逻辑严谨，因此，在学术理论中沟通性技巧也更为出色。例如，近代数学与物理学等成果，力图了解自然现象进而改造自然，最终出现以物理量的变化为表现形式和以物理量为确定成果的标准。再如“班级授课制”，一位教师可以对百名学生进行教育，以体现将表面事物之理“说得清”，表现着一种学术知识的沟通渠道，但也存在弊端：会制约人的思想发展与变化，特别是当人的认识需要发生飞跃式发展时，使原有的定义成为认知进一步发展的障碍。

（四）竞争性与工具性更趋明显

国外文化中实证科学是一种典型的“眼见为实”，即以外为实，以阳为实，以显为实，重视结果。所谓竞争就是一争高下，也就是如何去争、去赢。它强调在“得”而不在“失”。所以体现出“更快、更高、更强”的“争的制度”，工具色彩更为明显。例如，近代以来随着科学技术的不断进步，一些西方国家凭借其武力等不断对外殖民扩张，同时，彼此之间也常常发动战争来满足其掠夺的野心。

综上所述，国外文化着重于对事物“形”的研究和论述中的逻辑推导；由事物的外在表现探索事物的本质，有更强的反思和自我批判能力，无疑在科学技术以及丰富人类社会物质生活上取得了飞速的发展。但“系统论”原理也表明：“系统大于部分的简单机械之和”，即系统的某些属性只有系统存在的时候才会具有，当系统被分解为一堆要素的时候，系统的某些属性就不再存在，条块分割的管理也容易造成“各自为政”的弊端。例如，奥匈帝国的分裂不仅产生不同的国家，也导致欧洲成为第一次世界大战的策源地。同时，注重外在的工具性竞争易于导致以力压人的外向型扩张心理。

二、国外体育文化主要特点

（一）强调技能式的竞争

西方文明发源于古希腊，陶冶了希腊民族冒险、竞争，敢于同自然搏斗以及崇拜英雄和力量的性情，因此竞技运动成为其生活的一部分，用以培养竞争意识，与培养武士、运动员以及为了赢得战争的胜利来使公民具有强健体魄的教育紧密结合。其体育文化更注重在对技术技能动作完善上的“比”，从而演变为一种“竞争关系”，这从古希腊的“奥林匹克精神”开始萌芽，于是提出“更快、更高、更强”的“比赛精神”，一直延续到今天。

（二）讲究消耗式的外在效果

国外体育文化的“调身”“调息”“调心”也具有独特性。“调身”是体育锻炼的主要内容，呼吸的调整对于体育锻炼很重要，像长跑运动员必须使呼吸与步伐相协调一样。正确的呼吸方法是“调身”达到完美状态的保证。体育锻炼也很重视心理状态的影响，几乎所有的西方体育项目的竞技成绩都与参赛者心理稳定性有关，只是影响的程度不同，如射击、射箭等项目，其情绪的任何波动都对成绩带来极大影响。大众体育中也讲究消耗型的有氧运动式的健身，即通过身体的“消耗”，加快新陈代谢，追求一种外在的效果（具体分析见第三节“中外体育文比较”）。

诚然，第二次世界大战之后，各国也不断地重视通过体育来培养人的道德观。年轻人参与体育活动这一平台，能够区别可接受的与不可接受的态度与行为。例如，美国的科罗多拉州，制订出高中运动员在体育道德行为方面的价值观。

尊重自己	尊重他人
有自尊心	有团队精神
守纪律	忠　诚
勇　敢	有同情心
有责任心	能包容人
诚实正直	有礼貌
有职业道德	公平比赛
自　豪	刚正不阿
冷静沉稳	谦　卑

可见，这些国家通过以上价值观念的建立，即在较强的反思和自我批判能力传统文化基础上，重视良好体育社会行为，从而丰富体育文化内涵。

【知识链接 6-1】

当代大学生体育价值观的特点

对西方体育文化持开放态度。人们不同的思维方式和对社会的认识，都离不开社会和自然环境等因素的影响。由于这些因素的存在，人们在价值观方面也产生了分歧。在体育方面，改革开放和外国文化的引入给当代大学生带来了新的文化氛围。国外体育文化注重寻求视觉享受和感官刺激，这给当代大学生群体的体育价值观的确立带来了冲击。他们对体育运动方式和对体育的参与认识发生变化，多数人乐于接受彰显个性、看起来更漂亮或更具有挑战性的运动项目。他们看重的是所谓运动带来的“酷”的感觉。他们喜欢新颖的运动项目，例如，带有危险性、刺激性的极限运动——跑酷。当代大学生群体在学习这些新颖体育项目的过程中，表现出较强的接受能力，但他们对所学项目的功能作用、文化涵义都没有正确的认识，大多仅关注表面现象，没有从本质上去认识体育给自身带来的健康价值。他们表现出一种相对不成熟的开放性。

在体育参与中，过多的是展现自我，带有明显的功利性和短期性的色彩。他们很少意识到团队精神，忽视体育具有的团结合作、人际关系、社会适应能力等价值。

资料来源：王文成，于海强.当代大学生体育价值观探析[J].《体育文化导刊》，2011（7）：7。

第三节　中国传统体育文化

一、中国传统文化主要特征

中国历史悠久，疆域辽阔，朝代更替，风俗各异，能把中国人维系在一起，并成为一个国家的纽带，显然不仅仅是经常变动的地域疆土和朝代政权，更重要的是文化和传统。几千年来，中国人祭奠共同的祖先，使用同样的文字，学习相同的典籍，在西方人的眼里，这里曾经是礼仪之邦。《春秋·左传正义》说：中国礼仪之大，故称夏；有服章之美，谓之华。在以后的民族融合的过程中，炎黄子孙走过了一朝又一代，并于幕启幕落中，每一朝都为后人留下自己创造和带来的文化，从而构成了灿烂多彩的中国文化。这才是中国之本、中华之根。本节选几个视角简要分析中国传统文化。

（一）尊重事物整体性

讲究事物整体的“合一论”，如“知行合一”“天人合一”“身心合一”等。这种将物质与精神融为一体，即常说的“道”与“器、术等”的包容性关系。这种关系在水平维度上是一种平面的“同心圆”结构，但在思维上体现的是立体的“上下关系”。例如，中医是建立在阴阳的基础上开方配药的“化外为内”的思维方式，入内而不破坏事物本身，因此就无需将人体“拆分”为内科、外科等，从而尊重人体的“完整性”。这种方法不会造成人体“系统属性”信息的丢失，但“整体观点则难免有流于独断的危险，思想训练不够严格的人尤其喜欢用‘一言以蔽之’方式武断为中国文化定性”。这种重视天人协调，即人与自然、社会与自然和谐的整体性认知，正是中国古代传统优秀文化的表现。

（二）人性的表现高于制度

余英时在《从价值系统看中国文化的现代意义》一文中认为，由于传统文化讲究“礼”或人伦秩序，这就要求进一步照顾到具体的人。这一形态的个人主义使人不能适应严格纪律的控制，不习惯集体生活。中国传统文化关注人如何提升人的正能量，即强调“由外向内”的“修”。这是提升自己的过程，对应于“修身”的范畴，属于个体精神的范畴，这是一种追求“出世”态度，既可以影响到其他人，也是一种社会人的属性；如果上升到“治国、平天下”的层面，则表现为关注群体性的社会人属性。一般而言，如果这种人性属于“正能量”，那么人当然要高于“中性”的制度。如果人性出现“负能量”，那么“人性”高于“制度”就难以成立。

（三）通常以“比象”认知事物

被称之为文化源头的易学讲究“变化”，是一种“变化之学”，即认识事物通常用“比象”法。这种方法不给事物下“定义”，把事务看似“具象”、具体的某个事物去代替某种“抽象”的事物属性。它的最大特点是不受人认知水平的局限。例如，五行的金木水火土既“抽象”又“具象”，具有两重属性；太极拳的“白鹤亮翅”“野马分鬃”等均不受认知水平的局限，也不会限制人们认知在今后的进一步提升与发展。由于这种动态思维模式，表现在组织形式上更倾向于一种“动态结盟论”，例如，《战国策》实际上充满的就是先秦战国时期各种合纵连横的智慧甚至各种计策等。

应当指出的是，由于中国传统文化讲究“天人合一”，只有人对“天”的沟通，而缺少“天”对人的沟通，客观上造成传统文化中不擅长于人与人之间“水平”沟通。显然，这与国外文化“稳定组织论”明显不同。

（四）修身养性纳入“道”的范畴

老子以“道”为宇宙本体，也是万物之根源，认为：“道生一，一生二，二生三，三生万物”，同时还具有“独立不改，周行而不殆”的永恒意义。人为自然万物之一，必须遵守自然法则。可见，“道”在中国文化中是一个较为独特的概念，正如管子所云：“道在天地间也，其大无外，其小无内。”《黄帝内经》最早提出并全面阐述“医道”，朱丹溪谓：“《素问》，载道之书也，词简而义深。”

“道”就是选择走哪一条路的意思。道，首要之路，心灵的选择。在“合一论”认识中，道与行是不可分割的，道行就是行于道。道所代表的是大方向的思维，关注于事物发展主流、大尺度，不入细，不以“量性”来鉴别，并且还要与“始于足下”相结合。因为有其道，必生其物，有其物，必有其象，有其象，必有其理。它不仅体现“有形”的东西，更暗示“无形”的意识与观念，我国传统文化主要特征之一就是在“道”上进行“养”，本质上是一种养生文化。

仅从以上几个特征来看，中国文化极其丰富，其精神是人内心情感的真实流露，由此而触及生命的真实、可贵以及建设生命的价值与意义。当然，中国文化有几千年的历史也有沉积渣滓，如在自然观上存在天命论、历史上有宿命论、人生观的定命论等。同时也“遭受过破坏，但其主体和精华仍是我们的安身立命之本。更要深入研究、传承传统文化的精髓。总之，中国传统文化的本质体现在道德之下的仁义礼智信中，即崇尚道法自然、天人合一、中庸和平、知行合一以及笃于修德等精神。

【知识链接 6–2】

实现中华文化创新性发展

文化是民族生存和发展的重要力量。人类社会每一次跃进，人类文明每一次升华，无不伴随着文化的历史性进步。中华民族有着5000多年的文明史，近代以前，中国一直是世界强国之一。在几千年的历史流变中，中华民族从来不是一帆风顺的，遇到了无数艰难困苦，但我们都挺过来、走过来了，其中一个很重要的原因就是，世世代代的中华儿女培育和发展了独具特色、博大精深的中华文化，为中华民族克服困难、生生不息提供了强大的精神支撑。我们的先人早就认识到

“远人不服，则修文德以来之”的道理。阐释中华民族禀赋、中华民族特点、中华民族精神，以德服人、以文化育人是其中很重要的一个方面。

中华民族在长期实践中培育和形成了独特的思想理念和道德规范，有崇仁爱、重民本、守诚信、讲辩证、尚和合、求大同等思想，有自强不息、敬业乐群、扶正扬善、扶危济困、见义勇为、孝老爱亲等传统美德。中华优秀传统文化中很多思想理念和道德规范，不论过去还是现在，都有其永不褪色的价值。我们要结合新的时代条件传承和弘扬中华优秀传统文化，传承和弘扬中华美学精神。中华美学讲求托物言志、寓理于情，讲求言简意赅、凝练节制，讲求形神兼备、意境深远，强调知、情、意、行相统一。我们要坚守中华文化立场、传承中华文化基因，展现中华审美风范。

历史和现实都证明，中华民族有着强大的文化创造力。每到重大历史关头，文化都能感国运之变化、立时代之潮头、发时代之先声，为亿万人民、为伟大祖国鼓与呼。中华文化既坚守本根又不断与时俱进，使中华民族保持了坚定的民族自信和强大的修复能力，培育了共同的情感和价值、共同的理想和精神。

没有中华文化繁荣兴盛，就没有中华民族伟大复兴。一个民族的复兴需要强大的物质力量，也需要强大的精神力量。没有先进文化的积极引领，没有人民精神世界的极大丰富，没有民族精神力量的不断增强，一个国家、一个民族不可能屹立于世界民族之林。

传承中华文化，绝不是简单复古，也不是盲目排外，而是古为今用、洋为中用，辩证取舍、推陈出新，摒弃消极因素，继承积极思想，“以古人之规矩，开自己之生面”，实现中华文化的创造性转化和创新性发展。

资料来源：新华社北京2015年10月14日电　习近平在2014年10月15日《在文艺工作座谈会上的讲话》部分讲话。

二、中国传统体育文化主要特点

中国传统体育文化深受传统文化的影响，于修身养性过程是社会成员心理反应上的积累与积淀，也是在一定的朝代内由学习和社会传递获得的关于一切体育活动的意识、信仰、价值观及行为方式等的复合体，反映的是一种对人整体认识的观点，主要表现以下几个方面。

（一）“静”与“慢”有机融合

《黄帝内经》主张：“静则神藏，燥则消亡”，即神宜静，而不宜燥。明代《养生四要》一书也指出，“心常清静则神安，神安则精神皆安”。这说明一个人要有平和宁静的心态，除了静心还要修心，方可达到益寿延年。可见，静是指精神、情志保持淡泊宁静的状态，神气清静而无杂念，可达到真气内存、心神平安的目的。此外，静不是单纯静止不动，也表示人的思想和行为，例如，在受到外因的冲撞时，还能培养以豁达的心胸去包容、去体谅的品德。

养生还有“慢”的含义，即包括呼吸缓、心跳缓、吃得缓、动作缓……总之，一切籍以自然，但以缓与少为先，如吃得少，善于节能、减少能量消耗，于是阳气耗散得少，阴津保护得好，有延年益寿之功效。“慢”源于“静”，慢是静的体现，是一种静的方式。例如，五禽戏不是一套简单的体操，而是将肢体运动与呼吸吐纳有机地结合在一起，通过气功导引使体内逆乱的气血恢复正常状态，达到健康的目的；八段锦产生于南宋，其中八个动作有揉筋健骨、养气壮力、行气活血与协调五脏六腑之功效。这些项目虽说是“慢”功夫，但这种“慢”则是一个过程，是对过程的肯定，呈现一种开放的姿态，更是对生命的一种体验与感悟，或许习练者在将来做某一件事的时候，对人有所启发，并促成生命内在的东西，可能上升到转化出一生资源的文化层面。现代科学研究表明，富有创造力的人无不是除了持续不断努力、遇到困难也不放弃之外，其思考也正是在于细细斟酌的慢功夫为出现新的创意做铺垫。

因此，古人提倡人体养生要以松、静、自然为原则，在打坐中炼精化气、化神助阳，帮助人静心入定、排除顾虑，从而使人的心神宁静、身体健康，达到祛除疾病的目的，例如，明世宗嘉靖皇帝就把修真打坐作为治国之本。

（二）注重“气”的运用

中国传统气功流派众多，各派对气功的称谓也不尽相同。道家称之为“吐纳”或“内丹”、佛家称之为“静坐”与“止观”、儒家称之为“养气”与“修身”、医家称之为“导引”和“按跷”，至于身心兼修的五禽戏等也可以说是传统的高级保健气功。可见，养生气功具有祛病健身的作用，经过学习、训练是有效的。例如，古代名医葛洪、孙思邈、李时珍等大家为了识别草药，常年用自己做实验，随时有中毒身亡的危险。为了避开这些危险，可以通过气功，将体内的毒素排出，使得身体达到无病的状态，达到延年益寿的功效。

武术与气功也密不可分。所谓“外练筋骨皮，内练一口气”，就是指武术与气功结合起到健身、保健以及治疗作用。因为它强调人体健康的整体功能，并着重无形的境界，调心、调息与肢体行动都要考虑相生相克、气血平衡道理。英国历史学家李约瑟（Joseph Terence Montgomery Needham，1900–1995）在其所著的《中国科学技术史》中说：“在世界文化当中，唯独中国的养生学是其他民族所没有的。”这种追求人体内部的和谐统一，正好反映了体育健身原理。

（三）健体、养生与自卫高度统一

武术、气功等首先在功能上均为自卫抗暴与健体养生；其次，在练法上均为外走筋骨皮与内贯精气神；第三，在基点上均为动而有制与静而无止。自卫抗暴，小之为个人格斗、大之为军战上阵。侧重于自卫抗暴，如军战武艺。侧重于健体养生，如五禽戏。外走筋骨皮而无内贯精气神，如体力劳动；内贯精气神而无外走筋骨皮，类似打坐睡功。“动而有制”，为动中寓静，动作统于意念；“静而无止”“为静中寓动”，静中饱含玄机。内外之别，在于侧重各异。这些都需要花时间、有耐心才能练到一定程度，体现出中国健体、养生与自卫的功夫。

（四）强身更注重内在修养

“养”与“修”都是向内。“养”是指滋养、培养、保养等，并向内积蓄结构体的内部能量，不主张超越，表现为“清心”与“寡欲”；“修”则通过“内”而达到超越目的，并重视事物过程。内在的这种修养不仅可以降低身体的额外损耗，还可以抵御外在的诱惑，正如老子所说，见素抱朴，少私寡欲。从体育社会学视角看，这种内修有助于健身者心理健康与文化的内化。

太极拳具有动静相依、心境有意、性命双修、返璞归真等动作特性，在动作上讲究自然淡定、神气内敛、体松轻柔，操之能使气血流通、身心舒畅、无激烈之弊的特点。这对人体与精神产生重大影响，升华为体育一道，不仅是一种静功，还是一种哲学。可见，太极拳是一种修养拳，长期习练会对练拳者的气质、思想等逐渐带来质的变化。同样，武术更对练习者的心性有明确的要求，即武德。它对修习武术之人的言行举止，包括操守都是有严格的要求，就是要求个体自身道德水平的升华。可见，中国传统体育在儒、释、道等融为一体文化的影响下，体现出传播理论道德的途径与载体，因此，创造出上述这些育德于体、温文尔雅等修身项目。

综上所述，中国传统体育文化是传统文化主体“道法自然、天人合一”的影响，贯穿着阴阳五行学说的哲学观念，并在修身养性过程中，阐述了如何修炼的具体方法，其精髓是一种修炼文化。

【案例 6–2】

习武先习德

陈惠均

题记:《拳经》上说，学太极拳，以养心定性，聚气敛神为主。真想练好内家拳，还必须从“心”开始，这样进步才快。在教学当中，要让儿童对内家拳有所理解，必须让他们“身有所感，心有所悟”。儿童最需要的是童蒙养正，从小给他们播个正面的种子，对他们的影响是终生的。

师：你们为什么要练内家拳?

生：练内家拳可修身。

师：内家拳是以牙还牙吗？来你们体验一下。

一会儿学生猛力打老师一下，老师也猛力给他一个反击。

师：像这样每次跟你对着干，你喜不喜欢?

生：不喜欢。

师：只要你强势一点，确实可以把别人镇住。别人也不会表面上跟你对着干了，但是背后呢?

生：背后骂你，搞你的鬼，就是不服。

师：好，这是以牙还牙的。另外一种，你打过来，随便你怎么打，使尽你全身的力冲过来。老师不会还手。

这次，学生一拳打过去，老师一个“云手”把他拨开，卸到旁边墙上去了；

又一拳打过来，他又被封回去了。每一次老师都不跟他硬顶，但就是把他搞得晕头转向。过了一会儿学生感觉很累，就不打了。

师：老师跟你对着干了没有？

生：没有

师：这就是舍己从人，内家拳如果被打到了，说明你水平不够，自己下去默默改正，赶紧修炼。

师：你们知道内家拳叫什么拳吗？

孩子们怎么都猜不中，七嘴八舌地讨论着……

师：内家拳叫"挨打拳"，为什么叫"挨打拳"？

孩子们的回答千奇百怪……

师：在内家拳中，没有解不开的疙瘩、接不住的招。只要你接不住，挨打到身上去了，就说明你有毛病，要找自己的问题。

生：那别人要打我呢？

师：那别人为什么要打你？如果你没问题，别人会无缘无故打你？在内家拳中，有了问题，找自己的毛病。就像其他学生为什么要说你，并且老说你，想过没有？

生：自己有问题。

师：内家拳被称为"挨打拳"就是这样来的。有了问题，找自己的毛病。练拳观身，看自己哪些地方没做好，默默地努力。

生：哇，原来内家拳跟做人的道理是相通的耶！

教育应该是行为调整的核心，诸如正直、谦虚、诚信、勤勉、朴实、耐心、勇气、公正和一些称得上是金科玉律的品德，才是学生成功成长之本。惟有修养自己的品德，才能享受真正的成功和恒久的快乐。

本次夏令营，没有给孩子们立各种各样的规矩，也没有制订奖惩措施，而是将德行教育寓于太极拳之中，使内在传统体育文化慢慢由内而外生发出来，让家长感到既诧异又惊喜。

资料来源：http://blog.sina.com.cn/s/blog_85cbb91f0100xw4l.html（2011 年 8 月 28 日）。

三、中外体育文化比较

学术界上对社会的分类有多种。本教材从社会为文化的集合体与社会制度不同的视角，来界定以中国为代表的东方社会与以英、法等国为代表的西方社会领域，分析两种类型的体育文化。

有学者通过对体育项目、体育根据、体育形式、体育负荷以及术语方面对中国传统体育文化做了归纳。在体育项目方面，表现为运动的主体——人的修养、养生与内部完善；在体育的根据方面，表现为“天人合一”的哲学思维；在体育形式方面，表现为“上下相随”“左右相一”“内外相合”的整体性；在体育负荷方面，表现为把运动负荷控制在一定的范围内，不主张大运动量破坏体内阴阳平衡；在体育术语方面，东方采用哲学的概念，如阴阳、动静、刚柔、统一等。这种观点从体育文化的表层、核心层等揭示传统体育文化含义，但还处于表层。

上海体育学院心理学教授陈丹萍，从竞技体育训练的视角，对东西方体育项目折射出来的文化理念进行研究，很有见地。她认为，东西方文化理念差异仅从中国的太极拳项目与西方的拳击项目就明显地表现出来，见表 6-1。

表 6-1　太极拳与拳击项目的有关对比

	太极拳	拳　击
动作特征	有静有退（性格内向）	强攻硬打（性格外向）
技术特点	就势借力（巧的追求）	依托本力（力的崇拜）
战略选择	“稳”字当头	“狠”字领先
心理特征	中庸和平（自我平衡）	对立竞争（实力抗衡）

这种对中国传统体育文化与国外（西方）体育文化的外层、浅层与核心层几个特点可以看出两者的差异，其分析较为深刻。

由于中国体育文化遵循“道”，并体现向内为养，即维持体内阴阳平衡的“养生”，而国外体育文化则擅长“术”，即追求“用”的效果，例如，讲究在健身中追求消耗型的有氧运动。中外体育文化微观上的差异主要体现在以下几个方面。

（一）两种体育文化平衡观不同

中国文化的阴阳观表明，人体的形成、生长规律离不开阴阳。在人体正常的生理状态下，阴阳保持平衡。如果一方出现偏衰，或一方偏亢，就会导致生理功能紊乱，出现病理状态。太极拳、八段锦等体育健身就可以实现调和阴阳的目的。阴平阳秘、精神乃治，说明注重对称、强调平衡的哲学观念。

国外体育文化强调“生命在于运动”。例如，快跑以及游泳等较激烈运动，使新陈代谢加快，即细胞分裂加快，很快被新的细胞替换，但这种过度的消耗是要付出免疫系统因新陈代谢过高而降低的高昂代价。这就是一些健身群体过度强化训练导致身体阴阳失衡，带来损害，并加速体衰的根本原因。

受快节奏生活方式的影响，一些群体的身体健康被严重透支，导致生活方式病蔓延。因此，国内外也有不少专家呼吁，人们需要静下心来，慢慢享受生活，于是“慢生活”在全球悄然兴起。

（二）两种体育文化对调身、调息认识不同

“修心”在中国体育文化中起着决定性的主导作用，“调身”只是顺利进行调心、调息的重要条件，“调息”则有助于体势的放送和精神的宁静。三者的有机融合，达到入静状态，并在意识的主导下进行机体内部功能的自我调整与锻炼，通过这样的心理过程来改变自身的生理状态，从而达到治病强身以及提高技战术水平的目的。例如，导引等就是疏通身体的筋骨、脉络以及精神等，主要有躯体运动、呼吸运动与按摩等，有时还引申为在心灵上、在精神意识上的方向选择的意义。

国外体育文化中的形体“调身”与呼吸的“调息”的目的是为了在激烈的运动过程中得到充分的氧气供应，并从体内不断排出二氧化碳，保证大脑、肌纤维所消耗的能量得以及时补充，从而确保强身或竞技比赛等。虽然它也重视心理作用，但只强调心理稳定性是为了成绩的提高，如射击等项目。

（三）两种体育文化对气的体验不同

孟子主张“养气”，使脏腑、穴位、经络、气血等畅通无阻，以达到“至大至

刚”的程度。气功是在人体入静状态下进行的腹式呼吸要求的外在运动，它要求保持松静自然的基础上，讲求的是缓慢、呼吸柔和细缓等，使耗氧量降低、心率减缓、血压降低，人体在此时细胞分裂次数减少，细胞寿命延长，甚至可达到常人的数倍，可以益寿延年。因此，五禽戏、太极拳与八段锦等都是“气”对身心贯通的项目。

国外一般的体育锻炼，例如，快跑以及游泳等运动强度较大，虽然可以加快新陈代谢，使肌肉变粗、变壮，看起来更有活力，但新陈代谢加快就意味着细胞分裂加快，这种过度消耗使免疫系统因新陈代谢过高而降低。由于细胞分裂到一定次数就不再分裂，造成机体加快老化以及缩短寿命。

（四）两种体育文化对调心理解不同

中国传统体育的太极拳、八段锦等使交感神经兴奋性下降、副交感神经兴奋，可以使心率下降、血管不十分紧张，使血液循环顺畅、大脑细胞带氧量充足，其精神状态处于最佳状态。在孟子看来，人的毅力、志向是人体之气的统帅，有志向的人完全可以驾驭自己的气血运行，因此主张不应该轻易浪费气血资源。

国外田径、球类等项目注重竞争理念，易导致交感神经过度兴奋，往往使人处于紧张、精神压力过大等心理亚健康状态。这种过度消耗付出因心理疾患带来生理疾病，导致运动损伤，危害健康的几率大大增加。

（五）两种体育文化对结果追求不同

老子在《道德经》中主张“夫唯不争，故天下莫能与之争”，可见，莫自恃聪明，锋芒太露，应抱以退为进的处世态度是中国传统文化价值观一个主要表现。对此，在太极拳等高低较量中则注重“比较”而非“排他性”的过程，并不以强弱判断胜负，而以道义识别胜败。而国外体育文化更强调的是“比赛”“比拼”，并追求以强取胜“排他性”结果，如拳击、球类等项目。

总之，两种体育文化各有优势，对于人类体育文化整体而言，两者应是一种互补关系，既要将我国传统体育文化注重“道”的层面传承下来，不断章取义，又能把国外文化中的逻辑与分析方法加以应用。只有真正理解两种体育文化的各自用途，明确它们对于丰富人类文化的内容，以及各自所肩负的使命才更加有意义。

第四节　体育文化传承与发展

人类历史是一个不断走向文明的过程。自 20 世纪中叶开始的全球化进程，到 20 世纪 80 年代业已形成。全球化更预示着一种多元、协调的精神，成为当代文化的基调。不同民族文化不仅得到尊重，也要互相学习、协调，其内容与形式是丰富多彩的，同时，各民族正努力健全其民族文化，以求对世界文化有所贡献。

全球化也需要各国重新设计并且包括文化以及体育文化在内的继承与创新。从体育社会学视角看，任何体育文化的传承，都会依赖于包括不同民族、各种民俗体育项目在内的文化符号，使人思考这些符号背后的文化意义。中国民族体育文化与全球体育文化不是对立的，而是相辅相成的。

一、体育文化传承

（一）传承的必要性

孙中山先生说过："对于世界之诸民族，务保持民族独立之地位，发扬吾固有之文化，并吸收世界文化而光大之，以期与诸民族并驱于世界。"这就启发我们不忘民族文化之本，又要勇于走向世界。在当今中国，要使中华民族伟大复兴，要实现中国梦，绝不仅仅是经济、军事等方面的大国梦与强国梦。首先是文化梦，文化丧失了，什么都无从谈起，没有文化上的软实力，就会变成南柯一梦。同样，体育文化应首先继承中华传统文化的精神，大到热爱祖国、艰苦奋斗，小到遵纪守法、仁爱孝敬等，使中华传统文化在体育领域不断发扬光大。因此，既要进行有益拓展，又要深入细致地研究，使之更成熟、更深刻。

国外体育文化中的逻辑与分析方法是西方文化的精髓，其中的"前提假设""实证科学"系统推理方法与分析逻辑模式是严谨的，例如，美国科学家通过对多批自愿受试者进行"静坐冥想"训练，百天后发现，其中 80% 的人的记忆力得到提高，其中约 1/3 的人脑中分泌的"内啡肽"（又称快乐素）明显增加，感到心中快乐，说明静坐的健脑效果是明显的。可以看出，中国传统健身的"打坐"

是符合科学健身原理的。因此，国外学者也在体育领域寻找中国传统体育文化的智慧，以弥补其体育文化的不足。

（二）传承的主要路径

中国体育发展要走自己的道路，即国外近代项目与我国民族项目比翼齐飞。既要适合时代要求，又要具有民族特点。只有民族的才是世界的，因此，应注重体育文化的个性，其生命力表现在该文化涵蕴下的绝大多数个人的思想、行为之中，同时也表现在群体生活之中。

体育礼仪更有助于社会礼仪的形成。礼仪是律己、敬人的一种行为规范，是表现对他人尊重和理解的过程与手段。体育活动离不开礼仪，而且人类体育活动越多，人们也就越需要礼仪来调节社会生活。这种礼仪是通过体育实践教育、引导体育人群遵循礼貌道德规范，提高人们的文明意识，养成文明习惯。

体现着反省与容纳性更强的特征。中国体育文化同文化一起绵延五千年，不仅有着最长远、性格最鲜明系统，而且体现着反省与容纳性更强的特征。因此，要树立一个“有容乃大”的广阔心胸和开放心态，去认识与学习那些暂时还不理解、不习惯的新思想、新理论、新事物。吸取其他民族体育文化精髓，即思维则重视实证、逻辑与差别，善于从人体、技战术量化分析体育项目不同之处入手，有着更强的理性思维与严密的学术体系等。

尚直觉、重体悟、善类比和尊大同，并尊重事物的整体性。要重视对体育欣赏、体育美学、体育哲学等科目的学习，并将之与学习有关体育项目技战术放在同等地位上，并有意与社会实践相结合。

体育知识、技能的学习要与体育文化有机融合。将运动人体科学、运动训练、社会体育等课程与社会实践结合起来，使每个人能发挥自己潜力、创造性，直接或间接内化于体育行为之中。

“物之不齐，物之情也”。中外体育文化需要文明互鉴。习近平总书记强调：“中华优秀传统文化已经成为中华民族的基因，植根在中国人内心，潜移默化影响着中国人的思想方式和行为方式。”但由于受世界文化多样化的影响，我们在吸收和借鉴国外体育文化优秀成果的同时，还要责无旁贷地把本国体育文化加固在历史土壤之中，因为只有传统体育文化是中国的，才是世界的。

二、体育文化的发展

（一）大文化观与体育文化

1982 年，在墨西哥城举行的第二届世界文化政策大会上，与会者创造并采用一个广义文化概念：“文化……是赋予一个社会或社会群体有特点的那些精神的和物质的、理智的和感情的特征的完整的集合。”社会由三大部分或层次构成：经济、政治与思想。而小文化观念的“文化”则是贯穿于经济、政治、思想之中，因此，文化就有了经济文化、政治文化和思想文化的区别。

大文化观念把文化置于人类社会整体，并贯穿于一个社会结构的各个层次之中。当代人既具有开阔的头脑，又不被既有理论所限。一方面承认国外文化的精华，虚心学习，不妄自尊大；另一方面又不随意将中国文化与之不加区别地拧到一起，否则很可能导致两种东西产生病态组合。要吸国外大文化观之精髓，承中华传统优秀之美德，借现代科学理念、法治工具、民主手段等培育社会主义核心价值观。

中外体育是人类按照生存的不同地域、不同民族而分割成为不同国家开展的活动，体现着更强的民族性与时代性，并深受其经济、政治和文化等影响，有着明显的地域界限，而大文化观为人类打开了一个必须以全新视野看待体育的角度，从而超越了国家的界限。

在一些体育群体争相青睐于国外体育项目时，不能忘记传承中国传统体育的个性，这种个性的生命力表现在民族生活方式之中。近年来，国外一些商业和科技公司及学校都引进我国太极拳、八段锦等，通过锻炼可以有效缓解压力，改善身体健康状况，提升记忆力、智力与创造力等，受到国际社会的认可。

（二）体育文化趋势与展望

文化从产生之日起，无论是西方的古希腊时期，还是我国春秋战国时期诸子百家争鸣时代，其目的就是从文化与文明层面提升人类素质。特别是在当今人类社会日益信息化的时期，体育文化的学习与理解也是通过给予其精神上的滋养，更加提升其文明素质，以便不断超越自己，实现自我。

1. 树立以自由、平等、公正等为核心概念的价值体系，促进核心价值观的确立与形成

对于人类生活而言，文明、幸福是最高层次的价值，而敬业、诚信、友善都是人类获得幸福生活所需要的核心价值。人类所从事的一切社会活动都应该在这样的价值原则指导下进行。无论是竞技体育，还是大众体育都必须赋予崭新的理念。否则，就会引起因体育文化带来的矛盾、冲突等体育社会问题。

2. 大文化观下构建体育文化制度体系

大文化观从根本上改变着界限分明的中外体育的观念，由此也促进国家、区域体育文化的进一步交流与融合，形成体育领域百花齐放的景象。

在历史上，国家之间的隔阂、冲突甚至是战争有时是先通过体育赛事等方式打开局面，从而改变双方的对立态度，奠定和平谈判的基础与搭建平台，解决一系列争端。在21世纪，这种文化优先军事等促进人类和平与社会发展的趋势则日趋明显。因此，超越狭隘的民族主义意识，设计和实行一种对于世界各国的进步都具有促进意义的体育文化制度体系，是人类在体育文化上所面临着的一个重要的课题与使命。

3. 重新确定体育文化研究内容和方向

体育文化将紧紧围绕21世纪生命科学，推动能源科学与空间科学进一步发展，将成为变革人类社会生产方式和生活方式的重要力量，极大地促进人类生活方式的改善。张祥云认为，当今世界已进入知识社会，而知识社会就意味着人们的体力与精力进入到精神领域，最重要的特征就是大脑与心灵的创造力，并对道德产生影响。这是推动人类生活质量升华和开辟美好未来的最重要的任务。

4. 加快体育文化梳理与整合进程

在人类社会不断演变与发展中，人们把健身和娱乐转化为体育，并通过体育文化进行引申、积累，产生不同的内容与形式。无论是注重内外兼修的中国传统体育文化，还是侧重于外在技战术的国外体育文化，都是人类体育进化过程中的飞跃。各种体育项目的发明与应用，不仅能够记录下体育文化的历程，为探讨人体科学实践创造条件，而且为推动社会发展进步发挥特有功效。因此，要用开放的心态摆脱禁锢的思想，特别是在对多种多样体育文化梳理、整合的基础上，把其中的精华传承下去，博采众长，互学互鉴。

总之，人类社会在全球化以及大文化观的背景下，不仅要创建一种符合未来文明需要的体制，而且还要描绘出包括体育文化在内、有着共同利益、需要全人类都认同的体育文化理念与规则系统，不断地使体育文化趋于完善。这种趋势有助于人类社会进一步有序、和谐以及可持续发展，是实现动态平衡的有效途径。

思考题

1. 国内外有关学者对文化是如何界定的？对你有什么启发？
2. 体育文化对文化有什么影响？
3. 体育文化与提高人的素质有什么联系？
4. 以一国外体育项目为例，谈谈你对国外体育文化的理解。
5. 在中外体育文化日益交流与融合背景下，怎样传承我国传统体育文化？

参考文献

[1]杜光．文化与劳动：人类社会大厦的两大支柱．http://www.21ccom.net/articles/zgyj/ggzhc/article.2010-08-17 15947.html.

[2]郭强．大学社会学教程[M]. 北京：中国社会出版社，2001：65，66.

[3]刘光明．企业文化（第三版）[M]. 北京：经济管理出版社，2002：151.

[4]郑杭生．郑杭生教授从教 50 周年学术研讨会纪念文集[M]. 北京：中国人民大学出版社．2010：2.

[5]余英时．文史传统与文化重建[M]. 北京：生活 读书 新知三联书店，2004：428.

[6]卢元镇．体育社会学（第二版）[M]. 北京：高等教育出版社，2006：143.

[7]吕树庭，刘德佩．体育社会学[M]. 北京：人民体育出版社，2007：94.

[8]易剑东．体育文化学[M]. 北京：北京体育大学出版社，2009：23.

[9]备战 2012 年奥运会科技专家组编印，体育运动中的社会学问题[M]. 国家体育总局科教司，2010：164.

[10]刘少杰. 国外社会学理论[M]. 北京：高等教育出版社，2006：111.

[11]余英时. 文史传统与文化重建[M]. 北京：生活 读书 新知三联书店，2004：423.

[12]卢元镇. 体育社会学导论（第二版）[M]. 北京：高等教育出版社，2011：89-90.

[13]备战2012年奥运会科技专家组编印. 体育运动中的社会学问题[M]. 国家体育总局科教司，2010：159.

[14]张岱年，方克立. 中国文化概论（修订版）[M]. 北京：北京师范大学出版社，2004：3.

[15]余英时. 文化传统与文化重建[M]. 北京：生活 读书新知三联书店，2004:447.

[16]肖楠. 李克强与文史馆员谈文论道[Z]. 光明日报，2015-04-08.

[17]高德明，陈立鹏. 太极拳知识1200问答[M]. 哈尔滨：黑龙江人民出版社，2010：47.

[18]张岱年，方克立. 中国文化概论（修订版）[M]. 北京：北京师范大学出版社，2004：22.

[19]张祥云. 师德的责任：难以承受之重——中西文化比较的视野[J]. 现代教育论丛，2014（4）：7.

[20]熊斗寅体育文选[M]. 贵阳：贵州人民出版社，1996：442.

[21]张祥云. 师德的责任：难以承受之重——中西文化比较的视野[J]. 现代教育论丛，2014（4）：11.

哈尔滨体育学院：王学如

第七章 体育生活方式

本章提要

体育生活方式是生活方式的一部分，是体育与生活的融合；让体育回归生活，使人们在生活中享受体育；是从手段向生活内容的发展，是体育向更高层次发展的必然结果。生活方式的分类是复杂的。体育生活方式的结构因素包括活动主体、活动条件、活动特征和活动效益。体育生活方式的形成受主体和客体因素的作用和影响。体育休闲在体育生活方式中发挥越来越重要的作用，通过休闲、体育休闲及体育休闲娱乐的学习，培养学生良好的休闲健身习惯。本章将从体育生活方式的构成要素、体育生活方式的养成及体育的休闲娱乐与健身等方面来探讨体育生活方式。

第一节　体育生活方式的构成要素

自20世纪50年代以来，生活方式的研究成为全世界关注的课题，我国的生活方式研究开始于20世纪80年代。改革开放带来了社会的转型和经济的快速发展，社会生活各领域发生了深刻变革，需要人们的生活方式发生相应的变革来适应。尤其是现代生活方式给人们健康带来的隐患，要求体育运动进入人们的生活，营造文明、健康、科学的生活方式。体育生活方式作为恢复人的本质与体现人的价值的生活活动和社会实践，显示出新时代体育的特点。随着科技的进步与经济的发展，人类物质财富极大丰富，劳动时间逐渐缩短，闲暇不断增加，人们的生活方式也发生着变化。到20世纪80年代末90年代初，大众体育进入了第二发展高潮期，即以人为中心，与生活不断融合。体育与生活方式的关系越来越引起人们的高度关注，体育在向人们的生活世界回归，出现了"体育进入生活方式""生活体育""体育生活方式"等一些新理念。

一、生活方式的内涵

（一）什么是生活方式

"生活方式"一词的出现可以追溯到19世纪中叶，马克思在其著作中多次使用过生活方式的概念。他明确提出了生活方式的范畴，强调了生产决定消费、消费制约生产的辩证关系。在马克思和恩格斯看来，生活方式概念不仅是单纯的衣食住行之类的日常生活，它还囊括了生产活动在内的整个生活。因此有了生产方式和与之对应的生活方式。生活方式经过一个较长时间的演变过程，逐渐成为一个科学的概念。由于人们的生活活动是多方面和多层次的，所以，人文科学和社会科学各专门学科可以从不同方面、不同层次来探讨和把握主体的生活方式。生活方式是人们长期受一定的社会文化、经济、风俗习惯、家庭等影响而形成的系列的生活习惯、生活制度和生活意识。从历史学角度讲，生活方式就是一个社会的人们，在一定的历史时期和社会环境中，利用和摄取生活资源以维持并寻求改善生活的方式，是以一定的社会条件所形成的具有一定稳定性、普遍性和典型性的日常生活及度过闲暇的方式。生活方式是人作用于客观世界的创造物，属于文化的范畴。

人们说到生活方式的时候，往往会更多地想到自己的物质消费活动和由它支配的闲暇时间活动的方式，其实生活方式不限于日常的消费活动，还包括人们的社会生活各个领域的全部活动的形式和特征，如人们的物质生活、精神生活、政治生活和社会生活等。我们可以将生活方式理解为在一定的社会条件下形成的，即人们对衣食住行、劳动工作、娱乐休闲、社会交往等物质生活和精神生活所持的价值取向、道德观念、审美情趣，以及与这些思想意识相适应的行为方式和生活习惯。生活方式不仅仅是指个人的行为方式，而且包括全社会、民族、家庭的生活活动形式。

在现实生活中，个体生活方式的选择是与时代接轨并受社会发展和人们各自的经济条件所决定的。它一方面受社会、经济、文化发展状况的制约，反映生活活动主体对生活资源进行评价、选择、配置后采取的社会行动和行为方式；另一方面又体现人自身的生存、享受、发展的需要，并通过人的选择和反思活动超越现实和对理想生活的界定，构筑人们的生活方式。因此，作为主客体相结合互动生成的产物，生活方式变迁的复杂程度和所涉及的因素也很多，其本身变迁既是连续不断、渐变的过程，也是政治、经济、文化自身运动的必然产物。

综合起来，我们明确了生活方式是以“人的能动的活动形式为研究对象”，是回答人们“怎样生活”的概念；是人们依据一定的文化模式为满足自身的生活需要，而运用生活环境提供的各种物质文化和精神文化资源的活动方式、配置方式，是生活条件制约下和价值观指导下所形成的满足自身生活需要的全部活动形式与行为特征。因此，生活方式也可以理解为，个人或群体在生存实践过程中，长期共同在特定生活环境中形成的全部活动模式。

（二）生活方式、生活水平与生活质量

毋庸置疑，生活水平与生活方式是不可分割的，在社会历史中，没有生活水平的生活方式是不存在的，但生活方式与生活水平不能混为一谈，二者是两个不同的概念。生活方式是整个生活活动形式的多层次的整体系统，它表明了人们如

何生活的本质特征，而生活水平则指在某一生活生产发展阶段，居民用以满足物质、文化生活需要的社会产品和劳务的消费程度。具体包括居民的实际收入水平、消费水平和消费结构、劳动的社会条件和生产条件、生活服务的发达程度、闲暇时间的占有量和结构、卫生保健和教育普及程度等。在同一性质和特征的生活方式下，可以有不同的生活水平。个人的生活方式不变，生活水平却会有较大的变化。相反，同一生活水平的人群，生活方式也是不同的。

生活方式和生活水平是“质”与“量”的关系。任何主体的生活方式既有质的方面，又有量的方面，而且总是一定的质和一定量的联结和统一。生活方式的质是内在的，是内容特征，表明人们生活活动的本质特点；生活方式的量是指人们生活方式的某些外在方面，对其测定也要使用某一单项指标，如人均国民收入指标、实际收入水平指标、实际消费水平指标、人均寿命指标、恩格尔系数（见知识链接 7-1）、人均卡路里或蛋白质摄取量指标等。

生活方式经常与生活质量连起来使用，但涵义大不一样，生活方式是一个人生活内容的外在表现形式，生活质量则是所体现出来的水平和质量，生活方式与生活质量之间是形式与内容的关系。健康、科学的生活方式会促进生活质量的提高，生活质量也会促进生活方式的改进。

人们对生活方式是可以选择的，于是生活方式就有了差异，但人们在选择生活方式的时候是不可能为所欲为的，是受到客观条件制约的，这些客观条件总的来说，就是生活水平和生活质量。生活水平常常取决于国家或城市的经济实力，是家庭和个人不能决定的。生活质量是说明人们在怎样条件下生活，是对活动条件和满意程度的评价，是通过个人努力可以有较大程度改变的，是人们对生活需要满足程度的评价。生活质量包括劳动与休闲生活的满足程度、劳动与日常生活的舒适程度、饮食质量与获取食品的条件、服装质量与时髦程度、住房与环境质量、交往需求的满意程度、受教育的满意程度、社会服务的满意程度，以及对自身的创造性、生活参与积极性的发挥程度，等等。由于生活方式是说明怎样生活的问题，所以，生活水平和生活质量都属于生活方式内容的评价范畴。生活方式强调的是生活结构各个方面高度和谐，生活质量除了保持基本的物质生活水平和身心健康之外，还取决于人们是否获得快乐、幸福、舒适、安全的主观感受，而后者与人的精神文化方面的追求、对社会和环境的认同有着密切关系。

【知识链接 7-1】

恩格尔系数是根据恩格尔定律得出的比例数，是衡量一个家庭或一个国家富裕程度的主要标准之一。恩格尔定律主要表述的是，食品支出占总消费支出的比例随收入变化而变化的一定趋势。众所周知，吃是人类生存的第一需要，在收入水平较低时，其在消费支出中必然占有重要地位。随着收入的增加，在食物需求基本满足的情况下，消费的重心才会开始向穿、用等其他方面转移。因此，恩格尔系数越大，一个国家或家庭生活越贫困；反之，恩格尔系数越小，生活越富裕。改革开放以来，我国城镇和农村居民家庭恩格尔系数已由 1978 年的 57. 5%和 67.7%分别下降到 2014 年的 35%和 37.7%。

资料来源：百度百科。

（三）生活方式的分类

生活方式是人类活动的主要形式，它与人类社会的各个层面有着千丝万缕的联系，由于人类的生活方式的复杂性，所以我们可从活动主体的层次进行分类。

1. 按生活主体的层次进行分类

主体即生活方式的承担者和创造者，可以把生活方式区分为社会生活方式、集团或群体生活方式、个人生活方式。

社会生活方式按不同的社会制度可分为：前资本主义（原始、奴隶、封建社会）生活方式、资本主义生活方式、社会主义生活方式；从是否符合社会发展基本趋势的客观评价上可分为：进步、落后、保守以及腐朽的生活方式。

群体生活方式按民族可分为：汉族和少数民族生活方式；按具体的职业可分为：工人、农民、军人、知识分子、商人等生活方式；按职业类型可分为：技术型、管理型、创造型、自由独立型和安全型等生活方式；按人口群体可分为：妇女、儿童、青少年、青年、中年和老年生活方式等。

个人生活方式按心理特征以及生活方式的态度、价值目标等各个方面进行分类，可分为：内向型与外向型、奋发型与颓废型、自立型与依附型、进步型与保守型的生活方式。

社会生活方式是社会的生活模式，反映的是物质、经济、文化的发展水平，反映社会关系体系类型，它体现全社会生活模式的总体特征，制约各种社会集团、社会组织、生活群体以及各个社会成员的生活方式。而社会集团、群体、组织和个人的生活方式体现着社会生活方式的基本特征。个人生活方式是基础，是生活主体，主体性是形成人们生活方式千差万别的主要原因。

2. 按生活方式的不同领域进行分类

可以将人们的生活方式划分为劳动生活方式、消费生活方式、余暇生活方式、家庭生活方式、政治生活方式、宗教生活方式等。

3. 按人们生活的生活社区进行分类

可以分成城市生活、农村生活、学区生活、游牧生活、林区生活、渔船生活、商业区生活方式等。

4. 按地理气候环境进行分类

可分为寒带人、热带人、地中海人、高原与平原人的生活方式等。

5. 按人们的经济发展状况进行分类

按经济发展状况分类，其中家庭可分为富有阶层、中产阶层、贫困阶层的生活方式；按地区的经济发展可划分为东部沿海经济发达地区、中西部经济欠发达地区的生活方式；按国家的经济发展可划分为经济发达国家、发展中国家的生活方式等。

二、体育生活方式的内涵

体育生活方式是人们在日常生活当中，由一种偶然的兴趣参与体育活动变成一种稳定的习惯参与，并把逐渐养成的这种体育习惯保持较长时间的生活方式。

（一）体育生活方式概念的提出

体育生活方式作为一个独立概念的提出是在20世纪90年代。1994年，世界卫生组织（WHO）和国际运动医学联合会联合召开了以“健康促进与体育（Health Promotion and Physical Activity）”为主题的国际会议。世界卫生组织认为，虽然个人健康的责任很大程度上要由个人和家庭承担，但政府必须采取行动，创造一个使公民形成和保持体育生活方式（Physically Active Lifestyles）的社会和体育的环境。大会敦促各国政府把推动大众体育的发展作为公共健康与社会政策的组成部分，并明确提出了“使体育成为健康生活方式的基石”等 7 项中心任务。这是继体育生活化后，世界范围内第一次把体育生活方式作为一个独立的概念提出。1995 年 11 月，在德国科隆体育大学召开以“国际体育的形象”为主题的国际体育科学研讨会，会上，日本学者佐伯聪夫宣读了题为《面向成熟社会的体育革新》的研究报告，对日本战后的大众体育发展过程做了全面的总结，在谈到面向 21 世纪的日本大众体育时，提出了体育生活方式的概念（Sports Lifestyle）。

世界性的大众体育发展浪潮极大地影响了我国大众体育的发展进程，反映出来的问题为我国大众体育的价值判断和行为选择及大众体育的研究烙上时代发展的印迹。

（二）国内外学者对体育生活方式的诠释

对于体育生活方式概念界定，国内外学者是有差异的，这主要是由于文化和研究视角的不同。另外，对于体育概念的理解也是造成差异的原因之一。由于现代奥林匹克运动的兴起，体育的外延开始超出教育的范畴，特别是第二次世界大战后，随着社会经济的发展，参加体育活动日益成为人们日常生活的重要内容，闲暇体育、终身体育逐渐成为社会潮流，体育突破了教育学原理，成为人类积极、健康文明的生活方式。奥林匹克运动普及了一种新的体育观念，即“奥林匹克主义是增强体质、意志和精神，并使之全面发展的一种生活哲学。谋求把体育运动与文化和教育结合起来，创造一种在努力中求快乐、发挥良好榜样的教育价值，并尊重基本公德原则为基础的生活方式。”奥林匹克主义的广泛传播使人们对体育有了新的认识，各国学者在对体育活动的研究上各有侧重，对于概念主要是根据研究需要来进行界定和确定范畴结构。

国外对体育生活方式概念的研究，更多的是使用身体活动的生活方式这个概念。例如，Mary Ann Kluge 从现象学视角探索 65 岁及以上老年妇女身体活动的生活方式（Physical Activity Lifestyle）时，对身体活动的生活方式解释为：“人们在大部分生命时间内，通过运动、练习、体适能、舞蹈或户外休闲活动的手段，形成有规律的、连续的、积极的身体活动的生活方式，其中大部分时间是指他们生命中 50% 的时间或更多。”身体活动的生活方式是指：“在过去的几年中，每周锻炼几次，每次锻炼 30 分钟以上，锻炼强度在中等强度以上，并且锻炼具有规律性。”Kevin R、Fontaine、Steffany Haaz对身体活动的生活方式的操作定义是：“身体活动的生活方式是指人们余暇、工作、家务活动等活动的强度需要达到中等强度，并把活动逐渐融入到日常的生活中。”

可以看出，国外学者多以Physical Activity Lifestyle来表述体育生活方式，而国内学者大多使用“Sports Lifestyle”（苗大培 2000，马连鹏 2004，汪文奇 2004，韩军生 2007，等），这里就出现了“Physical Activity”和“Sports”概念使用上的分歧。对于“Physical Activity”，多翻译成“身体活动”“体力活动”“体育”，本章翻译成“身体活动”。身体活动是以游戏（Games）、身体锻炼（Exercise）、体适能（Physical Fitness）等身体表现或身体运动为主要形式，以娱乐、身心健康为目的的非竞技性身体娱乐活动，属于Sports的上位概念。而Sports是西方文化的一个重要组成部分，它表示的是那些具有规则性、竞争性的身体娱乐活动，竞争是其本质属性。体育生活方式描述的是，运用体育锻炼的手段来促进人的身心健康的非竞技性行为特征。由此可见，体育生活方式应译成“Physical Activity Lifestyle”。

（三）体育生活方式的概念

20世纪中后叶，随着现代化的不断深入，人们的余暇时间不断增加，对体育的价值观也发生了变化，体育成为人们的终身需要。人们的生命全过程无不与体育发生联系，从提高人口素质到改善人们生活质量、丰富现代生活方式，体育越来越进入人们的生活，上至国家领导下至普通百姓，体育生活方式成为生活的内容和需要，而且是一种有规律、自发的行为，毫无功利性的一种特殊生活方式（见知识链接 7-2）。规律性、持续性是构成体育生活方式的前提基础，个人需求是体育生活方式建立的动机，活动的频率、强度、持续时间和类型是体育生活方式的表现形式，促进身心健康和健全人格是体育生活方式的目的。体育活动应成为人们日常生活的一种自觉行为方式，这种行为方式摆脱了任何功利主义的束缚，达到了作为手段的体育与作为目的的体育的统一。

因此，体育生活方式可以定义为：体育生活方式是在一定的价值观念指导下，个人或群体依据一定的客观条件，把体育作为生活的需要和内容，并有规律、自觉地参与体育活动的稳定形式及行为特征。

【知识链接 7-2】

各国领导人的体育生活方式

据英国《卫报》报道，人们常看到法国总统萨科齐在街上慢跑。他还喜欢骑自行车，萨科齐的格言是“早起的法国”，但他并不是以运动开始一天的唯一一位国家领导人。

美国总统布什身体健壮，每天下午 4 点半开始，他都要活动一小时。2004 年，他的膝盖开始出现问题，因此他一般在跑步机上跑步。他有一辆钩在固定式训练机上的自行车，在“空军一号”飞机上也骑这辆车。周末，他常带着他的山地车，到马里兰州贝尔茨维尔一个特工训练场地，同友人或白宫下属一起骑车健身，或到他位于得克萨斯州的牧场骑车。

俄罗斯总统普京酷爱柔道，从孩提时代起就开始练习，以弥补体重不足的弱点。到了 18 岁，他已是一名黑带高手。现在，他经常游泳，在总统乡间别墅的游泳池一天游上 1000 米，锻炼三四十分钟。他还是一名滑雪爱好者。

澳大利亚总理霍华德在 67 岁时每天还进行力量型步行运动，常在天没亮时在悉尼或堪培拉街头大步行走，他在出国旅行时也不中止这一日常活动。他还边跑步边接受采访，媒体人员不得不努力赶上他的步伐。霍华德有 3 个孩子，不抽烟、饮酒适量，由于他的自律和坚持体育锻炼，最近被称为澳大利亚中老年人的榜样。

毛泽东一生大力提倡体育运动，他号召全国人民积极开展体育运动，并挥毫书写了“发展体育运动 增强人民体质”的题词，产生了巨大的影响。他有着广泛的体育爱好，尤其喜爱游泳，他一年四季坚持冷水浴，还经常进行日浴、风浴和雨浴。除此之外，还进行登山、游泳、做体操、练拳术等运动。他还以“28 画生”的笔名，在《新青年》杂志上发表题为《体育之研究》的著名文章，提倡“文明其精神，野蛮其体魄”，并提出了“身体是载知识之车，寓道德之舍以及今日之运动，承乎昨日之运动，又启乎明日之运动”等著名论点。

邓小平在联邦德国总理科尔请教他的“长寿秘诀”时的答复是“乐观者长寿”。小平同志一生无论身处于顺境还是逆境中，都能保持平静的心态和乐观主义精神。乐观，气血就通畅，精神就饱满；乐观能增强免疫力，是健康的核心。小平同志的健康长寿不仅得益于精神上的乐观，还与他喜欢运动分不开，他的爱好是多方面的，如游泳、桥牌、足球、篮球、台球、登山……

资料来源：新华网（2007）、大众养生网（2013）。

三、体育生活方式的构成要素

随着科学技术的发展和社会的进步、人们生活领域的不断扩大，体育生活的领域也在不断扩大，不断地从原有的体育生活领域中独立出新的领域，表现出体育生活方式的综合性和多层次性的特征。

有学者认为，体育生活方式的构成要素是指人们利用社会提供的条件来满足锻炼需要的行为等各方面的总结，包括体育需要、行为习惯、活动时间、活动空间和消费形式等。其中行为习惯是体育生活方式的起点和基础，时间和空间是表现形式，也就是说，体育生活方式就是时间和空间的消费，而消费形式是体育生活方式的实现形式，即体育生活方式中必然会有体育消费。

对体育生活方式应从不同层次具体地加以把握。根据体育生活方式的概念，体育生活方式的构成要素应包括：体育活动主体（人的价值观、需求、动机等）、体育活动条件（自然因素、社会因素等）、体育活动特征（体育活动方式、体育活动类型、体育活动手段及体育消费等）、体育活动效益（生活满意度、生活质量、健康水平等）四个方面构成体育生活方式的范畴结构。

（一）体育生活方式的活动主体

体育活动的主体只能是人，作为参加体育活动的个人主体或组成群体、社会及全人类主体的现实的人，个体的人是人的活动的最基本的、现实的、不可再分割的主体存在形态。这不是抽象的仅仅表示人的共性或整体存在的人，而是具体的、活生生的人，有意识的人是体育生活方式活动主体的根本要素。正如恩格斯所说的，“在社会历史领域内进行活动是具有意识的、经过思想或凭激情行动的、追求某种目的的人；任何事情的发生都不是没有自觉的意图，没有预期目的的”，体育行为参与也不例外。而价值观在体育生活方式中占据着核心地位，体育生活方式的差异实际上就是价值系统的差异。一个人之所以参加体育活动，是因为他自己选择了这样的活动形式，即具有选择“怎么生活”的主观性。动机是人类一切行为的动力源泉，是促使个人或群体参与体育行为的内部动力，包括人的意图、愿望、预期目标等。按照马斯洛的需求层次理论，动机源于个体的各种需求，当人们有了某种需求之后，就会有为满足这一需求而从事某种活动的动机。

（二）体育生活方式的活动条件

体育活动条件包括自然因素和社会因素两部分。

自然因素包括地理环境、温度、季节等因素，例如，寒冷的冬季和高温的夏季，冰雪环境和多雨环境在体育行为上会产生较大的差异。自然因素又包括人工自然条件的各类体育活动设施，特别是那些在人们生活圈中的体育活动设施。

社会因素包括社会结构、经济、政治、文化、教育、民族、风俗、时尚、大众传播等社会宏观因素，以及个人的收入水平、劳动条件、消费水平和消费结构、闲暇时间的占用量和利用状况、家庭结构、人际关系、教育程度等微观因素。这些因素均会不同程度地对人的体育生活方式产生调节作用，活动条件对活动主体的体育行为具有一定的制约作用。

（三）体育生活方式的活动特征

体育活动特征是活动主体和活动条件相互作用的结果，是它在体育活动主体要素和客体条件之间建立起了现实的联系，外显为一定的体育行为特征，使体育生活方式具有可见性和稳定性，人们也正是通过这种外显的活动形式判断生活方式是否合理。活动特征是体育生活方式的主要标志，包括参与体育活动的形式、活动的类型、活动的手段、体育消费等因素。

体育活动首先是一种有意识的行为过程，而且是一种社会性的过程。具体的体育活动形式由于主体需要、客体条件以及它们之间相互作用时采用的手段的不同，而表现出极大的不同。人的活动手段是多方面的，除了物质工具作手段，还有其他的手段。在体育活动中这种手段的具体内容主要有：跑步、自行车运动、游泳、体操、野外活动、武术、气功等。体育活动手段在各不相同的体育活动主体和千差万别的体育活动客体条件的相互作用过程中发挥了中介的作用，满足人们对体育不同层次的需要，也使体育活动内容丰富多彩，形式变化万千。

体育消费是指用于体育活动的个人支出。体育消费水平是指实际消费的体育消费品数量的多寡和质量的高低。通常情况下，人们体育消费水平的高低直接反映在一定时期内社会生产力和社会经济发达程度，也反映了一定时期内社会体育意识的强弱状况。

（四）体育生活方式的活动效益

体育生活方式是个人或群体的理性选择，人们对参与体育行为之前，对体育生活方式所带来的效益进行评价，这些效益包括体育生活方式对自身生活满意度的改善、生活质量的提高及促进身心健康、减少疾病的发生率等方面。体育生活方式的活动效益又会反馈到活动主体，活动主体根据自身预设目标和参与后效益，对需求和动机进行修正，决定是否继续或中断体育行为。活动效益对于活动主体能否持续、自觉地参与体育行为起到至关重要的作用，成为体育生活方式研究范畴的重要构成要素。

第二节　体育生活方式的养成

现代社会需要现代化的人，而现代化的人的具体表现就是人的生活方式的现代化。体育生活方式是人类社会文明、健康、科学的生活方式，是恢复人的本质与体现人的价值的生活活动及社会实践，意味着人性的解放。体育生活方式促进人的物质生活发展与精神生活发展的高度统一；可以促进人、自然和社会和谐发展；有助于形成和谐的人际关系；提高人们对现代生活节奏的适应性；提高生活质量和自我效能。选择体育生活方式，即享有了体育的基本权利。

一、体育生活方式是文明、健康、科学的生活方式

（一）文　明

文明是社会发展到较高阶段的状态。它包括知识、信仰、艺术、道德、习俗以及作为社会成员的人所学到的其他能力和习惯。文明生活方式是建立在自身物

质基础之上，与社会发展相适应的适度、理性、充满积极向上精神状态的生活方式。随着工业化、信息化和知识经济时代的到来，科学技术和生产力的发展都达到了人类社会前所未有的新水平，体育的社会地位也日益提高。体育生活方式具备文明生活方式的特征。

体育生活方式既有物质文化生活又有精神文化生活，体育生活方式与人的生命质量密切相关，体育生活方式充分展示和发展了个人的生活方式，尊重社会和他人，有利于自己思想和精神境界的提升，促进自己正确认识人生的价值观、态度，以它独特的方式锻炼人们的意志品质，完善人们的心智。人在体育中所实现的是人的自身价值，这一价值体现在人的身、心的完美展开和全面实现中。体育的价值在于创造人的外在以及更重要的内在的对象世界，同时也体现在个体人格和社会人格的和谐与统一。体育生活方式追求人的全面、自由、和谐、平衡以及自我实现的发展，培养和造就新的伟大时代人格塑造的特有的文化气质和活动，向世界展现它的价值。通过战胜对手、自身和自然，获得人生价值的肯定和超越，特质与价值在于，在耗散、宣泄、排除人类攻击型动机和能量的同时，又使人类不致因文化的压抑而萎靡人类可贵的天性。同人类通过劳动改造和创造环境一样，体育也改造和创造着人类自我的个体心理环境乃至生活群体的生理心理环境。正是这样的特质和价值，在历史上才有尼采的呼声和顾拜旦的赞誉。

（二）健　康

健康是身体、心理和社会适应的完美状态。健康生活方式是指在学习、生活、娱乐等活动中，能够注重促进个人身体、心理以及社会适应能力等方面的和谐发展。健康与精神状态密切相关。积极向上的精神状态就是乐观、自信、坚强、进取的精神风貌以及不沾染不良生活习惯。身体是人们一切活动的物质基础，也是知识和能力的载体。健康是人全面发展的基础，没有健康，思想道德素质和科学文化素质难以发挥应有的作用。体育生活方式与现代人的生理、心理、社会健康息息相关。2005 年，日本的一项身体素质测试表明，经常参加体育运动的人，在心脏病、心绞痛等方面患病几率明显低于缺乏运动者。美国哈佛大学的一项最新研究也表明，不进行体育运动是与吸烟、高血压同等重要的对人体产生重要危害的原因，适度的体育锻炼可使男性发病几率减半。

随着科学技术的突飞猛进、生产力水平的不断提高，体力劳动者数量相对减少，脑力劳动者数量不断增加，使脑力劳动的时间不断延长。脑力劳动使大脑局部的中枢神经系统产生疲劳，常常表现为头昏、目眩、头痛、记忆力下降、思维混乱、注意力不集中等，也就是处于“亚健康”状态。一般的体力劳动只能在一定程度上提高身体灵活性及平衡能力，增加肌肉弹性及肌肉力量，但这些并不能帮助人体改善呼吸系统功能。只有适当的有氧运动，才可以提高肌体内氧气和二氧化碳的代谢能力，有效改善心血管机能，提高机体免疫力，改善亚健康状态。

（三）科　学

科学，即反映自然、社会、思维等的客观规律的知识体系。科学的生活方式是指在科学理论和科学知识的指导下，合理、和谐、稳定、自然的生活方式。体育生活方式讲究要能够经常有意识地利用科学知识、生活知识来指导和规范自己的体育生活，使自己处于有规律的生活中。清醒认识自己的经济条件、所处环境、消费能力，能够很好地把握自己的生活节奏，科学合理地安排自己的各项活动，做到自由、全面、和谐发展。

上世纪后半叶，西方掀起了第二次卫生革命。与以战胜病菌、病毒等生物因素为主要内容的第一次卫生革命相比较，第二次卫生革命的主要对象是人类自身，主攻方向是生活方式引起的疾病。控制人们活动量少且养尊处优的生活方式病而带来的健康危害（见知识链接 7–3），这是一场更深刻、难度更大的革命。西方国家对于生活方式病的治疗积累了较丰富的经验和教训，但是，在先进的治疗设备与方法、昂贵的医疗费用对于一些慢性病的治疗显得无力的，从而转向早期的预防和人们生活行为方式的改变，取得了明显的效果。

体育生活方式最大限度地保持着生活方式的合理性，通过提高人的健康水平而提高人力资源的数量和质量，最大限度地从科学的角度造福人类，促进社会的文明与健康。

【知识链接 7-3】

生活方式病

1957 年引起我国人口死亡的疾病顺序，从第一到第七位分别是呼吸系统疾病、急性传染病、肺病、消化道疾病、心脏病、脑血管病、癌症。而到了 1980 年代以后，引起死亡的疾病顺序，第一是脑血管病，第二是心脏病，第三是癌症。而且，心脏病、脑血管病和癌症这三种疾病，在 1957 年不仅在排序上位列第五、六、七位，而且在全部死亡原因中也只占 17. 3%；而现在这三种病不仅成了死亡原因的前三位，而且占全部死亡原因的 2/3。据世界卫生组织 1996 年的统计数字显示，冠心病、癌症、脑血管病三种疾病也正是造成全世界死亡人数最多的三大疾病。那么，这三大疾病的主要原因是什么呢？不是病毒，也不是病菌，而主要是由于人们不合理的生活方式引起的，如吸烟、过量饮酒、过食脂肪、吃得过咸、运动过少等不良生活方式，所以这类疾病也叫生活方式病。

传统的医疗技术和药物治疗不能阻止生活方式病发生，只能从人们的行为着手，提高人们的健康知识水平和自我保健能力，激励人们采取有益于健康的行为，树立健康的生活方式，避免危险因素，才能达到增进健康的目的。

资料来源：百度文库。

二、体育生活方式的养成

（一）主体层面

1. 树立正确的体育价值观和体育动机

体育活动主体意识中最为核心的问题，就是体育生活方式中指导人的体育活动的价值观问题。人们的价值观对于体育行为具有重要的指向作用，而整个行为的发生又受到来自自然环境、宏观社会环境以及微观社会环境不同程度的影响。因此，应紧紧抢占社会发展的先机，从各个方面提升或灌输体育价值观的理念，以保证国民的体育价值观念能够跟上社会的发展。人是体育生活方式的主体，人对体育的需求是最重要的。根据马斯洛的人类需求理论，体育是人较高层次的需求，也是实现人较高层次需求的途径。人只有通过体育运动展示自己的价值取向，发展自己的能力，提高生活质量，获得生活情趣，才会继续进行体育运动，使之成为生活不可缺少的一部分，体育生活方式才能形成。

价值观念是一个影响体育参与尤为重要的因素，人们在日常生活中重视什么，对人们的行为具有深刻的影响。伴随着社会转型中人与社会关系的转变，人们不再把物质生活作为最高的追求，而更加重视人自身的潜能和本质的开发与发挥，重视人的精神文化价值，重视人的生活质量；人们还越来越重视人的自由个性和个人生活的丰富性、独特性与和谐性，重视人的身心健康和全面发展。影响我国居民参加体育活动最主要的原因是观念的问题，而体育生活方式的差异实质上就是价值系统的差异。

价值观和态度是人们从事体育活动的前提，价值观的形成需经历三个阶段，即价值感受、价值意识、价值抽象。人的任何行为都有其目的性，体育行为自然也不会例外。人们参与体育活动，必然是为了满足其在某些方面的需要。而在这些不同的需要中，不同程度地反映了人们对体育价值取向的理解。这种目的性制约着人的全部体育活动及活动的全过程，人在体育活动中不仅使自然物发生形式变化，同时它还在自然物中实现自己的目的，这个目的是他所只知道的，是作为规律决定着他的活动方式和方法的，他必须使他的意志服从这个目的。

今天，我们所提倡的体育生活方式是创造文明、健康、科学的生活方式。既是社会进步的标志，也是现代人在解决温饱等问题的条件下，对需要层次逐步提高所产生的。在体育生活方式中，体育运动项目占有很重要的位置。当外部条件具备的情况下，体育运动项目能否引起人们的兴趣，激起人们对体育的需求是非常关键的，这与体育运动项目是否易于开展和它所具有的功能有很大关系。慢跑、太极拳、气功和健身操等体育运动易于参与且活动量不大，很适合老人和体弱者；蹦极、漂流、潜水、攀岩对富于冒险的年轻人极具诱惑力。号称“世界第一运动”的足球则非常具有号召力，不论是发达国家还是发展中国家，总有不少的人参与足球运动，足球运动已经成为人类共同的“语言”。

2. 养成良好的体育行为习惯

行为习惯是行为和习惯的总称。习惯是自动化的行为方式，是在一定时间内逐渐养成的，它与人后天条件反射系统的建立有密切关系。习惯不仅仅是自动化的动作或行为，也可以包括思维、情感的内容。习惯满足人的某种需要，由此习惯可能起到积极和消极的双重作用。

行为习惯是生活方式的重要组成部分，也是生活方式的外部表现。建立良好的生活习惯是抵御和阻断不良生活方式的最好办法和实施途径。良好的习惯不是一两次锻炼就可以形成的。特别是体育锻炼习惯的养成，需要持之以恒。根据不同年龄特点进行体育锻炼，要注意动静配合、合理的运动强度和负荷，避免过高的要求。注意提高对体育活动的兴趣培养。刚开始参加体育锻炼，不可要求太高太严，要循序渐进，逐步建立起正确的动作技能。

体育锻炼习惯的养成主观因素中，需要是锻炼习惯形成的前提，运动技能是锻炼习惯形成的条件，意志活动是锻炼习惯巩固并发展的重要因素。体育运动的环境和氛围对个体运动需要有催化作用，锻炼效果的体验是锻炼习惯的生理、心理基础，每天相对稳定的运动项目、锻炼时间能使有机体产生参与体育运动的内驱力。同时，教育因素、体育指导、体育场地、体育风气、体育竞赛、明星的宣传报道等，都对学生体育锻炼习惯的养成产生重要的影响。

锻炼习惯的形成，建立在良好动机之上，而动机又来源于身体对活动的需要，需要又是发展生命所必需的客观条件的需求反映。体育实践是影响人们体育锻炼习惯养成的关键环节，它是形成锻炼习惯的基础，任何人的锻炼习惯都不是生来就有的，而是在社会生活中，通过体育实践以及在社会交往过程中逐步形成的。

3. 提高生活品味的体育消费

体育消费是指用于体育的个人支出。狭义的体育消费主要是指在参与体育活动与观赏运动竞赛表演的过程中，对体育服务产品及和体育活动直接有关的体育实物消费品、精神产品等体育消费资料的消费。广义的体育消费还包括各种间接的体育消费，即为了参加体育活动或观赏运动竞赛而支付的交通费、住宿费、餐饮费等。体育消费的增加，促进了消费结构的优化和合理化。体育消费在消费结构中的地位和比重，常常可以反映出个人、家庭和社会的文明程度。体育消费是用于改善社会健康状况、优化生活方式、提高生活质量的重要消费，是实现劳动力内涵扩大再生产的要素之一。体育消费既可以作为劳动者的教育训练费用，计入劳动力的价值，也可作为劳动力内涵扩大再生产，是提高劳动力质量的手段。通过教育训练和文化体育消费活动，劳动者的知识、智力、技巧、审美、修养、情操、价值观乃至成就、威望等都具有一定程度的提高。体育消费培养了劳动者的个性，使之全面发展，从而调动了劳动者的生产积极性。劳动者可以效率较高地支出更多的脑力和体力，劳动生产率和产品质量就会大大提高。

（二）客体层面

1. 体育法律、法规及政策的制定与完善

体育法律、法规及政策的制定有利于形成全社会全民参与健身的格局，最好的范例当属日本（见知识链接 7–4）。应形成政府主导、部门协同、全社会共同参与、全社会力量集中、全民健身氛围营造的理念。每个社会成员作为全民健身的主体之一，都会融入其中，让体育成为人们的一种生活方式。人们不再是竞技体育的简单看客，而是真正的体育爱好者。体育组织是人们开展体育活动的重要载体，对于人们参加体育活动具有相当强的约束力和继续参加体育活动的动力。社会阶层成员可根据动机、项目等条件参加体育运动的组织，进行有计划、有组织、有指导的体育锻炼，将极大促进人们体育生活方式的养成。

【知识链接 7–4】

日本的体育政策和法规

日本是一个经济大国，同时也是一个体育大国，日本作为体育大国的面貌出现，其主要特点并不是它的竞技体育，而是对其学校体育、社会体育发展的广度和深度而言的。1964 年东京奥运会之前，1961 年日本颁布《体育振兴法》，该法颁布之时正值东京奥运会的前夕，日本政府充分利用民众对体育的关心和参与的高潮时期，不仅为顺利举行奥运会创造了氛围，更重要的是为以后体育的发展打下来坚实的基础。日本经历了学校体育、社会体育近 40 年的辉煌发展史。

日本宪法中明确规定“公民有受教育”和“享受健全文化”的权利。另一个重要法律“教育基本法”中有也有同样内容。与体育有关的法规均由以上基本内容引申而来，形成了一整套针对性较强的体育法规体系。

日本的《体育振兴法》为日本体育的振兴和发展奠定了法律基础，配套的法规有《运动振兴法实施令》《学校教育法》《学校保健法》《社会体育法》《学校体育设施对外开发》《城市公园法》《自然公园法》及运动测试实施要点等相关法规等。

资料来源：网易零角度。

一个社会的法规政策、政府对体育的态度及对大众体育的支持力度，是人们进行体育运动的重要环境，对体育生活会产生重大影响。我国《体育法》《全民健身计划纲要》的颁布，极大地推动了全民健身运动的开展。我国政府对历届奥运会上我国运动员取得的骄人战绩的肯定及对全民健身运动的重视，对许多人从事体育运动具有极大的感召力和促进作用。

2. 优化结构，促进经济的协调发展

社会经济发展是影响体育生活方式形成的一个重要因素。经济条件是形成体育生活方式的物质基础和前提，随着生产方式的变革、生产力的提高，经济高度发达的现代化社会需要体育生活方式来满足人们日益增长的对生理、心理和社会健康的需要。任何一种休闲运动方式，只有当它成为大多数人接受的运动时，才可能真正流行和繁荣起来。经济条件是制约体育生活方式的重要社会条件。从另一方面来看，生产力越发达，经济水平越高，越有利于体育生活方式的形成。

体育赛事的开展要拓宽人们的关注面，不要只局限于比赛，而是要更多关注体育文化的内涵。此外，要开掘体育项目的深度，不要停留在表面，使健康内容向锻炼、娱乐、休闲相结合的多元化方向转变，通过更多人的观看和参与，让更多人养成体育的生活方式。体育健身成为越来越多人生活的主要内容，为自己的生命质量加分，享受运动的快乐、身体的健康和生活的幸福。

在科学发展观和经济新常态下，更好地协调经济结构，增强我国经济发展的协调性和竞争力。产业结构调整取得新进展，三次产业协同性增强、需求结构改善、城镇化步伐加快和区域结构不断优化，加快了中国体育产业的职业化、社会化、市场化发展道路，促进国民经济不断迈上新台阶。

3. 社区体育，加强组织建设与管理

社区体育组织是随着社会转型和改革开放的深入而产生的一种新型的群众体育组织形式，作为政府间接管理的助手，实施对社区体育的管理工作。社区体育的主体和对象都是居民，组织者和居民的平等关系决定了社区体育角色的转换性。这种角色的转换最有利于提高每一个人的体育参与意识，提高社会交往和社会适应能力。通过参加社会交往会培养人们的运动习惯，对终身体育更有意义，除了体育本身的特征之外，群体认同和活动机会对坚持体育锻炼发挥重要的促进作用。当个体已经成为因某项活动而组成的相对稳定的一分子，那么，他与群体内成员的交往和他对群体的认同感，会促使他坚持这项体育活动。体育活动本身能够促进人的社会交往活动，也会使交往变得更加亲密。同时，交往也可以吸引人们参与和坚持体育活动，两者相互作用、相互影响。

社会各阶层应成为体育活动的组织者和行动者。在我国，社会的特殊阶层结构使得社会上层和中上层成为社会的核心群体和利益群体，他们占有较多的社会资源和体育资源，是整个社会阶层结构中的主导型阶层，是当前社会经济发展及市场化改革的主要推动者和组织者，也是实施全民健身计划的推行者和组织者。他们的体育行为不仅对于增进自身的健康、建立良好的生活方式，而且对于整个社会将树立良好的体育健身形象，起到榜样和示范的作用。对于促进社会各阶层群众体育运动的开展，提升民族素质，促进社会文明具有重要意义。

4. 学校体育，完善育人功能

当今社会是一个极具变化的转型时代，社会在转型、教育在转型、体育教育也在转型。在这样的背景下，人们的体育教育观念和体育教育体系结构正经历划时代除旧布新的嬗变过程。学校体育阶段是形成体育锻炼习惯的关键时期，是每个人都要经历的重要学习阶段。这一时期由学校和体育教师对学生进行全面、系统、有目的的教育，其目的是发展学生的身体素质，掌握一定的运动技术、技能和体育理论知识，学会锻炼身体的方法，培养锻炼的意识和习惯。卢元镇对城乡居民体育参与者参加体育活动的外在动因研究发现，在学校期间养成的体育兴趣爱好和习惯起着重要的作用（占 27. 54%），学校教育对体育生活方式的养成是关键成因。体育教师是各类学校体育工作的具体执行者，是体育教学、课外体育活动和业余训练与竞赛的组织者和实施者。如何调动体育教师的工作积极性，提高自身素质和课堂教学质量，直接影响着学生体育锻炼意识、技能及习惯的形成。此外，要加强对学校领导、班主任对体育锻炼态度的培养。因为校长对体育锻炼的认识情况，直接影响他对学校体育方面工作的重视程度，在人力、财力、物力等方面给予体育工作全方位的支持情况，进而影响学校体育软硬件环境。班主任肩负着全面管理班级的职责，由于在学生中间具有很高的威望，班主任对体育活动的认知程度提高，势必也会间接或者直接地影响学生对体育锻炼的态度与兴趣。体育场地器材是保证体育教学、课外体育活动必不可少的物质条件，直接关系着学校体育工作的开展程度和水平，也决定着青少年学生的体育锻炼行为的选择。

5. 家庭体育，营造健身氛围

家庭是社会构成的最基本细胞，在这个社会机构中有着特殊的地位。人从出生到死亡，家庭贯穿着生命历程的每一个阶段，满足人们的多方面需求。随着体育生活方式成为提高家庭生活质量的一种手段，体育成为家庭生活的主要内容之一，对家庭各种功能的发挥起着关键作用。

家庭体育是人们体育启蒙的起点，是培养运动习惯的学校，也是体育活动普及的重要场所。家庭体育是教育少年儿童的良好手段。如今，城市化进程加快，居住环境改变，计划生育政策推行，学校应试教育带来的激烈竞争，以及卫星电视的普及和电脑网络走进家庭，使缺乏锻炼的小电视迷、游戏迷、课外辅导狂、10 岁左右的小胖墩的数量急需增加。肥胖除了与遗传和饮食有关以外，主要是运动不足所致。因此家长必须有足够的认识，毕竟学校体育运动不能针对个别学生来进行，要通过家庭的体育活动来进行。家长要根据孩子的体质和兴趣，选择孩子最适合的运动项目，并一直坚持下去。据调查，许多人有参加体育锻炼的愿望，但由于在少儿时期没有经过科学的体育启蒙教育，不懂得锻炼的技术、方法等，影响了个人的健身行为。家庭也为体育人才的培养和支持体育事业的全面发展发挥重要的作用。

目前，我国参加体育活动的人口虽然有所上升，不过结构上仍有问题。尤其是 25 ~ 45 岁体育活动人口数量逐渐下降至最低，说明青年和中年人由于工作和家庭压力变大，加之脱离了学校体育的带动，忽视家庭体育的作用，便很少参加体育运动，极容易患上各种流行的城市职业病，“压力大”“睡眠不足”“运动不足”“乳腺癌”“过劳死”已严重威胁人们的身体健康。只有加强体育运动，才能消除和防止各种生理和心理疾病的发生。

6. 大众传播，发挥媒介的巨大作用

在人类社会的发展中，大众传播起于最初的个人与个人之间、个人与群体之间、群体与群体之间的人际传播，经过两次的科技革命，到上个世纪初期，电报、电话、收音机和电视机的出现改变了印刷媒体统一天下的格局。以至于到了 20 世纪后半叶电脑的普及，标志着人类进入了网络传播时代。

据中国互联网络信息中心（CNNIC）在京发布第 35 次《中国互联网络发展状况统计报告》显示，截至 2014 年 12 月，我国网民规模达 6. 49 亿，较 2010

年底增加1.90万人，互联网普及率为47.9%。网民中学生群体所在的比例最高为23.8%。文化程度为大专、本科、研究生和博士的网民是主体，占网民总数的52.1%。网民都有各自不同的成长环境和生活经历，具有不同的价值观念、兴趣爱好，抱着求知、交友、娱乐的心态与网络信息接触，在获得知识与无穷乐趣的同时，他们的一些思想和行为也在受网络信息的影响而在发生改变。大众传播媒介对我们进行体育生活方式的宣传、教育产生着潜移默化的作用。

信息化时代，从网络上获取信息和资料的同时也在为别人提供有用的信息和资料，实现资源共享。这样利用网络可以更方便地实现学习的本质——参与和实践，要充分利用网络强大的信息传播力量，建立网络体育资讯传播媒介，为人们提供了多元化体育参与空间和行为，帮助人们正确地理解和认知网络体育信息的能力，积极参与体育活动，从而影响着人们体育生活，改变人们的体育行为。在网络上流行的“驴友”社区和“暴走”族等，都是一些平时每天乘坐地铁在城市地下穿梭的人们，以此来锻炼身体并体验平时忽略的城市风光。

传播会对人们参与体育活动产生影响，并被认为是多因素作用的结果。新闻媒体作为社会环境的代言人，具有监督和宣传的功能，对人们体育生活方式的养成具有重要影响作用。要善于利用各种宣传媒介等来宣传和吸引更多的人参加到体育活动中。可以利用微博、微信、信息平台实时地了解体育和健身方面的知识。体育与人的发展的重要性，让人们在媒介这个大环境下，意识到养成良好生活方式的重要性，这些举措都能较好地激发人们参与体育锻炼的热情。大众传播媒介的持续激励、周围人群的榜样和督促作用是体育生活方式形成的必不可少的重要因素。

第三节　体育休闲娱乐与健身

一、休闲的概述

休闲是个古老的话题，人类对休闲的认识有着悠久的历史，休闲学的历史与人类文明史一样久远。早在古希腊，被誉为“休闲学之父”的亚里士多德指出，

“休闲是一切事物环绕的中心”，“只有休闲的人是幸福的”。现代休闲学的诞生是以 1899 年凡勃伦发表的《有闲阶级论》为标志，他认为，休闲已经成为一种标志和社会制度，用来区别上层阶级与广大劳动群众之间不同的生活方式。在我国古代，从老子的《道德经》、庄子的《逍遥游》到陶渊明的“采菊东篱下，悠然见南山”等，无疑都是休闲的真实写照，反映了我国先哲们修身养性的生活态度。我国现代，对休闲颇有研究的是于光远、马惠娣等学者。于光远教授是最早关注休闲现象的学者之一，他指出，“玩是人类基本需要之一，要玩得有文化，要有玩的文化，要研究玩的学术，要掌握玩的技术，要发展玩的艺术。”马惠娣也曾指出，休闲的真谛是“自由、快乐、意义”，是“以欣然之态，做心爱之事”。

（一）休闲的概念

尽管如此，对休闲的定义并非易事，不同的学科进行了不一样的界定。所谓休闲，中外学者从各个角度进行了不同的诠释。著名休闲学家杰弗瑞·戈比在《你生命中的休闲》中指出，“休闲是一种相对自由的生活，是在内心之爱驱动下的行动，它使个体能够以自己所喜爱的、本能地感到有价值的方式来感受生活”。他主要是从时间的角度、心态的角度、生存状态的角度、行为的角度等方面对休闲进行了定义，他强调了休闲活动中个体的感受的重要性，不能是一种“闲而不休”的状态；他强调了休闲的心理体验性，指出休闲的终极目标是达到“Flow”的状态；他指出休闲更重要的特性是对个体个性重建的需要，是个体体现人生价值的重要方式，而不是仅仅局限于下班之后、工作之余的一段空闲时间而已。我国休闲学者马惠娣教授则更注重休闲的个人体验，她指出，“个人感觉到某种东西是休闲，那它就是休闲”。因此概括起来，休闲可以理解为，从时间角度去定义，休闲是人们在劳动和生理必须时间之外，所拥有的自由支配时间；从活动角度来说，休闲是在工作之余，让个体兴趣得到自由发展的一系列主动活动；从心理角度来说，休闲是一种心理倾向，一种获得心灵平和的精神状态。

（二）休闲的社会重要性

1. 休闲成为生活的主要目的

在相当长的一段时间里，我们的生活都是以工作为主线，休息是为了工作，一切都是为了工作。我们倡导的个人生活的目的是为了工作，休闲一直是为了让工作做得更好、有更高的生产量而服务，而现在越来越多的人认为，工作是为了更好地生活，劳动是为了更好地休闲并使人得到可持续发展。列宁说过，“不知道休闲的人肯定不会工作”，工作与休闲不是对立的，休闲不是用来忘却工作，而是为了让生活更美好。为人的发展而制造更多更好的休闲，才是工作的真正目的。

2. 休闲促进身心的全面发展

休闲使人们的身心得以放松，促进身心发展，休闲是一种“成为人”的过程。“成为人”意味着要探索和谐与美的真谛；要承认理性和感性、物质与精神层面的统一；要与他人一起行动，使生活内容充满朝气并促进自由、全面发展和自我创造。科学文明的休闲方式，可以有效地促进能量的储蓄和释放，它包括对智能、体能的调节和生理、心理机能的锻炼。休闲生活可以满足个人生理及心理的需求，可以促进个人的身体及心理的健康。休闲活动是个人依其意愿选择参加的，不受约束与控制，所以人们在活动中较易获得各种心理的满足，休闲有助于健全人格的发展。

3. 休闲成为全新的生活方式

休闲是内心的感受，不依附于外在时间，而是存在于能达到休闲的时间。休闲是人体回归自然状态，消除工作紧张疲劳，恢复其体力和智力功能的人生时段。休闲的基本设定是“做真正想做的事”，它可发生于工作时间，也可在个人自由决定的时间。劳动只是谋生的手段，快乐才是人生的目的，休闲本身就是快乐的，休闲成为我们全新的一种生活方式。良好的生活方式不仅有益于身心健康，也有益于一个人在社会中所产生的价值大小，有益于生活质量的提高，有益于良好的社会生态环境的建立。休闲作为一种生活方式，其实质是生活态度、生活信仰、生活行为的改变。

二、休闲时代体育功能的转变

（一）休闲时代的来临

随着经济的发展，我国正进入普遍有闲的社会。中国人民大学王琪延教授指出，“中国将迎来休闲经济时代。休闲经济时代有几个重要的指标，第一，人们的休闲时间会大幅增加，休闲时间能占到40%～45%；第二，时间更长远一点，到2030年，我国的GDP大约有50%来自于休闲产业；第三，老百姓的消费支出有50%用于休闲消费；第四，我们的国土有1/2的面积用于休闲。”

“休闲是人的权利也是本性要求，休闲关系生活幸福指数和经济发展质量”。在发达国家，人们的时间1/3用于工作、1/3用于睡眠，另外1/3则是在休闲。休闲已经成为衡量一个国家发展阶段和水平的重要标志。同时，休闲也是生产力，它可以产生推动经济发展的原动力消费。当前推动休闲经济发展，需要政府倡导休闲观念，不仅要提供大量休闲资源让人们“有钱有地方休闲”，更为重要的是，要率先落实带薪休假制度，让人们“有钱有时间休闲”。过于关注经济收入的提高而产生的“工作—赚钱—消费—工作”的生活方式会影响人们的健康休闲和快乐生活。休闲和劳动都是人们的基本权利，休闲并不是偷懒或浪费，而是为了更好地劳动、更好地生活。

休闲进入了寻常百姓家，休闲已不再是贵族阶级的专利，而成为人们生活中不可缺少的一部分，这一切孕育着休闲时代的到来。休闲时代的到来，是社会文明进入一个新阶段的重要标志，是不可抗拒的世界性的社会文化潮流。休闲时代的到来，使人们的生活方式发生了很大改变，这种改变不仅包括生活观、娱乐观的改变，也包括生活中衣食住行各个方面的改变。

（二）休闲时代体育功能的转变

休闲时代给我们带来了巨大的精神财富，带来了现代社会对人性的关怀，随之体育功能也发生着很大的转变。在提倡健康生活方式、提高生活质量的今天，体育功能的转变是时代对体育的特定要求，是体育成为人们生活第一需要的具体表现。体育的发展将以崭新面貌展现在我们的眼前，这主要表现在，由生产向生活、由竞技向健身、由工具向玩具、由单一化向多元化的转变。

1. 由以生产为主向以生活为主的转变

生产一度被认为是体育的主要功能。在以体力劳动为主导的社会里，体育可以培养出体格强壮的劳动者，增强体质就是增加劳动生产力。而随着知识经济社会的发展，改变了体力在劳动中的地位，降低了劳动生产对体育的要求。体育从为了满足生产需要的对人体的“修复”转向了为了人的全面发展的“完善”。从重视体力到重视休闲，从“日出而作，日落而息”的劳作谋生到“花钱买健康”追求高层次的生活质量，是从生产对体育需求到生活对体育需求的自然发展过程，体育功能的转变也反映了社会和文明的进步。

2. 由重竞技向重健身娱乐的转变

在相当长的历史时期，政治大国利用体育竞赛的影响，来提高国家的地位，振奋民族精神。而新时期，体育更多地是为了提高人民的生活水平，促进个体的健康发展。体育功能正在发生重要的转变，竞技功能已不是体育的主要功能，人们更重视体育的娱乐健身功能。“倡导娱乐、健康第一”，通过愉快而健康的身体活动来提高人们的生活质量，是中国体育发展的趋势，体育将实现从满足群体需要到满足个体需要的重心转移。体育作为人人都应该享有的休闲娱乐权利，将成为个体的终身需要和全民的永恒需求。

3. 由工具向玩具的转变

工具是为了完成工作而利用的器物。一直以来，体育作为政治的工具，为统治阶级服务。新时期，体育功能发生了转变，体育以其独特的“玩具”魅力、积极健康的文化娱乐方式和观赏性，吸引更多的人参与，并成为人们休闲生活的重要内容。体育功能由“工具”到“玩具”的转变，体现了经济发展到一定水平后人们对幸福生活的追求，表现着人类自由精神的指向，反映出体育作为文化的真正魅力。面向未来，提高生活质量成为全球共同的目标，突出休闲娱乐性质，把体育活动融入到每个人的生活中去，是体育文化属性的回归。体育与休闲结合，成为健康生活的“玩具”。体育作为人类积极维护自身健康的活动，是人类文化的积淀和理想的追求，是人类身体和精神的乐园。社会发展的终极目标，是提高人的生活质量，体育在提高生活质量的进程中，作为一种“玩”的身体文化，通过给人带来欢乐的方式，显现出对人类的终极关怀。

4. 由单一化向多元化的转变

体育运动作为意识形态较量的工具，曾偏离了体育的终极目标。尤其是高水平竞技运动，曾被种族主义、军国主义所利用，损害了人类的和平与发展。随着国家综合实力的增强，体育逐渐从强调为政治工具或生产工具服务回到了“培养全面发展的人”的终极目标。体育呈现多元化发展的趋势，体育的经济功能逐步发展成为体育的显性功能而备受关注。市场经济的发展，体育健身、休闲、娱乐、竞赛等所带来的经济价值逐步被人们所认识。目前我国体育正以强劲的势头向前发展，全民健身已上升为国家战略。体育与休闲娱乐相结合，体现了人们对幸福生活的追求，反映了人们对休闲的渴求，显示出了体育对人类的人文关怀，展现了体育的真正魅力。

三、体育休闲娱乐与健身

尽管体育、休闲和娱乐的起源可追溯到人类远古时期，但休闲娱乐与体育的关系、游戏和竞技在体育中的作用，却长期被中国体育界所忽视。一直以来，体育是被中国休闲遗忘的角落，而中国的体育也始终不想与休闲搭界。既不想将休闲的因素纳入体育，成为休闲体育，也不想把体育项目纳入休闲，成为体育休闲。这是由于中国的体育背负的使命所致，来自国家和民族的沉重负担，使其难以卸载。因此就出现了竞技耻谈休闲，健身无需休闲，教育不准休闲的奇谈怪论，从而用为国争光的金牌光芒来黯淡休闲，用强身健体的增强体质来冲销休闲。

休闲娱乐是人类在基本的生存和生产活动之外积极参与的生活，以获取快乐的非功利性活动，它不仅包括生理上获得快感，更主要是指心理上得到愉悦。进入到全面建设小康社会，随着生活条件的改善、节假日的增多，人们有了“闲”“钱”“心情”，体育融游戏、竞赛、艺术和娱乐于一体，显示出其特有的休闲娱乐功能。对体育休闲娱乐的重视，是人类自身发展的需求，是体育理论进步的必经阶段。当中国进入新的历史时期，体育休闲娱乐已逐渐进入人们的视野，成为丰富生活内涵和提高生活质量的重要手段。体育与休闲的结合，是一种文明、健康、科学的新生活方式。体育休闲作为疏导压力和享受快乐的手段，使人们从被动地消磨空闲转向主动地追求高质量的娱乐休闲，使人们从群体的指令性锻炼转向个体的主动锻炼，成为回归自然的新的生活方式。

（一）体育休闲的类型

体育休闲娱乐活动种类繁多，按不同的分类方法，可以分成不同类型。

1. 按参与者身体状态分类，可分为观赏性活动、相对安静状态活动和运动性活动。观赏性体育休闲活动主要指观看体育比赛与表演，间接参与感受体育运动的魅力的体育休闲活动，如观看球赛、体育舞蹈，等等；相对安静状态活动主要指参与者身体活动少，而脑力活动大的体育休闲活动，如棋牌类项目；运动性活动主要是指以身体活动为主体的体育休闲活动，如攀岩、野营、滑冰、滑雪、漂流、蹦极，等等。

2. 按参与者身体能力分类，可分为体能类和技能类活动。体能类体育休闲活动主要包括耐力型运动和速度型运动，如登山、探险、速度滑冰、悬崖跳水等。

3. 按记分方法分类，可分为命中类运动、得分类运动、评分类运动、测量类运动、制胜类运动。

4. 按场地分类，可分为有对场地和经费投入要求不高的传统体育，如武术、气功、散步、跑步、踢毽、秧歌、打陀螺等；有需要一些专门场地和设施，需要一定投入的现代体育，如网球、游泳、旅游、家庭器械健身等；有对场地、设施、投入要求很高的新潮体育，如高尔夫、保龄球、赛车、摩托艇、热气球、滑翔翼等。

5. 按空间分类，可分为有以陆域为主的体育休闲项目，如登山、郊游、攀岩、跳绳、定向越野、山地自行车、羽毛球、篮球、排球、滑冰、轮滑等；有以水域为主的体育休闲项目，如帆板、赛艇、冲浪、游泳、划船、潜水、钓鱼、漂流等；有以空域为主的体育休闲项目，如滑翔、跳伞、热气球等活动。

（二）体育休闲的特点

1. 运动方式多样性

体育休闲娱乐活动可以依据人们自身的需求，随意、自由地选择活动类型，而不拘泥于固定的形式，可以集体活动，也可以单独活动，可以静悄悄地活动，也可以在音乐伴奏下活动，散步、慢跑、跳交谊舞、大众健美操、扭秧歌、练气功等，无论哪种锻炼方式，一切由自己随心所欲地选择，使得运动健身的形式丰富多彩。

2. 时间的灵活性

体育休闲娱乐活动在时间要求上比较宽松，可以在工作间歇的时间里进行，可以在茶余饭后的零散时间里进行，也可以早、晚进行，时间安排可长可短，完全依个人的体力、兴致、忙与闲的状态的具体情况而定。只要有健身的愿望，随时都可以按自己的意愿从事轻松愉快的健身运动。

3. 空间的自由性

体育休闲娱乐活动在空间的选择上不拘泥于固定的场地设施，可以在正规的场地，如体育馆、专项的体育场地进行；也可以在非正规的场地，如公园、广场及家中等场所进行活动。体育休闲活动空间的选择较为自由随意，无论空间大小，地处何处，无不都是休闲健身运动场所，如屋内、阳台、台阶、路边、树下、房屋空地、山上、河边、田野等，从而使健身活动更具便利性。

4. 技能、体能的适宜性

体育休闲娱乐活动对技术、体能要求并不是很高，对于毫无运动基础的人，只要有健身愿望，都可以立即进入角色，而不必羞于对体育技能的无知，运动上的低能，也不必担心被笑话，只要按自己的意愿运动就足够了。在体能方面，也要选择以自己身体能接受的运动为主，对身体各系统功能起到调节作用，使锻炼者心情舒畅的活动内容。

5. 心情的愉悦性

体育休闲娱乐活动强调心情的舒畅愉悦，人们通常是在心情愉快的状态下进行体育休闲娱乐活动，不必为动作的笨拙而害羞，不必为从事锻炼的花销而发愁，不必为占用时间过多而急躁，不必为达不到某些体育标准而沮丧。体育休闲娱乐活动使锻炼者身心得以放松，消除紧张与疲劳。

（三）体育休闲的功能

1. 健康功能

世界卫生组织对健康的界定是“身体的、心理的和社会的”。体育休闲的功能，不仅仅在于体质的健康，更在于人们的心理健康，让人们真正感受到运动所带来的各种乐趣。“文明病”的出现使越来越多的人感到身体不适，通过体育休闲的调节可以改善身体状态，也可以防止疾病的侵袭，增进人们的身心健康。对于精神高度紧张的现代人来说，体育休闲既满足了其精神需求，又塑造了健康的心态，使人们对生活形成了积极的态度，促进了人们的身心健康。此外，体育休闲活动可以缓解长时间精力集中引起的精神疲劳、肌肉僵硬的现象，长期坚持体育休闲活动可以增强人体免疫力，减少疾病的产生。在今天，“健康第一”的思想在一定程度上已变成“花钱买健康”“请人吃饭不如请人流汗”等的自觉行为。

2. 娱乐功能

娱乐是体育运动的基础。体育休闲作为一种特殊的文化活动，具有明显的娱乐功能，它贯穿着人自由自觉的特性。体育休闲活动的本质特点是娱乐性，但体育休闲不能也不应该取代其他娱乐方式。目前，在学校体育发展中，存在着严重的娱乐性缺失的现象，因此对学校体育的身体娱乐教育的加强，有助于促进青少年健康成长。而在全民健身发展中，应大力挖掘体育休闲活动的娱乐性，使人们在笑声中能自觉进行身体锻炼，从而养成终身体育习惯。享乐不会带来健康，快乐却有利于健康，体育休闲娱乐活动在增强体质的同时，给人们带来了愉快的情绪。在物质文明发展到一定程度后，人们开始追求精神层面上的享受。这是马克思关于人类需要的理论，也是现代社会的发展趋势。中国古语云："玩物丧志"，一个"玩"和一个"丧"几乎完全否定了休闲娱乐的积极一面。实际上，适当的"玩"不至于"丧志"，反而它使人们得到了娱乐和放松，是人们在紧张的劳动和工作之余的一种自我调节，是享受生活的一项重要内容。

3. 减压功能

随着社会的进步、生活节奏的加快，人们的工作时间在逐步缩短，但工作的强度却日益加大，在竞争日益激烈的环境中，承受来自工作及其他方面的压力也越来越大。体育休闲娱乐可以为人们提供一个放松的机会和环境，提供一种宣泄的渠道，从而缓解紧张的工作所带来的各种压力。在运动和休闲的过程中，人们可以抛开一切的烦恼和不愉快，心情舒畅地去享受体育所带来的各种乐趣，所以体育是平衡人们心理、调节社会矛盾的减压阀，它可以使人们更加轻松、精神饱满地去从事各种社会工作。体育休闲可以帮助人们释放过剩的能量，发泄暴力，从而减少犯罪行为。

4. 社交功能

体育休闲活动讲求个人的积极参与和团队的协作配合，它营造了一个集体的氛围，使参与者在充分发挥个人能力的前提下，借助集体的力量，获得更多的运动快感和创造出更好的成绩，增强了社会交往能力，维持了人们的心理健康。人与自然界的很多生物一样，需要"识性而居"，这是生存的定理，一个人的力量是孤单的，一个人的生活是孤独的，快乐是别人创造的，也只有在群体中才能获得快乐，因此人与人之间的交流与沟通很重要。不同种族、宗教信仰、阶级背景的人通过共同的体育休闲改善他们之间的关系，正是人的这种本性的需求和体育的特点的结合，加上休闲的本质特征，使体育休闲充满了魅力和凝聚力。

5. 经济功能

社会和人们对休闲的需求，形成了一个巨大的休闲消费群体。体育休闲消费包含了人们闲暇时间内参与体育活动和观赏体育竞赛活动时对体育服务产品、实物产品、精神产品的直接消费和间接消费行为。它带动了体育休闲市场的发展，扩大了内需，拉动了国民经济的增长，营造了良好的休闲营销环境，创造了无限商机，促进了社会经济的发展。在西方经济发达国家，体育休闲产生了巨大的经济效益，并成为重要的经济支柱。上世纪 80 年代，美国体育产业总值就已达到 600 多亿美元，其中参加健身活动的体育人口也已达到 60% 以上。在我国，体育休闲产业起步较晚，但发展速度较快。预计到 2025 年中国的体育产业达到 5 万亿，那时将接近发达国家的中等水平。近年来，漂流、高尔夫、网球、极限运动等新兴的休闲运动项目如雨后春笋，在国内得到快速的发展，各种各样的健身休闲俱乐部和产业部门应运而生，健身休闲场所经常爆满和户外活动人数直线上升的现象，更说明了体育休闲对国民所产生的“向心力”，也充分展示了该领域广阔的市场空间和市场潜力。

（四）体育休闲的意义

1. 从体育的群体化健身到体育的个性化休闲

体育的群体化是政府主导型的体育，本质上是在非自由支配时间里进行的一种无差别的、非个性的、组织安排的、任务化的体育活动。体育的休闲娱乐是社会主导型的体育，是在人们可支配的自由时间内进行的，以个人身份地位、经济条件等自由选择的体育活动。休闲作为一种生活方式、一种文化，贯穿于人的整个生命周期。休闲能促进人的健康发展，它是人的本质需要和其生活质量的重要组成部分。体育原本应该是提供休闲的一种方式，是人们工作之余追求娱乐、放松、个人发展的重要手段。现代体育的很多项目源自于人们生活中的游戏，游戏的本质是玩，同时也是人们亲近自然、享受生活的体现。

2. 从体育的竞技性建构到体育的休闲性重构

体育的竞技性张扬的是通过超越自我而最终超越对手的绝对崇高性，追求的是“更快、更高、更强”，强调技术、对抗和竞争；而体育的休闲性主张的是通过完善自我而最终超越自我的相对自由性，追求的是“自由、自娱、自强”，强调愉悦、个性和健身。体育的竞技性更多的是代表一个国家或一个组织，以及少数运动精英的意愿与追求，而体育的休闲性则代表的是大众的意愿与追求。

体育休闲，一方面是指在物质条件的满足后，所追求和开展的较为轻松高雅的体育活动；另一方面是指它并非以竞赛、锦标为目的，而是一种以娱乐为目的，追求心情愉悦和精神满足的体育活动。体育休闲的兴起，为学校体育和社会体育的发展注入新鲜的动力，成为体育发展的新领域；用体育的竞技性来重构大众休闲活动、用休闲的娱乐性来解构竞技体育，成为体育发展的新方向。

四、体育休闲娱乐的回归

休闲时代的来临，使体育的休闲娱乐性得以回归。自古以来，中国传统的体育活动具有较强的休闲娱乐性，如龙舟、舞狮、踢毽、摔跤，等等。然而由于种种原因，体育的休闲娱乐性曾一度被置于遗忘的角落。如今随着社会的发展、体育功能的转变，追求健康、舒适、娱乐已成为人们生活的主旋律。整个社会正在进入普遍有闲的社会，体育也真正向身体休闲娱乐的本质回归。

体育休闲与其他休闲方式的区别在于它具备快乐的、激烈的竞赛性和轻松愉悦的游戏性。体育休闲为了娱乐、健康与审美的精神需要，体现了圣洁的生命价值，这才是人类对体育的最根本的需求。体育休闲竞争激活了人的潜能，使人们在比赛中能够自由宣泄，并体会到人性的回归。体育休闲活动使人们自由追求自身的体验，使其在轻松而愉快的游戏状态中模拟人生，使人生所有的体验都可以在游戏中展现，并可从头再来。它展示了人本来的属性，是人性最本质的回归。

思考题

1. 什么是体育生活方式？它的构成要素有哪些？
2. 体育生活方式对人的发展有哪些作用？
3. 结合自身实际，谈一谈如何形成体育生活方式。
4. 如何理解休闲时代的到来？其原因是什么？体育功能发生了哪些转变？
5. 谈谈你自己的休闲娱乐健身观点。

参考文献

[1] 梁利民.我国体育生活化探索[M].北京：北京体育大学出版社，2006：5.

[2] 马克思.马克思恩格斯选集：政治经济学批判序言[M].北京：人民出版社，1972：82.

[3] 梁晓龙.体育与现代生活方式[J].上海体育学院学报，1985（4）：17-20.

[4] 周长城.全球化：生活质量与生活方式的变革——基于千年发展目标的解读[J].学习与实践，2..6（7）：81-84.

[5] 卢元镇.体育社会学（第三版）[M].北京：高等教育出版社，2010.7.

[6] 肖正.体育是什么[J].体育文史，1996（5）：24-25.

[7] 奥林匹克宪章[M].北京：奥林匹克出版社，1992：1.

[8] 李文川，肖焕禹.上海市老年人体育生活方式构建[M].北京：人民体育出版社，2011.9：74-75.

[9] Mary Ann Kluge.Understanding the Essence of a Physically Active Lifestyle:A phenomenological Study of Women 65 and Old Journal of Aging and Physical Activity [J]2002 Human Kinetics Publishers,Inc,2002(10):4-27.

[10] Kevin R,Fontaine,Steffany Haaz.Effects of Lifestyle Physical Activity on Health Status, Pain, and Function in Adults with fibromyalgia Synfrome [J].Journal of Musculoskeletal Pain,2007,15(1):3-11.

[11] 李文川，肖焕禹.体育生活方式的概念界定及其范畴结构[J].上海体育学院学报 2010.3 ：3-37.

[12] 周文.体育与休闲[M].武汉：武汉大学出版社，2007.5：151.

[13] 绫部横雄.文化人类学的十五种理论[M].北京：国际文化出版社，1988：9.

[14] 唐国战.大学生生活方式论[M].洛阳：河南大学出版社，2011.9：251-254.

[15] 李敏卿.试论体育与健康的生活方式[J].华南师范大学学报（社会科学版），2002（3）.

[16] 马克思恩格斯全集.第23卷，第202页.

[17] [美]杰弗瑞·戈比.你生命中的休闲[M].昆明：云南人民出版社，2000.8.

[18] 马惠娣.休闲与体育的文化渊源及现代意义[J].上海体育学院学报，2010（1）1-5.

[19] 王琪延.中国将迎来休闲经济时代[J].求是理论网，2013-8-25 .

[20] 胡小明.体育休闲娱乐的理论与实践[M].北京：高等教育出版社，2004.

[21] 鲁长芬.从当代体育价值观的转变透视新时期体育功能[M].体育学刊，2007（3）.

[22] 卢元镇.当代中国休闲的特点及其休闲理论的本土化[J].广州体育学院学报，2008（3）.

[23] 杨晓生.21世纪体育功能的转变[J].体育学刊，2004.

[24] 王丽岩.休闲体育：人性的回归[J].沈阳体育学院学报，2004（2）.

[25] 许凤.休闲体育的概念空间和现实意义[J].上海体育学院学报，2010（5）.

沈阳师范大学：田英

安徽财经大学：袁继芳

第八章

竞技体育的社会功能

本章提要

在人类社会发展的历程中，竞技体育扮演着重要的角色，推动了社会的进步。本章主要论述竞技体育与社会规范、人格塑造和社会竞争之间的共生关系，从而进一步阐述竞技体育的社会价值。通过本章内容的学习，可以帮助学生理解竞技体育在人类历史长河中所展现出的社会价值和功能。

第一节　竞技体育与社会规范

竞技体育具有公平竞争、高超技艺、不断超越等特征，这和现代社会规范所要求的内容是一致的，它是现代人所需的素质、品质，也是现代社会应具备的社会心理和民族精神。本节主要阐述竞技体育和社会规范的概念、特征，进而对竞技体育和社会规范之间的关系进行论述。

一、竞技体育的概念、特征

（一）竞技体育的概念

竞技体育是体育的重要组成部分，是以体育竞赛为主要特征，以创造优异运动成绩、夺取比赛优胜为主要目标的社会体育活动。

（二）竞技体育的特征

1. 竞争性

竞争性是竞技体育最基本的特征，在竞技体育中表现得最为突出。奥运会的格言“更快、更高、更强”就是这种竞争精神的最好体现。失去了竞争性，竞技体育就没有了生机和活力，没有竞争就谈不上竞技体育。竞争性包括超越自我和超越对手。竞技体育内部是以运动队的形式，同时又代表一定单位、行政区和国家的竞争，最高表现形式为国家之间的竞争。国家在特定时期为了增强国际竞争力，会对竞技体育采取高度的集权，实行强有力的控制。竞技体育的竞争还表现在竞技选手间的竞争，通过竞技达到优胜劣汰、挑战极限的目的。现代社会离不开竞争，竞争意识是现代人所必备的素质，而竞技体育是培养这种素质的良好途径。

2. 技艺性

技艺性是竞技体育的又一个显著特征，某种意义上讲，竞技体育是发掘和发展人体潜能特别有效的途径，包括体力、智力等。随着人类社会的进步和科学技术的更新，竞技体育的竞争到了白热化程度。在各项竞赛中不仅向对手，而且向人类的极限进行挑战，表现了高超的技艺性。竞技体育中的很多运动项目发展至今，通过对竞赛规则的不断修改，促使新技术的进一步更新。竞技体育技艺性的发展与科学技术水平的发展密不可分。运动技术革命、训练科学化、场地器材设备现代化，对竞技体育技艺性提高有着最直接的影响。

3. 超越性

竞技体育追求力量、速度和高度的无限优化，追求无限逼近人体极限的境界。“任何一项新世界纪录的诞生，都意味着人类对自身的挑战，以及对新难技术敢于突破的精神。”运动员正是以这种坚忍不拔的精神不断地超越他人、超越自我。竞技体育实践活动就是不断地发掘、发展人体的潜在能力，在各项竞赛中向对手、向人类自身挑战极限的过程，不断超越是竞技选手追求的目标。此外，运动技术不断革新、训练方法不断科学化、场地器材设备不断科技化、科学技术不断发展，对竞技体育的不断超越发挥着无可限量的作用。

4. 公平性

竞技体育的公平性体现在竞赛程序、规则等公开、公平等，竞赛奖励按照成绩进行合理公正分配；对违反规则者进行处罚。公正是实现公平的基础，规则公正是公平的前提。“竞技体育需要以公正、统一的规则对竞技过程中竞技选手的行为和结果予以公正、符合实际的评判和认定。”公平、公开、真实是竞技体育的精髓，也是其赖以生存的根基。随着科学技术的发展，电子技术的大量运用，使得竞技体育对竞赛成绩的判定更加公开、公正。竞技体育的公平性还体现在对违反公平原则的行为等进行严厉打击和建立高度的限制机制，如对竞赛规则的修改完善；对兴奋剂检查和打击力度的加强；对竞赛结果人为操作的司法介入等。

5. 功利性

现代人类社会的不断发展，使得竞技体育的商业化、政治化等功利价值表现得越来越明显，而这种功利性渗透在竞技体育发展的各个方面。参与竞技体育的国家、团体和运动员都表现出不同的功利性，国家在竞技体育比赛中通过竞技选手们的取胜来宣传自己，提高在国际上的知名度和影响力；运动员往往肩负着一个组织团体或国家的委托，以取得优异成绩为目的，通过竞技比赛获得较高收入，以及相关的社会荣誉和社会利益，其在物质和社会知名度上都得到了好的回报。

随着市场经济的不断发展，竞技体育更加商业化、职业化，体育竞赛的资金有了充足的保障，运动员的收入巨大，使竞技体育的功利性更加突出。

【案例 8–1】

拳王世纪大战

2015 年 5 月 3 日，在美国拉斯维加斯，美国拳王弗洛伊德·梅威瑟对决菲律宾拳王曼尼·帕奎奥，这是一场万人瞩目的拳击世纪之战。根据美国雅虎体育、英国《卫报》等报道，仅付费点播（PPV）收入就超过 4 亿美元，创造了拳击历史上的新纪录；同时 440 万个家庭购买付费点播。另外，内华达州运动委员会表示，比赛门票收入为 7100 万美元。在拉斯维加斯的 4.6 万个咖啡馆、酒吧的闭路电视，将带来额外的 6900 万美元收入，赛事现场广告最低进账 1320 万美元。除美国外，世界各地有 175 个国家和地区进行了转播，赛前的国际版权收入预估为 3500 万美元。梅威瑟和帕奎奥之战的总账单超过了 5 亿美元。梅威瑟本场比赛的总酬金超过 1.9 亿美元，帕奎奥超过 1.3 亿美元。

资料来源：http://sports.163.com/15/0514/07。

竞争是竞技体育最直接的表现形式，竞技选手高超的技艺是竞争的前提，超越是竞争的最终结果，只要有竞争就必然实现自我超越或超越别人。公平竞争是竞技体育的追求，公正是实现公平的基础，公正与规则的制约性紧密联系在一起，规则的公正性是竞技体育公平的前提。而竞技体育的功利性在现代社会表现得越来越明显。

二、社会规范的概念、特征

（一）社会规范的概念

社会规范是人们在社会生活的长期实践中累积形成的，用以调节社会成员与成员、成员与社会的行为标准、准则或规则。它是某一社会用来调节人的社会行为，控制社会秩序，维护社会稳定的工具。一方面是对人们社会行为和社会关系普遍规律的反映，是一定社会人们行为和相互关系基本要求的概括；另一方面，它是通过某种习俗、传统方式固定下来或由国家及社会组织认可，构成一定社会成员普遍遵循的行为准则。

（二）社会规范的特征

1. 普遍性

社会规范是人类社会发展过程中的必然产物；是社会成员在生活实践中相互作用而形成的；是由全体社会成员共同创造的，属于社会成员共同所有；同时被所有社会成员普遍接受。它以非常普遍的形式存在于社会的方方面面，凡是有人群居住的地方，均有社会规范的存在。如果一个社会不存在社会规范，那么这个社会也不可能有社会秩序的存在。在不同的社会里，均有各种各样社会规范文化的普遍存在。这种社会规范文化犹如无形的力量，对社会成员发生影响，并约束着他们的行动。对共创的社会规范，社会成员在行为上会产生认同感和遵从心理，会自觉接受社会规范对自身行为的约束，这也正是社会规范的作用体现。

2. 导向性

人们在社会发展变化过程中，对于自己的行为都有一定参照，这种参照往往就是社会的规范性。把别人遵守或违反社会规范的结果作为自己的参考，在比较中估计自己行为与社会所要求的差距范围，并提前判断社会对自己行为所持的态度，以及为这种行为所承担的责任，这就是社会规范的导向作用。人们以此作为自己的行为准则，对自己的行为确定方向，了解自己的社会价值，同时使人们对人际互动关系的遵循和规避表现出一定的规律性，促进人与人之间的相互理解。人们在活动的过程中，总是将与自己有关的社会规范储存起来，根据实际的需要来指导和约束自己的行为，同时在社会规范所允许的范围内发挥自己的主动性、创造性，以增加社会运行的动力、活力，从而促进社会的进步与发展。

3. 强制性

社会的发展是要用一定的社会力量来保证社会效力的实施，从无形的社会舆论到有形的行政命令、法律行为；从积极的褒扬、激励到消极的禁令、惩罚，都对社会成员产生很大的强制作用。在人类社会发展进程中，社会团体会把既定的社会规范传授给社会成员，根据他们履行社会规范的表现来进行奖励、制裁，从而强制性地使人们接受、遵守既定的社会规范。这里既有精神力量的强迫，又有物质力量的强迫。社会正是采取社会舆论、道德、行政命令、法律等方式，使社会规范得到具体的实施。社会规范的性质不同，其强制的性质、范围、实现程度和方式也会有所不同。各种规范都相应地实行不同的评价机制，以便使人们对自己的行为后果负责或付出相应的代价。

4. 稳定性

社会规范是随着社会的发展而产生和发展的，在一定时期、一定阶段内具有相应的稳定性。社会规范的具体内容一旦形成，就会在一定时期、一定范围内保持不变，社会规范的这种稳定性是社会存在和发展的需求。不断变换的社会规范将会影响它的功能，对正常的社会秩序产生一定的破坏，会影响社会的正常运行。因此社会规范具有两面性，它会为社会的正常生活带来稳定，也会阻碍社会的进一步发展。相对稳定的社会规范会产生固定的社会秩序，这种固定的社会秩序容易僵化和不合时宜。当然，社会规范的这种稳定性是在一定条件下形成的，是相对的、暂时的。随着社会的进步和发展，僵化的、不适时的社会规范会被新的社会规范所取代。

三、竞技体育与社会规范的关系

竞技体育是对人体潜能最大限度的开发和挖掘，与对手还是与自身，竞技场上都充满了挑战，需要不断的顽强拼搏与奋斗。竞技选手们在这个过程中用坚强的意志和不屈不挠的精神激励着自己，同时，这种坚强的意志和不屈不挠的精神对人们的社会活动产生深层次的影响，进而促使人们遵循社会规范，使社会秩序得到良好的运行，对现代和谐社会的构建具有深远的意义。

（一）竞技体育遵守公平竞争原则，为社会规范的发展提供了先导性

竞技体育是在既定的规则限定下进行的竞争，不仅受到规则的约束，还接受社会成员的监督和检验。竞技体育比赛对运动成绩的评定很多是在统一的竞赛规则下，采用时间、距离的尺度来判别。运动员们的竞技水平在客观的评价尺度和人人平等的规则面前，都要得到公正、准确的评定。人们在观赏、参与竞技体育的过程中，会被这种令人愉快、充满公平公正精神的环境氛围所感染，潜移默化

地使他们在学习、工作和生活中的自我评价及对他人评价中奉行客观、公平公正的原则。竞技体育这种遵守公正原则进行公平竞争的模式为社会成员的活动和社会的发展提供了榜样和典范，往往会被社会各行各业所借鉴、运用。竞技体育运行模式和公平原则在各行各业中的运用，体现出了竞技体育对于社会规范的发展具有先导性。

（二）竞技体育体现了社会公共秩序，有助于提高社会规范水平

在竞技体育中，竞技选手都受到比赛规则的限制，在平等的前提下展现自己的能力，并与对手竞争。竞技过程是一个整体，每一个运动员都是竞技比赛的参与者，尊重自己的同时也要尊重对手，达到公平竞争才能真正体现竞技体育的内涵，而公平竞争体现了良好的社会公共秩序。竞争在促进社会发展的同时，也展现出了一定的弊端。为了在竞争中获胜，不惜采取欺骗、弄虚作假等违反规则的手段、方式，甚至不顾法律的尊严和道德的神圣，这种不公平的竞争是不会推动社会发展的。在现代社会的发展中，只有建立了完善的社会公共秩序，为社会成员提供公平的环境，竞争才能给社会的发展带来生机。

（三）竞技体育是提高社会道德水平的规范文化

公平竞争是特殊的社会道德尺度，在竞技体育赛场上展现的道德规范是社会规范的重要组成部分，是社会不可缺少的规范文化。在竞技体育中传播、宣扬的奥林匹克精神、体育道德，以及树立的公正、竞争、协作、团结、友谊、谦虚、诚实等道德价值观念，对青少年乃至全体社会成员都有极高的教育意义，促使人们遵循社会道德规范，进而提高社会的道德规范水平。在竞技体育比赛的观赏中，人们得到了健康美、形体美、道德美的欣赏，它可以净化社会情感，提高审美情趣，陶冶社会道德情操，有助于提高道德发展水平。与此同时，随竞技比赛发展起来的新闻报道、体育文学、体育摄影、体育影视、体育邮票、体育纪念品、体育服装、体育建筑等文化形式，都从不同的角度丰富着社会的道德情感文化。

（四）竞技体育的“社会安全阀”机制有利于和谐社会的构建

现代社会由于竞争激烈、压力增大、冲突加剧，社会不和谐因素增多，如果

这些因素长期得不到缓解，会引起不良的后果。要构建和谐社会，不仅应有敏感的预警机制，同时还应具备有效的矛盾疏导机制。而竞技体育正好有这种“社会安全阀”功能。其激烈竞争恰好提供了一个释放、疏导的机会，人们通过观赏、参与比赛，可以将平时积蓄的不满情绪、怨恨予以宣泄和消除，有效地缓解生活中的压力，化解社会矛盾，利用特殊矛盾疏导机制，促进社会的和谐发展。

【知识链接 8-1】

社会安全阀

“社会安全阀”是社会冲突竞争积极作用的一种表现，它是指各个社会都存在着一类制度或习俗，它作为解决社会冲突的手段，能为社会群体的成员提供某些正当渠道，将平时蓄积的敌对、不满情绪及个人间的怨恨予以宣泄和消除，从而在维护社会和群体的生存、维持既定的社会关系中，发挥“安全阀”一样的功能。社会安全阀的功能是通过为社会成员累积的敌意和攻击性情绪寻找替代目标和替代手段而形成的，能够阻止或减轻冲突带来的破坏性作用，是被社会所认可和允许的冲突形式，具有合法性的特点。社会安全阀得到社会赞成的同时又受到社会的控制，使它的形式与规模不至于超出明显的界限；社会安全阀广泛存在且对社会具有不可或缺的作用。如果没有社会安全阀提供的发泄敌意与表达不同意见的渠道，社会成员会感到不堪重负，整个社会有分崩离析的风险。

资料来源：刘泽君.合理与现实——社会学基本理论[M].北京：学苑出版社，1998；科塞.社会冲突的功能[M].北京：华夏出版社，1989.33。

第二节　竞技体育的社会价值

随着人类社会的发展，科学技术水平的提高，物质生活资料的丰富，余暇时间的增加，竞技体育以其特有的魅力越来越受到广大社会成员的重视和喜爱。在现代社会中，竞技体育是不可缺少的组成部分，具有重要的社会价值，其价值是多方位、多层次的，在社会生活和社会发展中发挥着越来越大的作用。

一、竞技体育的教育价值

竞技体育与教育有着内在的、不可分割的关系，在竞技体育发展过程中所带来的教育价值是不可忽视的。弘扬竞技体育的教育价值，在现代社会有着重要的意义。

（一）竞技体育有助于培养人们的竞争、进取、拼搏精神和意识

竞技体育所展示的竞争精神表现为积极向上、不甘落后、不断创新、超越自我的进取精神。竞技体育中的竞争追求卓越、崇拜优胜，以强大的实力进行展示，形成了优胜劣汰的选择机制。人们只要投身到竞技体育，就能感受到这种机制的激励、促进作用，并潜移默的地受到影响。竞技体育中竞技选手少有常胜将军，可能胜利也可能失败，促使人们学会了接受和适应这种激烈的公平竞争，还教会了人们以积极的心态正确面对竞争中的成败，进而塑造人们的竞争、进取、拼搏精神和意识。

（二）竞技体育有助于培养人们的平等、公平、规则、团结协作观念

竞技体育从报名、选拔，到参赛、获得比赛的成绩，自始至终受到竞赛规则的约束和社会大众的监督，同时参赛选手具有同等的权力和义务，以平等的身份进行公平竞争。这就要求竞技选手站在同一起跑线上公平竞争；这就要求大家遵循公平、公正、公开的原则，树立公平竞争的体育道德精神。因此竞技体育能够培养人们平等、公平、规则的观念。竞技体育特别强调团队精神，缺少任何一方的协作都难以取得成功，因此竞技体育能够培养人们的团结协作、集体主义观念。通过亲自参与和加强宣传报道，可以培养人们的这种观念。

（三）竞技体育有助于培养人们观念的开放和促进世界文化的交流

竞技体育作为人们共同的文化形式是没有国界的，它已成为全球化的人类语言，在增进了解、加强友谊、促进世界和平等方面都发挥了一定的作用。通过体育竞赛获得的胜利来振奋民族精神，实质上是为国民树立一种和平竞争的国际化观念，帮助国民认同人类共同遵守的规则、接受国际化公平竞争的观念。竞技体育作为中介、载体，把不同国度、种族、语言、宗教信仰的人聚集到一起，开辟了国际文化交流的窗口，在世界体育的大环境下进行多元文化交流、碰撞和融合，实现一定的超越，以促进人类的和谐相处，促进世界的和平。

【案例 8–2】

奥运会是盛大的体育赛事，也是盛大的文化景观

奥运会是世界各国文化交流的盛会，是全世界超种族、超文化、超等级、超地域，也超越不同政治制度的人类狂欢节，是世界各民族文化之间对话、交流、沟通的巨大平台。2008 年北京奥运会，是历史悠久的奥林匹克与源远流长的中华文明的一次伟大握手，是世界各国文化与中国文化的一次雄伟交汇，也是东西方文明的激情对话。在这个世界各民族文化交融互惠的现实平台上，多元创造、对话交往、和谐共存是北京人文奥运的灵魂。北京奥运会期间，有 200 多个国家和地区的 1 万多名运动员参加，加上裁判员、教练员、政府官员、新闻记者等相关人员，达到了 7 万多人。来自世界各国的旅游者超过 100 万。通过电视观看奥运会的人数超过 30 亿。在这样一个密集的时间内，向庞大人群展示中国形象，是向世界展示中国文化魅力的历史机遇。

资料来源：http://zhidao.baidu.com/question/。

（四）竞技体育有助于培养人的美学教育水平

竞技体育美育价值是人们在竞技审美中受到潜移默化的教育。大力开展竞技体育美育，强化竞技选手和观众的竞技审美意识，是竞技体育沿着健康轨道继续发展的重要途径，在现代社会中具有重要价值。社会发展对人类健康水平提出了新标准，要求体质健康、心理健康和社会适应能力强。而竞技审美有助于人类的肌体、心理及适应能力的综合发展。开展竞技体育美育，使大众参与、认识和掌握竞技审美，对于提高民族素质和健康水平有着重大意义。

二、竞技体育的经济价值

体育产业作为一种蓬勃向上的朝阳产业，在我国具有巨大的发展潜力，尤其是 2014 年 10 月 20 日国务院发布《关于加快发展体育产业　促进体育消费的若干意件》后，将对社会经济的发展起到不可估量的推动作用。竞技体育是体育产业中最重要的核心部分，随着它的不断发展完善，必将促进相关产业的快速发展，它所创造的经济价值会受到普遍关注和重视。

（一）竞技体育通过提高劳动者的综合素质促进生产力的发展

生产力要素中劳动者起决定性作用，提高劳动者素质，调动劳动者生产积极性，是提高生产力的重要途径，是经济发展的重要动力。观赏、参与竞技体育可以让人们忘掉烦恼，享受美的乐趣，树立正确的竞技体育观，这样使人的身体和心理均得到健康发展。身心得到和谐发展将产生劳动者之间的和谐关系和提高劳动积极性，以及提高其科学文化素质，从而使劳动者掌握劳动技能、提高劳动生产率，进而促进生产力的提高。

（二）竞技体育促进了相关产业的快速发展

随着竞技体育的发展，需要的体育用品、体育设施日益增多，刺激和带动相关行业的迅速发展，如文化传播业、交通运输业、通信业、畜牧业、医疗、旅游、保险、批发零售业、宾馆饭店服务业、博彩等产业，从而产生巨大的经济价值，同时也为社会提供了更多的就业机会。此外，竞技体育需要高科技成果，主要表现为电子计算机在训练和竞赛中的运用；运动服装、鞋和器材的不断改进；裁判系统、管理系统的科学化；运动员竞技状态的科学诊断以及兴奋剂的检测等方面，这将使相关产业得到迅速发展。

三、竞技体育的政治价值

竞技体育能够加强国际间的团结，并适时地激发国人奋起、自强、开拓的强国精神。在统一的规则下，作为和平运动的载体，有效地制约着不同民族、肤色、信仰和制度的国家或地区间的政治、利益磨擦，为世界人民的相互了解、相互接触发挥着难以替代的促进作用，在更高的层次上实践着维护世界和平的崇高政治功能。

（一）竞技体育有助于弘扬爱国主义，增强民族凝聚力

竞技体育作为一种社会语言，容易为不同阶层、不同职业和信仰的人所接受，是聚集社会力量的一种重要形式。竞技体育在振奋民族精神，增强民族凝聚力方面起着十分重要的作用。例如，在国际国内的比赛中，运动员都是以国家或地区

为参赛单位，他们的胜负就代表着国家或地区的荣誉，可以说竞技体育最明显的政治价值就表现为宣扬民族精神和爱国主义。竞技体育的发展，对于增强我国的综合国力和民族凝聚力、振兴民族精神具有不可替代的作用。

（二）竞技体育有助于提高国家的地位，促进国际间的交流

竞技体育是国际文化交流的一种最常用方式，它为世界各国或地区人民的友谊、合作做出了巨大贡献。它的竞争实际是各个国家的综合实力竞争，涉及政治、经济、文化以及科技等发展水平。世界冠军、世界纪录、奥运会金牌的意义远远超出了其本身的价值，是各国政治、经济、科技及综合国力的窗口。通过发展竞技体育，能够提高国家的国际地位。各国运动员之间的相互访问、比赛，对国际间文化交流、各国人民友谊有着重要的促进作用。

【案例 8–3】

小球外交迈向大球外交

中美两国乒乓球的交往，曾推动了中美两国关系正常化的进程。1971 年 4 月，在日本举行的第 31 届乒乓球世锦赛期间，美国乒乓球代表团希望比赛结束后到中国访问。随后，毛泽东决定邀请美国乒乓球代表团访问中国。2002 年姚明进入 NBA 比赛，使中国球迷更加关注美国篮球、美国社会，使美国人也更加关注中国人、中国社会。NBA 主席斯特恩曾说：“姚明拉近了美中之间的距离。我们通过姚明更多地了解中国。”英国《卫报》曾刊登《姚明带来了文化革命》的文章称，这是自“乒乓外交”后中美关系未曾见到的一种新形式。

2008 年北京奥运会，时任中国外交部长杨洁篪陪同美国总统布什和他的父亲老布什到场观战。就如同美国“梦八”队球员詹姆斯所说：“这很可能是历史上观众最多的比赛。”当姚明和NBA明星同场竞技时，一场奥运篮球小组赛吸引了国际媒体的特别关注，琢磨出不少“政治气息”。这场篮球赛被人们赋予改善两大国关系的深刻含义，每家媒体都提及 1971 年的中美“乒乓外交”。英国《星期日电讯报》说，“篮球将中美这两个超级大国一起拉到球场上”。

资料来源：http://news.cctv.com。

（三）竞技体育有助于促进国家政治统一，维护社会和平稳定

在我国，竞技体育有助于促进各民族的团结和稳定。例如，少数民族运动会的开展，促进了各民族交流、发展，更促进了它们的团结；第23届奥运会上，我代表团与中华台北代表多次接触、携手共勉；1988年，台湾当局通过体育的交往，打开了海峡两岸的进一步交流，这对我国的统一有积极的作用。另外，竞技选手在规则允许的范围内尽量发挥自己的体能、智能，而观众在观看、呐喊中使情绪得到宣泄，忘记彼此的差异、分歧，把这种宣泄控制在法律和道德允许的范围内，就有益于人们身心健康、人际关系的和谐，能维护社会的和平稳定。

四、竞技体育的社会文化价值

竞技体育比赛中运动员展示的超强体力、智力、崇高道德情感、公平公正竞争等，深深影响着社会的各个群体，对人类社会文化产生多方位、多层次的影响，有助于形成健康的社会文化。

（一）竞技体育是一种礼仪庆典文化

伴随着各种竞技体育赛事的举行，各国各民族具有特色的礼仪庆典活动总会同时出现。除了要奏国歌、升国旗、裁判员宣誓、运动员宣誓等之外，还要点燃圣火、鸣礼炮、放鸽群、撒鲜花等，这些本身就是一种礼仪文化。在竞技体育比赛开闭幕式中表演的团体操、音乐表演，甚至国家领导人都会亲临现场，尤其在大型体育赛事中，这种礼仪、庆典活动规模大大超过了其他社会文化活动，也促进了各国各民族文化的交融和传递。

（二）竞技体育是一种审美文化

在竞技体育竞赛中，运动员不仅要有强壮的身体，更要有高超的竞技水平才能取得优异成绩。技术的难度越高、挑战越大，越能激发人们的征服欲望和拼搏精神，因而就有很高的审美价值。同时在竞技体育中，运动员、教练员们表现出的真诚、团结、顽强、坚定等人格魅力更是社会审美文化的一部分，对青少年及社会成员都有积极的影响作用。现代竞技体育借助运动员悠然自得的飘逸、造型完美的组合、集体智慧的展示、拼搏奋进的竞争，使人们看到了体育美的本质。

（三）竞技体育是一种道德文化

在竞技体育的“公平竞争”中，“竞争”是自然的本能欲望，“公平”则是特殊的道德尺度。公平竞争标志着人类的成熟和理性的觉醒，因此在生存法则上与动物彻底告别。在竞技体育比赛中经常听到的“友谊第一、比赛第二”和“赛出水平、赛出风格”等口号，树立了公正、民主、竞争、协作、团结、友谊、谦虚、诚实等道德观念。因此，竞技体育传播和发扬奥林匹克精神、奥林匹克原则、体育道德，具有很高的社会文化价值。

（四）竞技体育是一种创新文化

竞技体育的繁荣与发展，一方面取决于科学技术的进步和发展；另一方面取决于竞技体育本身的革命与创新。每一项新技术、新战术、新方法的出现都会给体育运动水平带来新的提升，每一项科技成果的运用都会把体育运动推向新的高度，一部竞技体育史就是一部科技创新史、技战术发展创新史。因此，竞技体育是一种创新文化，记录了人体潜在能力的开发过程，同时也记录了社会经济、政治、科技、教育的发展过程与人体发展之间的关系。

五、竞技体育有助于提高人类的健康水平

从竞技体育竞赛过程来看，很多高水平的竞技选手饱受伤病困扰，甚至较早结束了运动生涯，就竞技选手自身而言，降低了其健康水平，但着眼于整个社会，则会得出不同的结论。如果我们要求所有的运动员只能在没有伤病危险的前提下参加训练、比赛，那就等于自动退出高水平的竞技赛场。如果我们由此摒弃一切运动竞赛，将必然会导致人类社会生活出现巨大空缺，而竞技体育的社会价值也就不存在了。应该说，正是这些竞技选手们为了履行自己的社会职责，甚至牺牲个体和局部的健康以满足社会整体的需要，把竞技运动的价值带给整个人类社会，吸引更多的人参与到体育运动之中，才能提高整个人类社会的健康水平。

六、竞技体育有助于提高社会的整体素质

勤劳、刻苦、勇敢、冒险、坚韧是人素质的重要组成部分，在现代社会生活

中起着重要作用。竞技体育对于提高、激发全社会各民族的激昂、勇敢、冒险、吃苦、耐劳等具有巨大的价值。竞技体育所表现的是一种人类主体意志的愿望，其中竞争、征服、一往无前是其重要特征，而这种特征所衍生出的文化内容，对于处在激烈竞争社会中的人们具有很高的借鉴价值。竞争必将成为以经济建设为中心的现代社会各民族的精神要素和行为方式，为此，将现代社会发展起来的竞技体育所产生的各种文化属性，积极转化为各民族的文化教育或文化熏陶内容，对于提高全社会的整体素质具有超越竞技体育本身意义的更大社会价值。

竞技体育在迅速发展的同时，已经从不同角度、程度影响着人们，影响着社会的发展，它与社会、与人们的关系愈加密切。因此，正确认识竞技体育的社会价值对社会的发展以及竞技体育的发展都具有非常重要的现实意义。

第三节　竞技体育与人格塑造

竞技体育对现代人格塑造发挥着重要的作用。近代中国著名的教育家、北京大学校长蔡元培先生早在 1917 年就提出“完全人格，首在体育”，他坚持体育的基础地位，主张通过体育运动提高公民道德和修养。毛泽东在《体育之研究》中提出“欲文明其精神，先自野蛮其体。”由此可见，体育并非只是强壮身体，更是塑造进取精神和健全人格的重要手段。体育以其独特的魅力感染并影响着人们。体育教人奋勇拼搏，也教人公平竞争；教人敢于争先，也教人团结协作；教人享受胜利，也教人接受失败。

一、人格的概念、特征

（一）人格的概念

人格（personality）是一个人的才智、情绪、愿望、价值观和习惯的行为方式的有机整合，它赋予个人适应环境的独特模式，这种知、情、意、行的复杂组织是遗传与环境交互作用的结果，包含着一个受过去影响以及对现在和将来的建构。人格是一个含义非常丰富的概念，它包括气质、性格等稳定的心理特征。气质是个人在生活早期就表现出来的稳定的个性差异，即那些由遗传和生理决定的心理与行为特征。性格是个人对现实的稳定的态度和习惯化了的行为方式。人格中的气质是先天的，是体质和遗传的自然表现；人格中的性格是后天的，是社会文化模式的刻印。

（二）人格的特征

人格是个人各种稳定特征的综合体，显示出个人的思想、情绪和行为的独特模式。这种独特模式是个体社会化的产物，同时又影响着个体与环境的交互作用。

1. 整体性

人格是由多种成分构成的一个有机整体，具有内在统一的一致性，受自我意识的调控。一个现实的人具有多种心理成分和特质，如才智、情绪、愿望、价值观和习惯等，但它们并不是孤立存在的，而是密切联系并整合成为一个有机组织。一个现实的人的行为不仅是某个特定部分运作的结果，而且总是与其他部分紧密联系、协调一致进行活动的结果。

2. 独特性

人格的独特性是指人与人之间的心理与行为是各不相同的。每一个个体都有其自身的特点，在日常生活中，我们随时随地都可以观察到每个人的行为都异于他人，每个人都各有其需要、爱好、认知方式、情绪、意志和价值观。

3. 稳定性

人格表现出稳定性特征。首先从时间跨度上来说，人格具有跨时间的持续性。在人生的不同时期，人格持续性首先表现为自我的持久性。其次，从情境上来说，人格具有跨情境一致性。在多变的环境中，一个人经常表现出来的稳定的心理与行为特征，属于人格特征的稳定性表现。人格的稳定性并不排除其发展和变化，年龄因素和有重大影响的环境因素、机体因素都能够导致人格发生变化。不过人格改变与行为改变是有区别的，行为改变往往是浅层的、表面的变化，人格的改变往往是更深层的内在特质的改变。

4. 社会性

人是具有社会属性的，任何一个人都不可能脱离社会而单独存在。人格的社会性是指人自出生起所接受的社会化进程，即在个体的遗传和生物基础上对其社会属性进行塑造的过程。这一过程包含了家庭、学校、社会、社区等对个人人格社会属性的教育和培养过程。

人格的形成与自身遗传因素有关，同时受生活环境、教育、社会实践等外部因素的影响，其中受教育的影响最大。人格教育是一种着眼于发展受教育者心理品质的培养。人格教育是把人的知、情、意、行统一协调发展的日趋健全、完善人的心理品质的培养过程。

二、哲学家、教育家、思想家视野中的体育与人格塑造

苏格拉底认为，要成为一个有用的人，必须具备高尚的灵魂和健康的身体；如果一个人一生都未曾使自己身体表现出力和美来，那是一个极大的悲剧。柏拉图认为，在 7 岁之前的学前教育中，要好好地安排和利用儿歌和游戏，培养儿童在幼儿时期形成一种好的性格。亚里士多德认为 5 岁前的儿童主要是以游戏和讲故事为主的教育，7 岁前的儿童教育应该以体育教育为主，引导他们做一些适宜于身体发育的活动，同时开始跟着体操馆的体育教师和竞技教师学习。

夸美纽斯强调人的身心是和谐的，他说："人的本身，里外都只是一种和谐。"教育的目的就是培养在身体、智慧、德行和信仰几方面和谐发展的人。洛克在论述绅士教育时对体育非常重视，在《教育漫话》中一开篇就说："有健康的身体，才有健康的精神。""健康之精神寓于健康之身体……凡是身体精神都健康的人就不必再有什么别的奢望了；身体精神有一方面不健康的人，即使得到了别的种种，也是徒然。""我们要能工作，要有幸福，必须先有健康；我们要能忍耐劳苦，要能出人头地，也必须先有强健的身体。"卢梭想象的自然人是身心协调发达的人，是有运动敏捷、身手协调的人，所以身体的养护和锻炼被视为儿童教育最基本的组成部分。裴斯泰洛齐认为，不仅要发展人的道德和智慧，还应发展人的身体力量，因为体育和德育、智育及劳动教育是紧密联系的；人的认识能力、实践能力的基础都蕴含在人身体的发展之中。赫伯特·斯宾塞在《体育》一文中，从体育理论论述到人体的养护与锻炼："身体即是心智的基础，要发展心智就不能使身体吃亏。"伊·阿·凯洛夫指出，"体育是增进青年健康，发展他们的体力和各种能力的必要条件。""体育的任务是使学生的身体获得发育，使它变得结实健壮，有坚忍和持久的力量，并且要发展学生的灵活而美观的动作。"。毛泽东在《体育之

研究》中指出:“文明其精神，野蛮其体魄。此言是也。欲文明其精神，先自野蛮其体魄。苟野蛮其体魄矣，则文明之精神随之。夫知识之事，认识世间之事物而判断其理也。于此有须于体者焉。直观则赖乎耳目，思索则赖乎脑筋，耳目脑筋之谓体，体全而知识之事以全。故可谓间接从体育以得知识。今世百科之学，无论学校独修，总须力能胜任。力能胜任者，体之强者也。不能胜任者，其弱者也。”习近平指出:“体育运动在中国是一项神圣的事业，体育运动在中国的发展也是对人类发展的贡献。要引导广大青少年继续弘扬奥林匹克精神，积极参与体育健身运动，强健体魄、砥砺意志，凝聚和焕发青春力量，为中华民族伟大复兴作出应有贡献。”

由此可见，体育在人格塑造中发挥着重要的作用，能够对人格的整体性、独特性、稳定性、社会性产生深远的影响。正如《人的现代化》一书作者英格尔斯所说:“一个国家，只有当它的人民是现代人，它的国民从心理和行为上都转变为现代的人格，它的现代政治、经济和文化管理机构中的工作人员都获得了某种与现代化相适应的现代性，这样的国家才可能真正够称之为现代化的国家。”

三、竞技体育与人格塑造的关系

（一）竞技体育运动有助于塑造良好的智商和情商，增强人的社会适应性

竞技体育训练的长期性、系统性特征，决定了其对人格塑造的独特作用。研究表明，运动能够改造大脑，刺激机体释放大量神经细胞，强化大脑执行功能，导致额叶体积增大，能够增进人的智力。同时，无论是个人项目还是集体项目，都需要在竞争中通过自己情绪展示出参与者运动水平的高低、素质修养的好坏、人格魅力的大小。在这样特殊的环境里，参与者任何细小的情绪变化都可能对竞赛结果带来至关重要的影响。因此，竞技体育让参与者学会了解自己情绪的变化，自觉修正自己的认识和行为，发展自我意识，学会正确认识自己。控制情绪的能力是情商的核心，竞技体育能够使参与者在克服和战胜各种困难的过程中，控制情绪，自我管理、超越自我，在一次次获胜中体验成功。竞技体育中要求参与者面对观众，成为别人评价的对象，对自我激励的要求比对其他情境中的要求更高，既提升了了解别人情绪的能力，又增强了影响别人情绪的能力，培养了良好的社会适应能力。

（二）竞技体育有助于培养团队合作能力

参与者以个体或集体的形式参与竞技体育活动，形成了个体与个体之间，个体与集体之间紧密的接触、切磋、合作、对抗关系，能够在活动中引导参与者正确地认识自我、处理个人与集体的关系，增强成员之间的社会适应能力，从而培养文明的行为规范和高尚的道德修养。人与人之间团结友爱、关心与支持、鼓励与帮助、尊重与信任、理解与体谅。个人作为集体中的一员，要有高度的责任心和荣誉感，能热爱祖国、关心集体，和大家协同配合，增强凝聚力。在对学校、班级、老师、同学充分体现爱心的同时，也自然会得到社会给予的信任与友谊等相应的回报。

（三）竞技体育有助于培养自尊、自爱、自强不息的健全人格

无论是个人项目还是集体项目，竞技体育都能够带给参与者学会尊重自己和尊重别人，讲究个人行为的规范性和道德性，培养参与者良好的个人行为和道德风尚。在运动实践中让参与者学会独立地观察判断，独立地应付突如其来的赛场变化，充分发挥参与者的个人特点、特长，发展个性，培养参与者自主精神和独立人格。竞技体育是在严格规则约束下进行的健康文明的活动，需要参与者遵从规则与规定，按规则允许的范围去认识问题，辨别是非，尊重事实，弘扬正义，能够培养参与者爱憎分明、态度明朗的人格和精神。竞技体育都要求参加者付出极大的身体和心理能量，需要接受艰苦的磨练。要让参与者学会在运动中吃苦耐劳，疲劳时学会咬紧牙关坚持到底，困难时学会坚忍不拔、持之以恒，失败时学会决不气馁再拼再搏，胜利时学会冷静处之决不得意忘形。坚强意志，是人格中不可缺少的重要素质之一。

（四）竞技体育有助于形成正确的价值观、人生观

价值观、人生观是一个人看待、了解自然和社会现象的基本观点，是调节和控制个体行为的高层次的参照系。竞技体育运动是一种对抗游戏，是人的身体、意识、心理和智慧的对抗，也是技术、战术的技巧对抗。参与竞技体育活动能够让人们学会辩证、客观地观察问题、分析问题，实事求是，遵从事物的客观规律，

趋近事物的本质。学会靠真才实学，靠真正实力，靠智慧技巧，靠人格精神去战胜对手，取得胜利。人们还能够从中学会追求体育的意义和价值，实现人生的健康文明的生活愿望。

第四节　竞技体育与社会竞争

竞争是人类生存发展和社会快速演进的重要动力。现代社会是一个竞争激励的社会，在社会的各个领域都存在竞争，人们在享受现代文明的同时，也面临着过度竞争衍生出来的社会问题。正确认识和处理社会竞争和社会多样性的关系，有利于建成一个丰富多彩、充满活力的和谐社会。

竞争性是竞技体育最根本的特征，竞技体育的目标就是为了追求卓越的运动成绩，挑战并超越人类运动的极限。竞技体育训练和竞赛能够有效地增强参与者的竞争意识。这种竞争意识是在规则的约束下，公平、公正的环境中培养出来的。因此，竞技体育能够为公平、公正的社会竞争增添强有力的支撑。

一、竞争与竞技体育竞争

（一）竞争的概念

竞争是个体或群体间力图胜过或压倒对方的心理需要和行为活动。即每个参与者不惜牺牲他人利益，最大限度地获得个人利益的行为，目的在于追求富有吸引力的目标，竞争是个人或群体的各方力求胜过对方的对抗性行为。

现实生活中，群体与群体之间、群体中各成员之间，总是处于竞争与合作交织的状态之中，有竞争，也有合作。例如，一个足球队在对抗赛中，队与队之间是竞争关系，而每个足球队内各成员之间则是合作与竞争关系。每个队员都想为全队多作贡献，射门命中率高的队自然是优胜者，而主攻手则需要其他成员的密切配合。因此，竞争与合作是相辅相成、密不可分的。只有竞争，没有合作，竞争缺乏潜力，只有合作，没有竞争，合作缺乏动力。

（二）竞争的层次

1. 直接竞争

直接竞争是指参加竞争者，彼此把竞争的目标，转到对方的身上所发生的交互作用。例如，角力与球类比赛，必须胜过对方，才算达到目标。

2. 间接竞争

间接竞争是指参与竞争者，不必彼此直接发生接触，也不必彼此互相认识，而可以在不同地区发生竞争状态。例如，两国的生产品，在国际市场上互相竞争，参加者彼此并不直接接触。

直接竞争与间接竞争所产生的形态，有的会导致冲突，有的不会引起冲突。直接的竞争，如足球世界杯中两个球队的竞争、奥运会中运动员之间展开的竞争，均足以引发冲突。间接的竞争，如国际奥委会内各大洲项目协会的竞争、国际足联中个人争取社会地位的竞争，不至于制造冲突。

（三）竞争的种类

竞争作为社会过程的一种，亦即社会互动的一种方式。竞争有不同的种类和方式，主要有以下几种。第一，宣扬式竞争。即为增进收益，打击他方，利用广播、电视、广告等传播工具，以争取其所需求的目标；第二，政治的竞争。政党与政党的竞争；第三，经济性竞争。经济竞争的目的在于扩展营业，获取财富，以提高经济的地位；第四，国与国的竞争。国与国对武力优势的竞争，对扩张领土的竞争；第五，学术性竞争。学术性竞争主要包括学说理论的竞争、科技发明的竞争、学术地位与声望的竞争等；第六，制度的竞争。在时代变动的状态中，新制度的产生与对旧制度的消亡，二者互相竞争。

（四）竞技体育竞争的特性

1. 竞技体育竞争具有公平性

公平竞争包括运动员在赛前、赛中和赛后的一切行为。竞技体育使得运动员要遵守规则，即使出现机会也不利用不公平的优势战胜对手；使得运动员要尊重对手，当胜利或失败时表现出谦逊和镇静。同时，竞技体育公平竞争还表现在机会均等上，即相同的时间、场地、器材、气象等客观条件。

2. 竞技体育竞争的公开性

竞技体育的竞争是开放的，是能被竞者参与者和观众所看到的和所感知的。一方面是媒介报道体育竞争的公开性，二是体育竞争的评价是公开的，竞争结果的评价是及时的、公开的。三是竞争过程是公开的，如竞争者的竞技技术、手段、战术方法等。

3. 竞技体育竞争具有合作性

竞争与合作同属于基本的社会互动形式，两者既相互联系，又相互区别，不是孤立存在的。竞技体育的竞争也离不开合作，竞技体育是建立在与他人合作基础上的竞争，竞争对手同时又是竞争的合作者，他们共同促进成绩的不断提高，在竞争胜中创造自己最好的成绩。

4. 胜负性

竞技体育竞争，总有胜负之别、高低之别。正是竞争胜负的这一特性，鼓励运动员、教练员在体育大赛中去争强好胜，顽强拼搏，奋勇前进，从而推动了竞技体育的现代化步伐。

5. 竞技体育竞争具有集体性特征

竞技体育往往是以一个团队去与另一个团队竞争。在训科医一体化的今天，即使是单人参赛，仍然体现为一个团队的竞争，运动员个人的表现凝聚了教练团队、科研团队、医疗团队等集体团队的实力。

二、社会竞争

（一）社会竞争的概念

关于社会竞争的概念界定，学者们有不同的观点，从社会资源配置角度看，社会竞争是社会系统内多个相同或相对性质的社会角色及其子系统，在共同的时间依照一定的规则，采用和平的方式，各自努力追求显然不能共同实现的社会目标，谋求相对短缺有限的统一社会资源。从社会地位的竞争层面看，社会竞争是不同的阶层、集团、群体或个人之间为了争取社会地位、声望、名誉等而展开的竞争。社会竞争是社会系统中不同的个体或群体之间，依照一定的社会规则，为了争取较高的社会地位而在相互之间展开的和平较量与争胜活动。从竞争主体性来看，社会竞争具有社会性的不同个人或群体之间的竞争，人与人之间的社会比较也是社会性的重要体现，社会竞争还受社会规则的调节和制约。从竞争目标看，社会竞争的目标是争夺较高的社会地位。从竞争手段来看，社会竞争是以和平的非暴力的方式进行的。

（二）构成社会竞争的基本要素和参与条件

1. 构成社会竞争的基本要素

社会竞争需要由共同竞争的目的、竞争双方争夺的对象、基本相称的竞争对手和获得共同认可的竞争场合四个方面构成。

2. 参与社会竞争的必备条件

竞争参与者的自主性、竞争参与者的平等性、竞争参与者的驱动力、竞争对象的多样性和竞争的开放性是参与社会竞争的必备条件。

三、竞技体育与社会竞争的关系

人类社会小到个人，大到民族和国家，竞争一直是人类生存和发展的主题，而且竞争呈现出越发广泛、越发激烈、越发文明的特点。人类要实现生存与发展，就离不开竞争，也使我们身不由己地卷入到不同层面的竞争中，从而实现个人、国家甚至人类的生存发展。只有正视竞争，以积极的心态投入到这个竞争的全球化时代，才有可能成为胜利者。竞技体育正是这样一种载体，能够带给人们积极的竞争心态，能够为社会公平竞争注入积极的社会力量。

（一）竞技体育能够教导人们公平公正地参与社会竞争

社会主义市场经济的实质是市场竞争，离开公平、公正、合作的竞争，就不可能产生真正的市场经济。人们在市场经济条件下的平等、自由交换只能通过公平的竞争来实现。社会竞争需要有与社会发展相适应的一套竞争理念、道德精神和价值观念。而其公平、公正、公开、合作并诚守规则的竞争精髓与竞技体育的核心特质是类同的，所以竞技体育竞争对于社会发展、社会建设具有倡导和借鉴意义。

竞技体育的所有活动都是在规则允许的范围内展开的，在竞赛场中，任何违反竞赛规则的参与者都会受到严厉的惩罚。因此，竞技体育教会了人们学会遵守规则、学会在规则的指导下进行公平的竞赛活动。竞技体育所塑造出来的精神也激励着其他行业的人们，公平地参与竞争活动，使得社会朝向更加有序的竞争环境，形成了和谐、遵纪守法的社会竞争环境，社会成员之间的良性互动，促进了社会的有序和谐发展。

（二）竞技体育能够教导人们学会竞争与合作

竞技体育，尤其是集体球类运动，是世界上最受欢迎的体育运动形式之一，篮球场上的攻防转换、排球场的合力扣球、足球场上的排兵布阵，都反映了集体的力量、团队的力量。竞技成绩是球员之间通力合作的结果，运动员队内的合作、对外的有序竞争，以及比赛结束后双方队友的友好握手礼，都表现出了竞争与合作的体育精神。因此，竞技体育教会了人们如何在公正的条件下通过有效的竞争赢取比赛胜利的精神。竞技体育活动中，竞赛精神将人际间的竞争和与己的竞争结合在了一起，通过与别人的较量，以求达到战胜自我并自动构建自我的目的。参与者不但与别人进行竞争，而且还在不断地挑战自我、征服自我，从而获得自我认同。从这种意义上说，社会竞争理念已经延伸到自我生活价值准则之中。

（三）竞技体育能够为社会其他行业的有序竞争提供文化价值引领

竞技体育竞争中表现出来的为国争光、无私奉献、科学求实、遵纪守法、团结协作和顽强拼搏的精神，顺应和代表了中国先进文化的前进方向，对其他行业具有较强的示范作用。

【案例 8–4】

“五连冠”催生“女排精神”

中国女排在 1982 年和 1986 年两夺世锦赛冠军，1990 年和 1998 年则两次收获银牌。中国女排第一次参加世锦赛是在 1956 年。1978 年袁伟民首次率队参加世锦赛获得了第 6 名。1982 年的秘鲁世锦赛，中国队相继击败苏联、秘鲁等强手首次在世锦赛上登顶，这也是中国女排继 1981 年世界杯折桂后获得的第二个世界冠军。4年后，中国队又在张蓉芳的带领下，在布拉格以8战全胜的佳绩蝉联世锦赛冠军，加上世界杯和奥运会，中国女排成为世界排坛上第一支荣获“五连冠”殊荣的球队。由此也有了“女排精神”一词。

在改革开放初期，国人意识到与世界的差距而变得有些失落和彷徨的时期，女排姑娘的夺冠，无疑给迷失于失落和彷徨的人们注入了一剂强心剂。在女排夺冠的那一刻，人们聚集在天安门广场高呼“中国万岁！女排万岁！”北大学子则喊出了“学习女排、振兴中华”的口号。《人民日报》头版头条新闻以鲜红色的大标题“刻苦训练、顽强战斗、七战七捷、为国争光——中国女排首次荣获世界冠军”进行了报道，女排教练和队员的照片占据了头版的位置，同时配发评论员文章《学习女排、振兴中华——中国赢了》，文中提出“用中国女排的这种精神去搞现代化建设，何愁现代化不能实现?”《中国体育报》刊发中国妇女运动先驱邓颖超题为《各行各业都来学习女排精神》的文章。女排姑娘们成了尽人皆知的民族英雄。正如郎平所言:“女排夺冠以后，我扣球的形象都上了邮票，女排的集体照印在了日历上，还有纪念币、纪念章，像民族英雄一样，逼着你只能上不能下，打球已经完全不是我们个人的事情、个人的行为，而是国家大事，我自己都不属于自己，女排是一面旗帜。”由此可见，女排的胜利，已经上升到了激励整个民族精神的高度。国务院以及国家体委、共青团中央、全国青联、全国学联、全国妇联号召全国人民学习“女排精神”，为民族腾飞和社会主义建设而努力奋斗。至此，各行各业在全社会掀起了一股学习中国女排的热潮。女排精神不仅成为了中国体育的一面旗帜，更成为整个民族锐意进取、昂首前进的精神动力，同时，也是在向国人和全世界庄严宣告中华民族崛起的信心和能力。

资料来源:“女排精神”激荡了整整一代人的灵魂[EB/OL]. http://wb.sznews.com/html/2011-11/16/content_1826546.htm。

（四）竞技体育竞争能够促进体育领域有序的分层与流动

竞技体育能够为运动员带来公平的竞争环境，促进运动员、教练员的有序分层与流动。不仅从非运动员到运动员的过渡，从普通运动员到优秀运动员的过渡，而且在从运动员退役到寻求新职业的过渡过程中，运动员的成绩资本都起着关键的作用。竞技体育为运动员和教练员带来成绩资本，从而使运动员和教练员逐步取得一定的社会地位，促进体育领域实现了有序的分层与流动。

思考题

1. 试述竞技体育与社会规范的关系。
2. 竞技体育有哪些重要的社会价值?
3. 竞技体育对现代人格的塑造作用有哪些?
4. 谈谈竞技体育对社会公平、公正竞争的价值。

参考文献

[1]田麦久．运动训练学[M]. 北京：人民体育出版社，2001.1.

[2]沈明．法律与社会规范[M]. 北京：中国政法大学出版社，2004.

[3]雷敏，张鲲．转型期竞技体育的价值取向与和谐社会的构建[J]. 福建体育科技，2007，26（5）：5-7.

[4]张会君．浅析竞技体育的基本特征[J]. 科技信息，2009，（9）：782-784.

[5]夏玉珍．中国社会规范转型及其重建研究[D]. 华中师范大学，2004.

[6]庄平．社会规范系统的结构与机制[J]. 社会学研究，1988，（4）：7-16.

[7] 董群．运动竞技与社会公共秩序[J]. 体育与科学，2001，（5）.

[8]刘泽君．合理与现实——社会学基本理论[M]. 北京：学苑出版社，1998.

[9]科塞．社会冲突的功能[M]. 北京：华夏出版社，1989：33.

[10]周长城，唐勃．社会安全阀运行与和谐社会构建[J]. 黑龙江社会科学，2009，01：145-149.

[11]王林．竞技体育的教育价值研究[J]. 首都体育学院学报，2006，18（3）：108-110.

[12]胡小明．体育美学[M]. 成都：四川教育出版社，1987.

[13]叶朗．现代美学体系[M]. 北京：北京大学出版社，1999.
[14]周军，左新荣．论体育的社会功能[J]. 北京体育大学学报，2004，27（8）：1018-1020.
[15]卢元镇．中国体育社会学[M]. 北京：北京体育大学出版社，2001.
[16]冯庆梅．新时期我国竞技体育的社会价值探析[D]. 西南大学，2007.
[17]李军政．略论竞技体育的社会文化价值[J]. 商丘师范学院学报，2004，20（5）：143-144.
[18]田麦久．竞技体育的现代社会功能和竞技选手的社会职责[J]. 体育文化导刊，2002,（1）：16-17.
[19]夏尧远．竞技体育价值论[J]. 北京体育大学学报，2007，30（3）.
[20]英格尔斯．人的现代化[M]. 殷陆君译．成都：四川人民出社，1985.
[21]陈会昌．竞争社会—心理—文化透视[M]. 北京：北京师范大学出版社，2000.
[22]卢元镇．体育社会学（第三版）[M]. 北京：高等教育出版社，2010. 7.
[23]钟秉枢．成绩资本和地位获得：我国优秀运动员群体社会流动的研究[M]. 北京：北京体育大学出版社，2007. 8.

河北体育学院：张建会
山西大学：赵建峰

第九章

群众体育的社会功能

本章提要

群众体育作为体育的重要组成部分，它与社会体育同属于极具中国特色的概念。在研究群众体育的社会功能时，我们首先将视角定在与群众体育具有相同含义，但更赋有时代特性的社会体育。研究发现，社会体育与体育素养息息相关，它们既能使个体通过体育运动得到身体与精神品质方面的积累，获得一种更好的生活状态，又是展示一个国家体育水平好坏与衡量社会文明的标杆。同时，社会体育与我们的健康息息相关，体育具有增强体质、祛病健身、调节情绪、减少脂肪、提高身体机能等作用；另外，社会体育的社会情感功能，能够帮助我们形成良好的人际关系，有助于学校体育的发展和体育产业的推动。

第一节 社会体育与体育素养

体育素养指个体受到后天社会环境、体育教育和体育实践的长期影响，所呈现出来的以体育运动为核心的身体与精神品质方面的要素和修养。而社会体育作为一种以身体运动为基本手段，以增进健康和休闲娱乐为主要目的的社会化体育活动，同体育素养息息相关。随着知识经济的不断深入发展，社会体育不再仅仅只是代表了各个阶层群众身体体质方面的素养，更重要的是，它能通过体育运动的开展，潜移默化地形成人们在精神文化与品质层面的体育素养。与此同时，体育素养高低的体现，则进一步对社会体育的塑造起到主要的作用。就一个国家而言，社会体育和体育素养联系紧密。它们既能使个体通过体育运动得到身体与精神品质方面的积累，提高生活品质，又是展示一个国家体育水平好坏与衡量社会文明的标杆。

一、体育素养的内涵构建

我们发现，体育素养的反映主要集中在身体文化素养与精神文化素养两个层面，身体方面的素养体现在通过体育锻炼而呈现出来的体质、健康与运动技能等；精神文化方面的素养则更多地展现在体育意识、体育道德、体育知识等层面。由此，将体育素养进行细分，可以得出体育素养包含了体育知识、体育意识、运动技能、运动行为、身体体质、体育道德、体育个性七个要素，且七要素之间相互联系，关系密切。

（一）体育知识

体育知识包括体育理论知识、体育运动技巧知识、卫生保健知识、身体锻炼知识等。它将复杂而庞大的体育体系凝结成为人类体育文明中最精华的部分，并通过体育教育将这些知识传递给人们。这些知识各有侧重，相互补充，使人们不仅获得了体育方面的基本知识，而且通过对体育知识的吸收和应用，形成了对体育文化与体育价值的深刻领悟。因此，体育知识不但是文化传承的载体，而且与人类体育素养的形成联系最为紧密。可以说，体育知识为人类体育素养的养成提供了最基础的铺垫作用。

（二）体育意识

体育意识指人们通过对体育知识的习得与在体育实践过程中进行的不断超越自我的行为，进而产生的体育方面的认知、思维、观念等。体育意识的产生能帮助人们跨越肉体层面，在精神意识领域形成自身对于体育运动的独特感悟。其中，包含了对终身体育、体育竞争、体育参与等意识层面的理解。长期体育意识的培养，能使人们将体育方面获取的坚持不懈、追求卓越、积极愉悦等精神意识转移到其他的社会领域，并在生活中进一步体现以体育意识为主的生活理念，实现自我价值。

（三）运动技能

运动技能指人们在意识的支配下，借助于身体运动来展示体育运动技能。它包括基本的专业运动技术与各种体育活动能力，如体育欣赏、从事某项体育运动项目、体育娱乐等。对体育技能的掌握不仅可以增强外在的身体健康，而且可以提升内在精神涵养与质量。

（四）运动行为

运动行为指人们进行体育活动和体育生活时，会呈现出以体育运动为中心的某种具体的表现形式，包括体育运动消费、运动活动、体育运动品德等。这些行为的展现直接反映了体育素养的好坏。因此，运动行为对于体育素养的形成将起到关键作用。

（五）身体体质

身体体质即身体素质，体现在经过体育锻炼后的身体速度、耐力、力量、柔韧性、灵活性等方面。身体体质水平的高低会直接影响体育技能、体育行为的发展。

（六）体育品德

体育品德指人们在体育活动中表现出来的符合一定体育道德规范的心理活动

与行为特征。其中包括体育道德行为、体育道德情感、体育道德规范等，是道德品质在个体体育行为中的反映。

（七）体育个性

体育个性指个体在体育活动中表现出来的有别于他人的，具有独特性的体育意识、体育行为、体育技能与体育品德。体育个性的展示是提升体育素养不可或缺的重要因素。

二、社会体育对体育素养的作用

社会体育作为社会文化生活的主要组成部分，是社会文明建设与管理的必要手段，对参与者的身体素养与精神文化素养产生了重要的促进作用。其具体表现在以下几个方面。

（一）社会体育有利于提升个体身体体质素养

社会体育作为一项以身体运动为主的活动，其体育素养的表现应当首先反映在身体层面。身体层面的素养包含了运动技能的提升与身体体质的增强。经常性的社会体育活动，能使个体体验不同种类的运动项目，并且在诸如慢跑、羽毛球、游泳、排球等某个特定的运动项目领域内不断地进行锻炼，以获得运动技能的提高，进而实现自我价值。而对身体体质而言，当社会体育活动积累到一定程度后，个体的力量、速度、耐力、灵敏度、柔韧性等都会随着后天的体育锻炼而改变。体育活动会促进骨骼和肌肉吸收适当的营养物质，使个体骨密度增加，骨骼变粗，肌肉力量加大，从而促使身体形态发生一定的变化；其次，社会体育活动能改善呼吸系统，增加肺活量，促进血液循环，提高心脏工作能力，刺激中枢神经系统，活跃脑部神经细胞；同时，社会体育活动也能使身体的应变能力得到增强，使个体善于处理复杂多变的自然环境和社会压力。总而言之，经过社会体育活动的多方面积极改造，个体的体质水平将会加强，身体健康指数将会有显著的提升，进而形成一种习惯性的体育锻炼行为，并使塑造健康的身体素养作为一种生活方式而存在。

（二）社会体育有利于培养良好的体育精神素养

由于社会体育的运动项目选择种类较多，有关健身、娱乐、休闲等类型的运动项目都被社会体育所包含。这使得社会体育形成了一种自由的选择环境，且参与人数众多，参与频率较高。因此，可以说，社会体育是作为现代生活的基本活动形式而存在，并且对个体的体育观念、道德、行为、意识、习惯等方面均产生了积极的作用。

以健身为目的的社会体育活动，由器械练习、慢跑、健身操等运动项目组成。这些社会体育活动不但使个体的体质水平得以增强，而且逐渐培养了一种融入到人们生活中的良好体育意识与观念。正确的体育行为与观念使更多的人抛开电子产品，进行有益身心的体育运动。同时，年轻的女性不再以柔弱和苗条作为美的标准，相反，她们以腹部富有力量感的马甲线和人鱼线等肌肉线条作为性感的新型标志，形成了以追求健康的身体形态和优美的肌肉线条为需求的大众审美趋势。而在休闲、娱乐类型的社会体育活动中，优良体育精神素养的培育更加明显。例如，击剑、足球、网球、篮球等运动项目，双方参与者在赛前、赛后会进行相互致敬与道谢。在此过程中，参与者除了体会到体育活动所带来的放松与休闲，还进一步通过运动培养了个体宽容、团结、平等、公平、感恩等良好的品德。人们通过参与不同种类的社会体育活动项目，感受到了优良的体育精神与道德品质，逐渐将此精神品质吸收成为属于自己的体育精神素养，并予以传承和推广。另外，对于一些如蹦极、攀岩、高山滑雪等具有冒险性与刺激性的社会体育活动而言，带给人们更多的是敢于挑战、永不服输的体育态度。坚持不懈、追求卓越的体育情感认知在进一步形成人们的体育道德意识的同时，也展现了独特的体育个性。

社会体育的参与不仅是一个身体锻炼的过程，同时也是一个培养体育精神品德与意识行为的重要途径。通过参与社会体育活动，有利于提升个体身体体质水平，有利于培养以体育为核心的群体观念和责任意识，塑造参与者遵纪守法、公平竞争、顽强拼搏、积极进取的精神意志，从而进一步形成高质量的体育素养。

三、体育素养对社会体育的影响

社会体育从身体体质与精神层面都极大地推动了体育素养的形成，可以说，体育素养的产生离不开社会体育。同样，体育素养也会对社会体育的发展产生重要的影响。当体育素养水平较为低下时，个体对社会体育的认知意识、参与频率、接受程度等方面都处于相对简单、片面的状态，对社会体育的价值和作用缺乏科学理性的认识。但随着人们体育素养水平的不断增高，人们逐渐对社会体育有了更加全面的认识，从而发现较高水平的体育素养对社会体育的发展有着积极的影响。较高体育素养不但能增强个体参与社会体育活动的意识与频率，扩大社会体育运动项目的选择范围，还可以提高社会体育参与群体的凝聚力，强化社会体育稳定与健康的环境氛围，促进社会体育文化建设。

（一）体育素养能扩大社会体育的参与人数和项目种类

由于体育素养的提升，更多的人在追求人与社会、人与自然和谐发展的同时，将体育与人类社会发展相结合，使社会体育作为人类社会健康发展的一种自觉行为，成为人类生活方式不可或缺的组成部分。从人们变化的体育思维观念来看，最早的“理想主义”式体育运动观演变成为“参与其中”的体育运动态度，再到如今的“时尚体育运动”理念。这种变化的体育观念不但使参与社会体育活动的人数持续增加，而且使更多的人将参与社会体育运动看作一种潮流现象，特别是近年来深受大众追捧的运动项目，如慢跑、网球、壁球、攀岩等。更重要的是，随着体育观念的更新，社会体育运动项目的可选择范围不断扩大。广播体操一统天下的情形不复存在。除了羽毛球、乒乓球、篮球等球类运动项目，登山、攀岩、户外拓展、游泳、高尔夫、轮滑、拉丁舞、健美操等也扩大了社会体育的项目种类。日益提高的身体体质水平和崇尚健康、自然的体育意识，使个体的社会体育参与频率渐渐提高，广场舞、体育舞蹈等运动更是激发了人们每天参与的欲望。在社会体育的范围继续扩大的同时，社会体育参与群体的凝聚力也随着体育素养的提升而增强。

（二）体育素养能增强社会体育参与群体的凝聚力，促进社会体育的文化建设

由于社会阶层、经济基础以及民族文化的差异，致使社会体育参与人群的社会素养各不相同。但是，因为参与群体有着共同的体育诉求与体育愿望，即希望通过体育运动获得身体的健康，心理的愉悦与放松。这种相同的体育理念使人们在参与社会体育活动时，消除了彼此间的隔阂，容易沟通彼此的思想，建立了群体间平等自由、团结愉快的局面，产生出稳定与健康的体育氛围，并且，以体育为中心的意识和愿望促进了整个社会体育参与群体凝聚力的形成。随着个体间体育个性化的展现，便产生了诸如广场舞、台球、慢跑、足球等不同种类的社会体育群体，而且很多项目群体还成立了俱乐部，以方便群体成员之间的体育交流与切磋。共同的体育兴趣，对相同体育领域内知识技能的渴求以及对同一运动的热爱，使人们增强了彼此的联系，并获得了一种专属于某个体育项目群体的认同感和归属感。同时，这种群体归属感的出现又进一步增加了社会体育的凝聚力。可见，体育素养的提高对社会体育参与群体凝聚力的加强有着巨大作用。

此外，体育素养对社会体育的文化建设也有着积极的促进作用。社会体育文化建设的成功与否，体育素养是关键。体育素养集中反映了社会体育中的道德、行为、意识、价值等现状。良好体育素养是促进社会体育发展的主要内容，是打造社会体育文化建设的核心，是推动社会体育物质文化和精神文化全面发展的重要手段。体育素养为保障社会体育设施质量，提升社会体育道德水平，改善社会体育精神面貌起到了主要作用。随着体育素养的提高，社会体育自然会发挥整合作用，在满足社会体育需求，丰富社会业余文化的同时，真正意义上形成一股强有力的文化凝聚力。这股文化凝聚力不仅是发展社会体育高尚文化生活的重要组成部分，还有利于增加社会体育的运动质量，抵御不良文化的入侵，以维护社会体育发展的稳定秩序。

综上所述，我们可以看到，社会体育与体育素养两者之间相互结合，紧密联系。随着社会经济、文化的高速更新，再加上各类意识形态的连续碰撞与交融，这必定导致社会体育和体育素养之间的互动空前密切。体育素养发展的开端通过社会体育而起。体育作为一种跨越民族、阶层、文化的社会现象，它最大的魅力就在于，能使不同社会阶层与文化领域的群体，通过体育运动而更好地融合在一

起。因此，社会体育超越阶层的发展状态，使人们体育素养的演变在不断地向更高的境界发展。反过来说，社会体育想要获得更多的参与人群和更大的影响力，那么体育素养的提升是关键。体育知识、体育技能、体育意识、体育品德以及体育个性等要素需要聚敛在一起，形成整体，使体育素养上升为文化，凝聚成为一种文化的力量。这种贯穿于社会体育中的文化力量应不断地向社会其他阶层和领域蔓延，以增强人们对社会体育的关注与了解，使社会体育成为现代生活方式必不可少的内容，促进社会体育向更广、更新的阶段发展。

第二节　社会体育与健康价值

一、关于健康

世界卫生组织对健康下的定义是:“健康不仅是没有疾病或不虚弱，而且是身体的、心理的和社会的完美状态。”也就是说，一个人在躯体健康、心理健康、社会适应良好和道德健康四个方面都健全，才是完全健康的人。

世界卫生组织据此制定了健康的 10 条标准:（1）精力充沛，能从容不迫地应付日常生活和工作的压力而不感到过分紧张。（2）处事乐观，态度积极，乐于承担责任，事无巨细不挑剔。（3）善于休息，睡眠良好。（4）应变能力强，能适应环境的各种变化。（5）能够抵抗一般性感冒和传染病。（6）体重得当，身材均匀，站立时头、肩、臂位置协调。（7）眼睛明亮，反应敏锐，眼睑不发炎。（8）牙齿清洁，无空洞，无痛感；齿龈颜色正常，不出血。（9）头发有光泽，无头屑。（10）肌肉、皮肤富有弹性，走路轻松有力。

二、当前我国大众健康面临的主要威胁

（一）亚健康已经成为普遍的社会问题

2007 年，中华中医药学会发布的《亚健康中医临床指南》指出:“亚健康是指人体处于健康和疾病之间的一种状态。处于亚健康状态者，不能达到健康的标

准，表现为一定时间内的活力降低、功能和适应能力减退的症状，但不符合现代医学有关疾病的临床或亚临床诊断标准。”也可以说，亚健康是一种临界状态，处于亚健康状态的人如果不能得到及时的纠正，非常容易引起身心疾病。中国医学专家指出，截至2014年底，我国亚健康人群达70%。亚健康较多地出现在年纪较大的人群、长期处于竞争压力下的人群，以及生活饮食习惯不良的人群身上。大城市亚健康现象更为严重，尤其是白领阶层。同年，《中国人健康大数据》显示：目前，我国主流城市的白领亚健康比例高达76%，处于过劳状态的白领接近六成，真正意义上的健康人比例不足3%。

（二）超重、肥胖症等“文明病”日趋严重

随着科技的进步和生活水平的提高：一方面，食物种类大大丰富，膳食结构发生了巨大变化。人们摄入高糖、高脂肪、高蛋白等高热量食物激增。另一方面，现代交通工具的普及，办公自动化程度的提高，使得人们从事各种体力劳动的机会和时间越来越少。近年来，超重、肥胖症患病率呈持续上升趋势，成为我国面临的重大公共卫生问题。《2014年6~69岁人群体育健身活动和体质状况抽测调查结果》显示：城乡居民的超重、肥胖率分别为33. 6%和11. 9%，男性超重、肥胖率高于女性，城镇居民超重、肥胖率略高于农村居民。与此同时，受快节奏生活、社会激烈竞争、环境污染等因素的影响，人们长期处于精神高度紧张状态，加之营养过剩、运动不足，超重、肥胖症人群往往伴有高血压病、高血脂症、高血糖，并增加心血管疾病的发生危险。《中国心血管病报告（2013年）》显示，我国心血管病患病率处于持续上升阶段，相当于每5个成年人中就有1个心血管病患者。

（三）心理、精神疾病逐年上升

现代社会中，人们心理上长期处于紧张、愤怒、空虚、沮丧、忧郁、压抑等情绪变化之中，极易导致神经功能失调，进而诱发精神和心理上的疾病，出现各种反常行为，对学习、工作和生活造成极大影响，也为社会带来一定的安全隐患。在过去的10年中，我国精神障碍的患病率继续呈上升趋势。精神疾病在中国疾病总负担的排名中居首位。2013年，国家卫生和计划生育委员会公布，我国15岁以

上的人口中精神疾病患病率是13.47‰。其中，精神分裂症为主的重症精神疾病的病率9.66‰。2014年召开的世界心理治疗大会上，有关专家指出，我国抑郁症患者达3000万人，由抑郁症引发的自杀人数不断增加。中年以上人群抑郁症发病率高，特别是学识高、地位高的社会精英是抑郁症高发群体。此外，长期的精神紧张压抑，思虑过度，还容易导致机体免疫力下降，诱发肿瘤疾病。

三、社会体育活动的健康价值

（一）增强体质，祛病健身

人体共有八大系统：运动系统、神经系统、内分泌系统、循环系统、呼吸系统、消化系统、泌尿系统和生殖系统。正是这些系统协调配合，才能使人体生命活动正常运转。研究证明，坚持体育锻炼能加强这八大系统的机能，可以说体育锻炼是增强体质、祛病健身最积极、有效的手段之一。首先，体育锻炼强化人体骨骼、肌肉和关节，有利于人体的生长发育。其具体表现在：①增强骨质。体育锻炼引起肌肉对骨骼的牵拉和重力作用，使骨骼不仅在形态方面产生了变化，而且使骨骼的机械性能也得到提高。②提高肌肉力量。体育锻炼可以使肌纤维增粗，肌肉体积增大，提高神经系统对肌肉的控制能力，使得肌肉反应速度、准确性和协调性都有提高。③增加关节的稳定性和灵活性，增加关节面软骨和骨密度，增强关节的抗负荷能力。其次，体育锻炼有利于增强心肺功能，加快身体新陈代谢，改善血液循环系统、呼吸系统、消化系统的机能状况，提高抗病能力，增强有机体的适应能力。最后，体育锻炼可增加体内有益胆固醇——高密度脂蛋白的量，降低甘油三酯的含量，令全身血流畅通，降低患心血管疾病的风险，还可以预防和控制中风、代谢综合征、2型糖尿病、抑郁症、肿瘤、关节炎等一系列疾病。

然而，许多人对体育锻炼的理解存在着误区，认为一定要参与什么体育项目，或是一定要锻炼到大汗淋漓、全身酸痛，才会起到效果。其实，走路上下班、不坐电梯爬楼梯、做家务、踢腿扭腰，这些都是体育锻炼。不正确的锻炼方法或是初次参加锻炼，会使人感觉肌肉疼痛，所以锻炼最好循序渐进，根据个人情况进行。《全民健身计划》中把“经常参加体育锻炼的人”量化为：每周参加体育锻炼频度3次及以上，每次锻炼持续时间30分钟及以上，每次体育锻炼的运动强度达到中等及以上。体育锻炼要注意形式、频率、强度、时间等问题，才能取得最佳效果。一般来说，年轻人可以选择竞技成分相对较大、运动量较大、运动强度较大的体育活动，如足球、篮球等项目；中年人可以选择运动量和强度都适中、娱乐性较强的体育活动，如羽毛球、乒乓球、广场舞等项目；老年人则可以选择运动量和强度都较小的体育项目，如门球、太极拳、健步走等项目。

（二）调节情绪，平衡心理

心理健康的理想状态是保持性格完美、认知正确、情感适当、意志合理、态度积极、行为恰当、适应良好的状态。体育锻炼虽然以身体活动为主要形式，但它同时具有建设健康心理的功效。现代社会中，人们常常会产生紧张、压抑、忧虑、沮丧等不良情绪反应。体育锻炼通过身体负荷来宣泄不良情绪，缓解精神烦恼、痛苦和压力，舒展身心，消除心理疲劳与疾患，降低应激水平，使处理应激情境的能力得到增强。Mclman等人的研究证实，经常参加体育锻炼者的焦虑、抑郁、紧张和心理紊乱等消极的心理变量水平明显低于不参加体育锻炼者，而愉快等积极的心理变量水平则明显要高一些。适度负荷的体育锻炼能够促进人体释放一种多肽物质——内啡肽。它能使人们获得愉快、兴奋的情绪体验。因此，参加体育锻炼，尤其是参加自己喜爱和擅长的体育项目，可以使人实现情感宣泄，从中得到乐趣，振奋精神，从而产生良好的情绪状态。体育锻炼还能改善神经系统的调节功能，提高神经系统对人体活动时复杂变化的判断能力，并及时做出协调、准确、迅速的反应，使人体迅速适应内外环境的变化。

另外，体育锻炼中的集体项目与竞赛活动使人们遵循体育伦理，提高道德修养：一方面培养团结协作的集体主义精神；另一方面培养个体吃苦耐劳、坚忍不拔的意志品质。在紧张的氛围中促使人们形成沉着、冷静、机智果断、结构健全的心理个性，提高自信心、自尊心和自豪感；在轻松的氛围中充分发挥人们的积极性、主动性和创造性，使个性在融洽的氛围中获得健康、和谐的发展。

由此可以看出，体育锻炼是治疗精神与心理疾病的一种重要手段。美国的一项调查显示，1750名心理医生中，80%的人认为体育锻炼是治疗抑郁症的有效手段之一，60%的人认为应将体育活动作为一个治疗手段来消除焦虑症。临床研究表明，通过参加一些如慢跑、散步、徒手操等身体练习，能有效地减轻焦虑和抑郁症状，增强自信。除此之外，有关体育锻炼的心理治疗效应还反映在对精神分裂症、酒精和滥用药物、体表体型症状的研究等方面。

第三节　社会体育与青少年

一、青少年

（一）青少年的界定

我国对青少年的界定众说纷纭，难以统一其标准。心理学界普遍认为，青少年是指 12 岁至 18 岁这段时期。国家统计局在青少年统计普查中，将其界定为 0 岁至 14 岁。通过第六次全国 7 ～ 18 岁学生组体质与健康状况调研发现，此阶段的青少年学生体质不容乐观。为了提高青少年的体质健康水平，大部分学者将青少年界定为 7 至 18 岁这段时期。

（二）青少年的心理特征

青少年的身体形态、身体机能与运动能力均有明显的变化。身体形态的各种指标增长速度突然变快，如身高每年增长 6 ～ 8 厘米，有的可达 10 ～ 11 厘米；体重每年增长 5 ～ 6 公斤，增长快的可达 8 ～ 10 公斤。从整体来看，青少年的发育过程中是身体纵向发育在前，横向发育在后。手脚与躯干、四肢的发育，是手脚和四肢的发育在前，躯干的发育在后。这被称为“向心律”。

（三）青少年的身体特征

青少年身体形态和机能的迅速变化也导致其心理上发生一系列的变化。人际关系变得比以前复杂，抽象思维能力和独立学习能力也得到增强。但由于少年期是从儿童期向成年期过渡的重要时期，在心理上表现出独立性与依赖性共存的矛盾；心理上的发展赶不上生理上的发展；认识水平低，控制自己的能力较弱，容易被暗示，以致做错事。

二、青少年社会体育开展现状

（一）青少年社会体育开展情况

2006年底，教育部、国家体育总局、共青团中央联合发出通知，决定在全国的大中小学中广泛开展“全国亿万学生阳光体育运动”，要求各级学校保证青少年每天至少锻炼1小时。但是，由于应试教育的模式没有改变，青少年每天参加体育锻炼的时间没有得到落实。社会体育的开展情况非常不理想。

（二）青少年面临的健康威胁

随着社会的稳定，经济的快速发展，人们生活水平的不断提高，我国青少年的营养状况得到极大的改善。体质的某些方面也相对地得到提高。但由于参加体育锻炼时间太少，青少年面临着健康威胁。

1. 肥胖问题日益明显

身体形态是人体的外在形状。它能从很大程度上反映人体的机能状况和身体健康水平。身体形态指标是反映青少年体质的重要指标。形态指标包括身高、体重、胸围、臂长等。《我国青少年体质健康发展报告》中显示：我国青少年学生的身高、体重和胸围的生长水平继续呈现增长的趋势。但是体质监测中指出，在7岁到22岁的汉族学生中超重和肥胖率继续增加。2008年，学生不同营养状况检出率营养不良占8.58%、低体重占42.21%、标准体重占37.01%、超重占4.55%、肥胖症占7.66%。2010年统计显示，超重和肥胖症分别增加到5.05%和9.41%，表明由营养过剩导致的肥胖症和超重情况继续恶化。

2. 身体机能下降

身体机能是指人的整体及其组成的各器官、系统所表现的生命活动，通常可通过某些指标反映出来。例如，心脏的机能，用心率、血压、心电图可反映出来；肺的机能，通常用肺活量的大小来反映，眼睛的机能用裸眼视力来反映等。有许多小学生就有了高血压病，中学生开始动脉硬化了。中小学生的肥胖症、动脉硬化都是高血压病、冠心病等心脑血管疾患的重要危险因素。我国人口近视发生率为33%，全国近视眼人数已近4亿，使我国成为世界上近视发病率最高的国家，近视眼人数世界第一。

3. 身体素质部分指标不断下降

身体素质通常指的是人体肌肉活动的基本能力，是人体各器官系统的机能在肌肉工作中的综合反映。身体素质指标一般包括速度、力量、耐力、柔韧与灵敏等指标。第二次国民体质监测显示出，我国青少年体能素质中的速度素质、力量素质已连续 10 年下降，耐力素质已连续 20 年下降。

4. 心理健康堪忧

随着我国经济的快速发展，社会竞争日趋激烈，青少年升学就业压力增大，他们的心理承受能力受到极大的挑战，一些心理问题和吸烟、酗酒、不良生活方式、网络成瘾等健康危险行为明显增多，心理健康堪忧。

三、青少年参与社会体育的意义

（一）有助于身体素质的提高

体重指数（BMI）法是近年来国际流行的标准体重测量方法，利用体重指数来研究人体肥胖度。指数特点是受身高变化的影响较小。计算公式如下：BMI= 实际体重（公斤）/身高（米）的平方。评定：BMI在 20 ~ 24 为正常体重；BMI小于 20 为偏瘦；BMI在 24 ~ 26. 5 为偏胖；BMI大于 26.5 为肥胖。肥胖会诱发各种疾病，但通过合理的社会体育的锻炼，可以改善青少年目前肥胖症、高血压病、冠心病等疾病，使青少年的体质持续提高。

（二）有助于形成良好的人际关系

青少年通过学习体育并养成良好的体育行为习惯，会与不同年龄、不同性别、不同地区有着相同体育爱好、体育认知和体育行为习惯的人在心理上产生共鸣，进而使彼此间的心理距离缩短，促进相互之间的沟通和了解，从而较为容易地建立起亲密平等而又和谐的人际关系，而和谐人际关系的建立，将大大促进和谐社会的构建。

（三）有助于保持良好的情绪

保持良好的情绪状态是心理健康的重要指标。由于学习压力较大，生活节奏变快，青少年往往会出现焦虑、紧张、压抑等不良情绪，长期处于这种状态会出现心理疾病。通过体育锻炼，在运动过程中会体会到快乐和成就感，缓解不良情绪，保持身心健康。

（四）有助于学校体育的发展

学校体育是体育事业的重要组成部分。青少年是祖国的未来，积极推动青少年社会体育活动的开展，能够大力推动学校体育的发展，繁荣学校体育事业。

（五）有助于体育产业的发展

体育产业将是我国经济迅速发展新的增长点。青少年体育是体育产业的重要组成部分。大力发展青少年社会体育，可以推动学校体育、体育场馆的发展，优化体育产业结构，最终推动体育产业快速健康的发展。

【案例 9-1】

为什么体育锻炼可以促进青少年身体长高？

导致人高矮的因素非常多，除了和遗传有关系以外，后天的条件对于身高也具有影响，如气候条件、生活习惯、营养和体育锻炼等，特别是运动的作用不能忽视。常常参加体育锻炼，有利于脊椎骨的发育以及四肢骨骼的生长。从医学角度来讲，长高的关键在于骨骼的生长发育，特别是下肢骨骼的生长发育。骨骼的生长有赖于骨端骺软骨的增生。运动能够对骺软骨起到良好的刺激作用。所以，持久的锻炼能够使个子长高一点。

从少年时代就进行体育锻炼，对身高的增长效果十分显著，通常能增长 3 厘米，甚至还可更高。哪些锻炼对于增高最有帮助呢?

第一应该是跳跃性比较强的运动，比如跳高、跳远、篮球和排球，等等。

第二是游泳。腿部的蹬夹以及强力的屈伸，可以起到强筋健骨、牵伸肌肉以及韧带的作用。

第三就是跳绳、跳橡皮筋。这种简便而且又被少年儿童深深喜爱的活动也能刺激骺软骨、韧带以及肌肉，使其发育良好。

只要依据人的年龄、性别、健康状况以及兴趣爱好，选择一种素质锻炼，都会获得良好的效果。

学龄初期儿童的素质锻炼应该以速度、灵敏为主要方向，不要安排耐力与力量的练习。年满 17 岁的青年可以进行一些负重练习。这时候对于骨骼发育的影响已经不大了。

资料来源：百度百科。

第四节　社会体育与老年人

一、老年人

（一）老年人的界定

按照国际规定，65 周岁以上的人确定为老年人；在中国，60 周岁以上的公民为老年人。

（二）老年人的心理特征

伴随着健康状况和社会环境的改变，老年人在心理上或多或少地会产生一些变化。其主要特征为以下三点。

1. 失落感

老年人由于社会角色或家庭角色的改变，心理上往往会产生一种失落感，从而表现出两种情绪：一是沉默寡言，表情淡漠；二是急躁易怒，发脾气。

2. 孤独感

老年人由于丧偶、独居及其他原因所致的交往不便，心理上常常易产生隔绝感或孤独感。

3. 恐惧感

老年人由于机体患病、自理能力下降以及给儿女加重负担等问题的发生，心理上会产生忧虑感或恐惧感，从而也可表现出冷漠或急躁的情绪。

（三）老年人的身体特征

1. 脂肪蓄积，血脂上升

老年人新陈代谢减慢，加上活动量较少，需要的热量也较低。此时，如果摄取过量餐食及点心，那么体内会积存过多的热量而肥胖起来。老年人体内总血脂也随年龄增加而增加。其中，主要是总胆固醇量增加，甘油三酯也随之增加。

2. 骨质密度降低

40 岁以后骨密度逐渐降低，老年以后骨胶质减少，钙含量降低，使骨质疏松和骨脆性增加，容易发生骨折。据统计，我国 60 岁以上老人骨质疏松症的患病率为 24.6%。

3. 蛋白质合成速度减慢

老年人体内蛋白质合成与分解速度明显低于年轻人，容易出现血液中蛋白含量降低，发生水肿和营养性贫血；在受到外伤或感染时，痊愈及恢复得缓慢。

4. 生理功能逐渐衰退

老年人代谢减慢，各器官随年龄和体内自由基伤害的增加而衰退，免疫功能下降，对外界和体内环境改变的适应能力减低，体力下降。

（四）老年人的社会特征

1. 社会角色的变换

老年期内，个体与社会互动关系将会弱化，即角色中断和次一级角色变换。其标志是：（1）退休；（2）闲暇（闲暇无价值论和闲暇有价值论）；（3）朋友减少和生活方式的改变。

2. 老年角色转换表现

（1）劳动角色转换为供养角色。

（2）决策角色转换为平民角色。

（3）工具角色转换为情感角色。

（4）父母角色转换为祖父母角色。

3. 社会地位的变化

（1）社会地位实际上是指伴随社会角色而来的社会责任和社会尊严。一般来说，社会角色重要，社会责任和社会尊严就高；社会角色不太重要，社会责任和社会尊严就不太高。社会角色发生变化，社会责任和社会尊严也会发生相应变化。老年期是社会角色变化的时期，也是社会地位转变的时期。

（2）老年人社会地位变化的特征：地位下降。

4. 社会地位的变化体现

第一，在制度上，按规定而退休。

第二，在经济上，收入明显减少。

第三，在社会上，漠视老年人的合法权益。

第四，在思想上，忽视老年人的价值和作用。

要提高老年人的社会地位，除了需要建立健全各项法律制度外，

最迫切、最重要的还是正确认识老年人口群体的价值与作用。

5. 社会变化的原因

老年期社会变化的原因可以从宏观和微观环境两个方面考察。

在宏观环境方面，经济的高速发展需要继续社会化和接受能力强的年轻劳动者。老年人反应慢、知识更新能力较弱。因此，老年人的地位与社会变迁率成反比，而且老年人因体力等方面的原因，怕变求稳，难以适应高度流动的社会需求，所以高度的社会移动会降低老年人的地位。另外，缺乏对老年人口群体社会价值和作用的宏观的、全面的认识和评价，也是造成老年人口社会地位下降的重要原因。

二、老年人社会体育开展现状

人口老龄化是当今社会人口发展的主要趋势，也是世界各国所面临的重大社会问题。早在20世纪80年代，老龄问题就被列入历届联合国大会的重要议事日程，并通过一些重要议事日程呼吁各国重视和关注老龄问题。

我国目前人口老龄化进程已经远远超过了经济发展速度，也超过了众多发达国家的老龄化速度，然而我国的经济水平仍处于发展中国家阶段。随着老龄人口的增长必须会带来老龄人的身心健康、经济供养、生活照料、社会参与问题，同时，随着用于老龄人的医疗费用开支的不断攀升和政府用于老年人退休养老金的支出逐年提高，社会财政面临巨大的压力，社会积累随之下降。而且，由于老年

人属于社会中的脆弱群体，他们的患病率和住院率都显著高于一般人群，并多以慢性病为主。这样就对如何充分、合理地利用有限的医疗资源提出了难题。因此，日益严重的老龄化问题势必会对我国的社会发展造成严重的影响。

三、老年人参与社会体育的意义

（一）有助于身体素质的提高

身体素质，体现在经过体育锻炼后的身体在速度、耐力、力量、柔韧性、灵活性等方面。身体素质水平的高低会直接影响体育技能、体育行为的发展。

（二）有助于形成良好的人际关系

现代社会使人们越来越趋向封闭的状态，从而造成人与人之间感情交流缺乏，人际关系疏远。我国著名的医学心理学家丁肇教授指出："人类的心理适应，最主要的就是对于人际关系的适应，所以，人类的心理病态，主要是由于人际关系的失调而来。"Massie等人的调查发现，性格外向者比性格内向者的社会交往需要更强烈。体育锻炼是增进人与人接触的最好形式，有利于人际关系的适应。人们以体育活动为纽带，逐渐打破封闭状态，不同职业、年龄、性别、文化素质的人相聚在运动场上，进行平等、友好、和谐的交往。锻炼者心怀坦荡，没有任何思想负担，不带任何个人目的，使人们互相之间产生信任感，有效进行情感和信息的交流，互相之间产生一种默契和交融。彼时，人与人之间互相产生了亲近感，结识更多志趣相投的朋友，社会交往需要得到满足，有利于忘却烦恼，消除精神压力和孤独感。

虽然体育运动本身是有章可循、有规则约束的社会活动，人们遵从规则的同时，也控制和约束了自己的非伦理行为。但是，绝大多数的体育锻炼活动其实都属于休闲范畴，人们能够自由选择喜欢的方式，没有了竞技比赛激烈的对抗性和功利性，不要求有高水平技能，不需要遵守刻板的赛制规则，精神上无需负担胜负压力而时刻高度紧张，具有豁达的胸怀、乐观积极的生活态度。体育锻炼的本质就是一种娱乐游戏。

（三）有助于社区体育的发展

塑造健美形体，提倡多做有氧运动和伸展运动，避免做过多的无氧运动。有氧运动是指在运动过程中，人体吸入的氧气与需求相等，达到生理上的平衡状态。其特点是：富有节奏韵律，运动时间较长（约 15 分钟或以上），运动强度在中等程度（最大心率 75% ~ 80%）。锻炼时，氧气能充分燃烧（即氧化）体内的糖原，消耗体内脂肪，达到控制体重，防止肥胖或减肥的目的；还能增强肌肉力量，预防骨质疏松，保持关节柔韧性，使肌肉、骨骼、关节匀称发展，有利于形成正确的身体姿势；同时使心肺得到充分刺激，让全身各组织器官得到充足的氧气和养分供应，维持机体最佳的功能状态；有氧运动不会在肌肉中聚集乳酸，带来运动后的不适之感。慢跑、游泳、健身舞蹈等都是有利于塑造体形的有氧运动。另外，体操、健美操等伸展运动也有利于塑造体形。它能够帮助身体弯曲、伸展、扭动，舒筋活络，使人的肢体更加协调，增加身体的柔韧度和灵活性，使线条匀称。

体育锻炼对于改善人的身体表象和身体自尊至关重要。Albinso 和 Wheeler 的研究认为，锻炼者比非锻炼者具有更积极的总体自我概念；Schuele、Young 及 Adame 等学者测量也发现，体能强的人比体能弱的人倾向于具有更高水平的自我概念和更高的身体概念。

通过体育锻炼还能陶冶情操，提高个人素养。比如，太极拳、五禽戏、八段锦、瑜伽等传统健身项目讲究身体与意识的结合，对外可改善精神面貌，使人容光焕发、神采奕奕，防止过早进入衰老期；对内可调适心绪、舒畅情志、提升气质，促进对东方养生健身文化的了解。

【案例 9–2】

中老年人坚持健身可防病

耄耋老人高瑞芝身高不到 1. 65 米，坐在记者面前身板挺直，说话有力，眼不花，听力也很好。他的儿子高宁称：“至今，父亲坚持每天自己上街买菜，外出散步 1 个小时，已记不清老人多少年没得过病了。”

1945 年，21 岁的高瑞芝参加解放军，参加了大大小小的战役数十次，1948

年，受伤离开了部队。后被分配到了辽源市纪检委工作。谈到为何自创床上健身操，高瑞芝说，1983 年，他患上了坐骨神经痛。医生建议其在医院做牵引，并做一些辅助治疗。但因那时工作繁忙，他选择下班后在家进行简单的运动，伸腿练习。伸、屈，简单的两个动作，他每天要做上百遍，没想到，一个月后，病痛竟然消失了。

他说，那时老伴儿患上了严重的心脏病，多数时候需要卧床。为了照顾老伴，他只得研究起了适合在家做的运动。通过摸索，高瑞芝自创了一套 10 个动作的床上健身操。每天起床后，他都会做床上健身操，近 1 个小时，他坚持了 29 年。健身操有 10 个动作，分别叫做揉肚子、抬屁股、蹬腿运动……每个动作大约在 2 分钟。在第 9 个动作蹬腿运动中，他高抬两腿反复蹬空，做过 100 次后，才开始做下一个动作“转圈晃头”。他边做边说，反复伸腿，可以让腿的关节、血管和筋骨得到疏通，而其他动作，也都是活动各个关节和增加肺活量。

老人的儿子高宁说，很多与父亲相识的老人得知他有一套床上健身操，于是纷纷来请教。此后，除了做示范，父亲还将运动方法印成了宣传单，发到了向他学习的老人手中。高瑞芝称，现在自己身体硬朗，相当于现在的一些年轻人，相信只要能够坚持不断地好好锻炼，活到 100 岁绝对不是问题。

资料来源：新文化报辽源讯（2013.5.13）。

第五节　社会体育与其他特殊人群

一、特殊人群体育

特殊人群包括弱势群体、优抚对象和边缘人群。泛指妇女、儿童、残疾人等人群。他们的身体状况在一定方面会制约着参与身体锻炼及其持久性。如今，我国社会处于平稳发展时期。当代人们生活质量稳步提高。特殊人群越来越注重体育养生。体育锻炼逐渐走入了我国特殊人群的视野与生活当中。因为体育锻炼不仅仅能够满足人们健身的需求，使自己的运动技能得到锻炼，还能够提高人们的心理健康，使自己更好地融入社会。不同年龄阶段与职业的特殊人群根据自身的身体情况采取相应的锻炼方式与方法，以此来促进自身身体的健康，丰富自己的业余文化生活。本节介绍了除老年人之外的其他特殊人群与体育锻炼的状况。

（一）妇女更年期的身体锻炼

在人生有两个阶段，即青春期和更年期，无论男女都必然经过这两个阶段。更年期的生理基础是女性的卵巢退化和男性的睾丸退化所引起的。女性更年期比男性更年期出现较早，且较一致，一般症状也较明显。

更年期是一个正常化生理过程。此期间，妇女的分泌系统及整个肌体将发生变化。其突出的特征为绝经。绝经的年龄一般在 45 ~ 52 岁之间，平均为 49 岁半。其他症状还具体表现在心血管（潮红）、精神与神经的症状和新陈代谢出现障碍等。更年期出现的一些临床症状群，称为更年期综合症。妇女更年期的到来，多数以月经不调为先兆，一两年内月经逐渐闭止而结束更年期。但由于个人的精神与身体状况，工作与生活环境，遗传因素以及个体的忍耐力等原因，有的无明显更年期综合症症状，有 10% ~ 30%的妇女有症状，但有明显症状只占 10%左右。

在更年期应注意自我保养与医务监督，要进行适当的身体锻炼。更年期的身体锻炼应有利于增进健康，心情放松、舒畅，促进新陈代谢。进行身体锻炼应注意如下几点。

1. 每天作息制度中应安排轻松的身体活动作为身体锻炼的基本内容，如散步、慢跑。运动负荷控制在自我感觉舒适或已习惯的量与强度上（220–年龄 ×65% ~ 80%）。坚持经常性锻炼，适当地安排运动负荷，不要追求不断增加运动负荷以接近锻炼者的最大承受能力。

2. 从事太极拳、健身气功等我国传统的体育活动，以意带动、动静结合，内外结合、形神结合，对于养生修心，促进新陈代谢有着积极的作用。

3. 从事一些有兴趣的体育活动内容，如乒乓球、地掷球、门球等，也有利于调剂精神，促进精神放松而愉快。

4. 选编一些有针对性的身体活动内容，如自编徒手操、健美操等。也可采用按摩，促进全身或局部身体血液循环，调剂情绪。

从事体育活动，应注意利用外界的自然环境，以提高身体锻炼效果。

（二）我国妇女体育锻炼现状

我国妇女参加体育活动程度总体为27.15%。其中，每周1～2次，每次30分钟，中等强度的参与情况为7.1%；每周3次，每次30分钟，中等强度的参与情况约为10%。其他程度的参与情况为9.98%。其中，城市女性的参与情况远远大于农村妇女的参与情况，但总体而言，妇女参与率低于男性。

我国妇女参加体育活动的项目主要有散步、广场舞和瑜伽等，随年龄的增长，参加健身气功、太极拳项目的人数比例有所增加。这是因为，太极拳是我国传统体育项目，具有调心、调息和防病健身的功效。它的运动负荷也正适合老年人的身体和心理需求。不同职业妇女参加体育活动的项目除散步、跑步外，管理人员与科教人员参加交谊舞的人数有所增加。这与她们的心理和社会需求有一定的关系。

我国妇女参加体育活动的形式随着年龄增长在单位活动开始减少，步入中老年后与朋友同事在一起参与体育锻炼呈上升趋势。这主要与年龄的增长和预防老年孤独的心理特征有关。

我国妇女参加体育活动的原因与生理、心理特点有很大关系，青年时是为了健身和娱乐，中年是为了调整情绪，老年回归健身和娱乐。建议各部门应根据妇女在不同时期的生理、心理特点进行适当的体育活动。

妇女未能参加体育锻炼的主要原因是，没有体育意识、兴趣，没有时间，工作负担重、家务多，不知道锻炼方法和缺乏体育设施。要加强妇女体育，需要解决以上问题。

（三）残疾人的体育锻炼

残疾人问题是社会问题。我国《宪法》明文规定：“国家和社会帮助安排盲、聋、哑和其他有残疾的公民的劳动、生活和教育。”《全民健身计划纲要》中提出：“广泛开展残疾人体育健身活动，提高残疾人身体素质和平等参与社会活动的能力。”

残疾人与正常人一样享受做人的一切权利。其中，包括享受体育的权利。体育是残疾人康复和锻炼的有效手段，随着社会文明的发展，残疾人体育也将不断发展，残疾人的健身体育会出现新的发展。

残疾人是指身体残疾或精神障碍者，包括身体残疾，感官残疾与精神残疾以及复合残疾。智力落后属于精神残疾范围，亦称精神发育不全。怎样运用体育手段，促进残疾人身心健康，是社会主义体育事业发展中应引起充分重视的一个问题。

（四）我国残疾人体育锻炼现状

我国正常人体育活动参与率为35%，而残疾人仅有25. 3%的人参加体育活动。这说明目前我国残疾人体育活动参与率比正常人低，开展得还不够普及。文化程度高的残疾人中有41. 3%的人参加体育活动，文化程度较低的残疾人中有15.2%的人参加体育活动。其差异性具有非常显著的意义。这证明残疾人参加体育活动与文化程度有密切关系。

残疾人的体育消费水平明显低于正常人，而且在残疾人中，参加体育活动的人在体育消费的平均水平上明显高于不参加体育活动的人。这证明经济状况是影响残疾人参加体育活动的重要因素之一。

目前，残疾人参加体育活动的形式，主要以自发、松散、无序自由组合状态为主，要使其主动地向较为严谨、按照一定规律有组织的状态转变，是残疾人体育开展过程中亟待解决的问题之一。

目前，残疾人喜爱的体育项目较少，绝大数竞技体育不适合残疾人参加。这说明应该大力加强研究和开发符合残疾人运动规律的体育活动项目。

残疾人不参加体育活动的主要原因是没有兴趣、缺少活动场所和器材、没有时间、没有人指导、怕人讥笑。这为大力普及残疾人体育提供了重要的参考依据。

残疾人的体育需要加强引导和组织，为他们创造一个良好的社会氛围和必要的条件。

二、特殊人群参与社会体育的特点

（一）活动内容的特殊性

由于特殊人群在身体结构与活动功能方面存在某些障碍，不同类型的特殊人群的身体活动能力、对不同身体活动的适应度有差异。一定程度上会限制身体的活动形式、活动幅度、活动强度、活动量。因此，在开展特殊人群体育活动时，应根据他们的类别和特殊的程度，合理地选择适宜的身体活动内容和运动形式。

（二）活动空间的特殊性

由于特殊人群在身体活动功能上的某些限制和障碍，对体育活动的物质空间方面的要求具有特殊性。包括活动场地、活动中使用的器材、器械、用具等，应充分体现出对特殊人群的人文关怀，努力做到安全、方便、舒适。面向特殊人群专用的体育设施与器械的研究与开发，提供安全畅通的无障碍运动环境对吸引特殊群体参与体育活动具有重要作用。

（三）活动心理的特殊性

特殊人群的心理特征要求体育活动指导者的工作必须充满人道主义精神，深入了解体育参与者的个案材料。注意尊重特殊人群的自尊心，努力做特殊人群的朋友。指导过程中应细致耐心、循循善诱，鼓励为主，引发他们参与体育活动的动机，培养自信心和意志品质。指导者所提供的服务对促进特殊人群参与体育的主动性和持久性有直接的影响作用。

三、特殊人群参与社会体育的意义

体育运动作为人类创造的文化成果，应为全人类共享。无论是特殊人群还是健康人群都拥有享用这份财富的权利。特殊人群参与体育活动是保障特殊群体合法权益的具体体现，也是特殊人走向社会生活，真正实现“平等、参与、共享”的途径之一。针对不同的群体，其参与的意义有所不同。

妇女参加体育活动，不仅对自己的形态、机能以及各种能力是有益的，而且妇女的健康水平，直接影响到下一代，乃至几代人的体质。通过体育锻炼，能够使自身在体育锻炼的过程中享受运动带来的乐趣，提高自己的运动技能，也能使自己在体育运动过程中全身的骨骼与肌肉得到有效的锻炼，选择一些适合自身运动的项目，使自己的业余时间能够得到丰富与充实。

对于残疾人来说，体育活动有着重要意义，身体或者精神的残障，使他们在社会生活中处于“弱者”的地位。许多对正常人来说很简单的活动，对残疾人却变得十分困难。不少残疾者生活不能自理，较难找到适宜的工作，经济上也常表现出对他人强烈的依赖性。这些残酷的现实往往使残疾者感到失望和自卑，甚至丧失生活的信心和勇气。体育活动是人类借以健身、娱乐、交往和进行竞技，以显示人的体能和技能潜力的社会行为。通过体育锻炼，在运动项目上可以挖掘自己的潜力，在不同的领域实现自身的价值。通过体育锻炼，能够增进人与人之间的感情与活力，在业余时间体育锻炼中结识更多的朋友，促进不同人之间的交流与合作，也能够通过体育锻炼养成积极地人生态度，如团结、拼搏、合作、友谊等。

思考题

1. 试述体育素养的内涵构建。
2. 试述青少年参与社会体育活动的意义。

参考文献

[1]杨献南，鹿志海．形式逻辑视角下的体育素养概念辨析[J]. 南京体育学院学报（社会科学版），2015，29（2）：89-92

[2] http://blog. sina. com. cn/s/blog_4cccca0b0101awp1. html

[3] http://www. 360doc. com/content/10/1224/18/832987_81019846. shtml

成都体育学院：杨冰、陈静姝、张林玲、彭琴、张宇

第十章

体育社会问题

本章提要

体育社会问题是现实生活中，不同社会问题在体育领域中直接或间接的折射与反映，同时，也是体育领域发生的不同问题给社会带来的潜在或显性的不良影响。研究体育社会问题的目的，就是通过对体育社会问题现象、类型和特征的描述与阐释，透视相关问题发生、发展的表象和深层次原因，揭示其结构性的社会根源，并在此基础上提出建设性的体育领域的社会治理理念、途径和对策建议，从而不断弘扬体育精神，促进我国体育事业健康发展。

第一节　体育社会问题的界定、种类和特点

一、体育社会问题是什么

我们在探讨体育社会问题时，首先，就是要明确什么是体育社会问题，体育社会问题的表现形式有哪些，以及体育社会问题的构成要素是什么。

（一）体育社会问题的内涵

体育社会学作为社会学的分支学科，其基本取向就是运用社会学的理论与方法，观察并解释现代社会中的体育现象及其社会影响。在社会大系统中，体育社会问题受社会问题的影响和制约，它既属于社会问题，又不同于笼统意义上的社会问题。因此，我们在讨论体育社会问题内涵时，有必要对社会问题及其构成要素的相关理论知识进行梳理，这有利于我们对体育社会问题的界定和理解。

1. 什么是社会问题

人们对什么是社会问题，在不同历史时期经历了一个复杂的认识过程。社会问题是一种普遍存在的社会现象，当社会内部的矛盾发展到一定的程度，成为一种明显而又普遍的现象时，就会产生社会问题。至今，我国学者对社会问题的理解仍存在不同观点，总结归纳当今国内外社会学家对社会问题的看法，一般来说，社会问题有广义与狭义之分。广义的社会问题，泛指一切与社会生活有关的问题；狭义的社会问题，特指社会的病态或失调现象。社会学研究则主要是从狭义角度来界定，是指在由于社会结构或社会关系失调，导致社会全体成员或部分成员的正常生活和社会进步发生障碍，需要依靠社会力量加以解决的问题。

一种社会现象是否属于社会问题，我们如何从理论上判定和从实践中确认？为此，还需要透过构成社会问题的要素分析并确定。社会学所讲的社会问题，一般认为应具有以下特点：其一，必须有一种或数种社会现象产生失调情况；其二，这种失调影响了许多人的社会生活；其三，这种失调引起了社会多数成员的注意；其四，这种失调必须运用社会力量才能予以解决。由此可见，某种社会现象之所

以成为社会问题，首先，它具备了社会问题的构成要素：社会性、紊乱性、破坏性；其次，这种社会现象被公众、政府确认是社会问题。当然，社会问题还具有显性和隐形的区分，一些社会问题很可能在一定时期内表现得较为隐蔽，不为大多数人所感受，但是，随着时间的发展它会逐步显现为社会问题。

2. 体育社会问题的界定

体育社会问题是社会发展与变迁的产物。体育社会问题大多是社会问题的“缩影”和“折射”，社会问题是体育社会问题发生的条件。正是社会问题与体育社会问题的密切互动关系，使得我们在思考体育社会问题时，一方面需要关注体育本身，另一方面也需要关注社会，如政治、经济、文化，甚至生态、环境等方面。笼统地说，体育社会问题是指体育运动中所表现出来的各种社会问题。社会问题是体育社会问题发生的条件，当人们对体育的需要程度越高，体育领域的问题就成为社会的主要问题之一。例如，体育运动中的社会差别和社会控制问题，已经作为重大社会问题而受到关注。而在某些社会问题失衡时，体育社会问题又很容易成为导火索，引发重大的社会事件。例如，球迷骚乱事件，会造成人民群众的生命和财产损失惨重，酿成巨大的社会骚乱。

我们如何确定某种体育现象是体育社会问题？一种体育现象成为体育社会问题时，应具有以下特点：其一，使体育运动的运行失调；其二，影响了与体育相关的多数社会成员的体育利益或体育生活；其三，违反了社会的主导价值标准和规范标准。通常我们按照社会问题的视角界定，体育社会问题是由于社会结构或社会关系失调，导致社会全体成员或部分成员的体育生活和社会进步发生障碍，需要依靠社会力量加以解决的问题。

体育社会问题大多与社会问题发生关联。一方面，任何一个体育社会问题的形成都与社会问题相关联。例如，社会某些虚假风、腐败问题渗透到体育竞赛，引发体育竞赛中的黑哨、假球和兴奋剂问题；社会大量的下岗失业问题引发体育弱势人群的体育权利问题等。另一方面，严重的体育社会问题也会对社会起消极的作用。任何一个体育社会问题都由多个因素组成，例如，老龄人口的体育问题，既包含着社会、经济、道德、法律和人口等因素，也包含历史和现实、宏观和微观等因素，因多种因素交汇在一起而构成严重的社会问题。因此，体育社会问题绝不是对该领域一般现象和基本议题的简单描述和表达，而是透过体育现象，反映和表现出对体育领域的个人或群体带来的困扰、伤害或剥夺，并在体育领域的观念、态度、资源、组织、制度等层面引发的歧视、不公平、不公开、不公正与不平等关系与结构。

我国不同的学者由于研究的侧重点不同，从不同的角度对体育社会问题作出了不同的界定。早在 1989 年，我国学者卢元镇在《试论体育社会问题研究》一文中，通过对体育领域中发生的一些问题进行探讨，指出体育社会问题的共性特征是：这一类社会问题对社会的危害相对较小，它主要是影响和妨碍体育的正常运行和协调发展。我国 2000 年 6 月出版的《体育大词典》中，对“体育社会问题”的注释是：“发展过程中出现的与生活、文化、经济等社会生活有关的，某些涉及整个社会或大部分社会成员且有普遍影响的共性问题。”方曙光（2002）在《浅析我国体育社会问题的治理》将体育社会问题定义为：以体育运动作为一种社会制度，与体育运动相关联的社会行为、关系、作用和事实，出现病态或失调，危害了正常社会秩序，并影响体育运动正常运行和协调发展，需动用社会力量解决和控制的社会现象。仇军等（2009）《论体育社会问题》指出，体育社会问题：是影响社会成员健康的体育生活，妨碍体育运动良性发展，违反社会主导价值标准和规范标准，引起社会大众普遍关注的一种社会失调现象。它包括体育领域中所表现出来的各种社会问题，包括体育的参与者（运动员、教练员）、体育的管理者（政府相关管理部门、俱乐部官员）、体育的欣赏者（现场观众、非现场观众）、体育设施、体育的利益相关部门（媒体、赞助商）等。

综上所述，我们把体育社会问题定义为：是指任何影响体育事业健康发展，危害体育规范、体育精神和体育事业良性发展，并被社会大多数公众认定为需要解决的体育领域中的社会失范现象。体育社会问题是指危害体育活动、体育规则、体育秩序等的客观事实，它影响了社会多数人或少数人的体育参与和体育利益，并需要动用社会力量来试图解决的社会问题。体育社会问题因不同时空和文化背景的差异，而产生不同的认知与评价。同时，解决体育社会问题需要用多视角、多层面，从政治、经济、文化、自然与人的关系中寻求解决的途径。

（二）体育社会问题的特点

体育社会问题具有社会问题的基本特征，表现为：体育社会问题的客观性、体育社会问题的普遍性、体育社会问题的持久性、体育社会问题的时代性。体育社会问题的存在是一种必然的社会现象，是不以人们的主观意识为转移的客观事实。体育社会问题是以社会问题为背景而引发的，体育社会问题产生的根源、发展的过程具有复杂性。体育的发展是以社会的发展、经济状况、文化观念、生活需求为背景，在不同国家和民族的体育运动中，存在着各种各样的体育社会问题。体育社会问题具有普遍性，即体育社会问题表现在全球范围内，任何国家、任何民族和任何地区都普遍存在。即使在不同时期的不同国家，在经济发展水平、社会结构、社会制度形式、历史文化传统等方面存在显著差别，在体育运动发展过程中，仍然会发生一些相同的体育社会问题。比如，体育运动参与不平等、体育运动竞赛中的暴力侵犯等。同时，体育作为现代社会一种文化现象，还具有鲜明的时代性，使不同社会所存在的体育社会问题凸现不同，而且将随着时间的改变而变化。此外，体育社会问题具有持久性特征。体育社会问题的形成有一个积累和演化过程，人们对体育社会问题的认识有一个过程，对体育社会问题的解决也有一定的条件。所以，体育社会问题一旦出现，就会在体育运动中长时间地持续存在，而且社会对它显得有点“无可奈何”，正因为体育社会问题的持久性，解决它往往需要一定的时间。

由于体育是一种特殊的社会现象和社会行为，体育社会问题除了具有上面所论述社会问题的基本特征外，还具有其自身的特点。概括而言，主要具有以下几点。

1. 局限性

体育社会问题发生在体育领域中，相对于其他社会问题，其影响、波及的范围有较大的局限性，影响范围相对较小。体育社会问题的社会性后果也小得多，属于局部社会问题。由于体育行为所引发的体育社会问题，影响范围局限于从事体育运动的人，与那些影响范围波及全社会所有公民的社会问题，比如人口问题、贫困问题、环境问题等相比，其影响波及范围不大。

2. 可控性

体育社会问题与社会中的文化意识形态紧密相连，它的产生、发展和影响与体育价值观念和体育体制关系较大。虽然体育社会问题形式多，发生在多层面、多领域，但大多是发生在体育道德伦理层面、体育管理层面、体育法律层面等。所以，体育社会问题属于一般的社会问题，基本属于可以控制的范畴，如弱势群体的体育问题、赛场体育问题、大众关注的体育问题等。即使球迷骚乱事件，也属于可控的范围，可以通过教育和法律进行规范。体育社会问题对社会影响的广度和深度越小，危害性越小，解决体育社会问题的时间也就越短。

3. 公开性

体育社会问题相对其他的社会问题，其公众的透明度更高，公开性更强。因为现代体育具有较强的观赏价值和新闻价值，体育不仅仅成为参与、观赏的内容，而且成为社会政治、经济、教育、文化、娱乐重要的手段，成为现代社会生活的重要组成部分。体育的巨大经济潜力使得各种传媒日益关注体育行为的各个方面，公众通过现代传媒可以很方便、快捷、全面地了解各种体育社会问题。这就要求解决体育社会问题，依据体育规则和体育法规予以解决，增加了体育社会问题的透明度和公开性。

4. 集合性

体育社会问题的集合性对社会的影响不容忽视。集合行为的产生是由非常规事件导致的，具有自发性、狂热性、短暂性的特点。它通常是自发的、非理性的，变化无常的，表现为众多人在同一时间内，采取相同行动的无组织性行为。在体育活动的群聚场所，一些成员情绪缺乏理智，情绪相互感染，自愿参加呼叫等感情冲动的非常规方式，并形成与他人相互依赖、相互影响的一种行为。例如，体育赛场上的看台文化，如今已成为社会关注的一种体育社会现象。

5. 突发性

体育社会问题具有突发性特征。突发性是同体育活动的突发事件联系在一起的。在体育领域突发事件可分为自然灾害、事故灾难、公共卫生事件、社会安全事件等四类。不论什么性质和规模的体育突发事件，都必然不同程度地造成破坏与损失。例如，球迷骚乱事件的突发性、瞬间的聚众性、破坏性，最终发生难以控制的骚乱，对社会的安全稳定产生不良影响，使体育远离正常发展轨道而出现失衡，体育赛场处于不稳定状态。

6. 裂变放大性

体育社会问题的放大裂变效应，使各种体育社会问题成为公众关注的焦点。在媒体高度发达的今天，媒体与体育密切联系，使体育社会问题有很高的社会吸引力。在新媒体时代，网络使体育信息的传播更加迅速，并且随着媒体的扩张，影响会不断被放大，各种观点几乎瞬间就可以集合起来，形成蝴蝶效应，使现实的事件转变为完全新颖的面孔。近年来，体育界发生的不同事件都与其放大效应有关联。

二、体育社会问题的种类

体育社会问题的分类是一个值得探讨的问题，我们通常依据社会问题的分类方法，试图解决社会问题的分类。体育社会问题与社会中的文化意识形态紧密相连，因而不同的社会群体对体育社会问题有不同的视角和观念。由于人们对体育社会问题的理解不同，体育社会问题的成因又具有多元性和复杂性，因此，使我们在体育社会问题的种类划分上，出现各种分类的方法，至今未形成统一的划分标准。

（一）体育社会问题划分的不同取向

有研究者依据社会问题的分类理论，对体育社会问题做如下分类：按体育社会问题发生、发展的趋势或可能性分类；按体育社会问题产生的主导性或主要原因分类；依据体育社会问题产生与社会结构分类；依据体育社会问题产生与社会存在的状态分类；依据体育社会问题失调的具体内容分类；依据体育社会问题的表现状态与主体人行为分类；依据体育社会问题表现程度分类；依据体育社会问题存在的空间范围分类；依据体育社会问题对社会影响的根本性质分类；依据体育社会问题产生的条件分类等。

此外，有研究者将体育社会问题划分为：变迁性体育社会问题和结构性体育社会问题。这类问题一般发生在由传统社会向现代社会过渡、由计划经济向市场经济转型过程中，由社会的制度性、政策性等因素，或社会发展中不可逾越的阶段引起。例如，妇女体育权益、贫困人口体育、老龄人口体育、残疾人体育和环境污染与健康、体育场地设施不足与城市文明病等。

同时，也有研究者根据体育社会问题发生的表象原因而划分为：越轨性体育社会问题或道德性体育社会问题。越轨性体育社会问题是指个人或团体超越法律界限，造成危害社会行为的体育社会问题。例如球迷骚乱、行贿受贿事件、体育赌博等。道德性体育社会问题则指违反体育竞赛中的道德规范，引起社会舆论和抨击的体育社会问题，如体育伪科学、竞赛作弊、竞赛纠纷、使用兴奋剂、侵占体育场地设施、侵害公民体育权力等。

总之，目前我们对体育社会问题的分类存在不同的分类方法，都是便于我们更好地认识和分析体育领域发生的社会问题。无论我们采用何种分类方法对体育社会问题进行分类，只要我们能对不同的体育社会问题做出较完整的描述和解释，就有它的适用性和实用性。

（二）体育社会问题主要类型

我们探讨了人们对社会问题和体育社会问题的界定，以及不同学者对体育社会问题的分类划分，本教材以社会问题的社会失范作为体育社会问题的分类标准，从行为失范性的领域、内容、程度等方面进行类别划分。社会失范是指由于社会规范缺乏完整、明确的特征，而导致社会的不正常状况或社会病态。社会失范现象包含越轨现象、未越轨但被认为是反社会或不道德、违法违规的现象。我们借鉴这种理论对体育社会问题进行分类，大致可分为：经济失范、行政失范、道德失范、秩序性失范，以及风气失范。

1. 经济失范型体育社会问题

在市场经济发展过程中，资本追求利润最大化，造成了人的行为失范与精神失范。作为一种社会关系力量，资本在扩张过程中具有双重属性，它在促进人的全面发展的同时，也造成了人的发展悖论。解决这类问题最根本的路径在于坚持“以人为本”，真正实现节制资本、节制权力、节制欲望。经济失范型体育社会问题主要指体育资源分配不平等，例如我国东西部差距，以及我国城乡、种族体育资源的差别；我国运动员退役后的就业与福利保障欠缺，而出现退役运动员卖获奖奖牌、搓澡、卖艺为生的现象；以及我国体育场地设施不足等。此外，还涉及在体育活动、事业管理中存在的普遍性社会问题，比如假冒伪劣体育产品、相关发票弄虚作假、体育场馆乱收费现象、赛事合同欺诈、空头支票、收受回扣、挪用定向经费等。

2. 行政失范型体育社会问题型

行政失范是指行政人员在行政权力运行的过程中，置行政伦理的规范与原则不顾，把公共权力用来满足私利的情况或现实，从而导致公共利益受损。从本质上来说，行政失范是行政权力的异化，一般表现在社会转型过程中，旧有行政规范体系解组，新的行政道德规范体系尚未形成，社会既有制度规范体系呈现出一种混乱状态。例如，一些体育官员在履行职责的过程中出现了一系列伪道德、反道德、失道德的行为，例如行贿受贿、贪污腐败（如贪污公款），滥用职权、失职渎职、虚报浮夸等，都是这类问题的典型表现。

3. 道德失范型体育社会问题

社会道德失范是指在社会生活中，作为存在意义、生活规范的道德价值及其规范要求或者缺失，或者缺少有效性，不能对社会生活发挥正常的调节作用，从而表现为社会行为的混乱。道德失范表现在社会精神层面的某种危机和剧烈冲突，它常常是社会急剧变革或转型时期的产物。由于受社会文化的影响，体育领域普遍存在道德失范的现象。它主要包括捏造传播体育名人或其他人物的谣言闲话，利用互联网损害体育名人名誉、诽谤造谣，以及体育道德水准下降，体育伪科学泛滥、侵占体育设施、侵害公民体育权力等。此外，体育名人承接虚假广告、图谋私利也属于这一范畴。

4. 秩序性失范型体育社会问题

社会秩序是指某种社会活动或活动场所中的规则和有规则的状态，如日常所言“遵守秩序”。社会秩序是表示社会有序状态或动态平衡的范畴。但是，社会秩序也会出现不稳定或失衡的状态。这种秩序的失衡反映在体育领域就属于秩序性失范现象。它主要指在体育活动中存在的各种歧视，例如，运动赛事中发生的种族、性别、年龄、残疾人歧视等现象；体育体制运行的低效率，国家支持力度过大而造成严重的财政负担；体育的行政化操作等。秩序性失范型体育社会问题还包括因政治立场的原因抵制奥运会，体育活动中因民族、种族引发的各种歧视现象，甚至是恐怖主义行为、事件等。除此之外，还包括竞赛作弊（运动员假冒年龄）、竞赛纠纷、赛场冲突、黑哨、假球、行贿受贿事件等，以及由此引发的球迷骚乱、运动场暴力事件，甚至扩展到普遍不满的社会情绪。

5. 风气失范型体育社会问题

社会风气是整体或局部社会在一个阶段内所呈现的习尚、风貌。为一定社会中的风俗习惯、文化传统、行为模式、道德观念及时尚等要素的总和。社会风气也存在失范的状态，即社会风气问题。在体育领域也会因社会风气的失范引发体育领域中发生相关的失范行为。它主要表现为体育运动中的一些不良作风，甚至是一种风气。比如，一些运动员的吸毒问题，体育赌博、兴奋剂问题，以及在体育领域时有发生的，包括迷信、赌博、贩黄、公款消费等不良现象。当然，也包括运动员的保护，例如，比赛导致的伤残、意外死亡问题等。

这五种失范类型彼此间是互相关联的，所有的失范行为的发生，究其根本，是源于失范者缺乏一定的道德或道德自律不强。在社会转型与经济快速发展的同时，社会失范的类型也已日渐多样化，危害程度也日趋加深。目前，在体育领域中的社会失范问题，被人们广泛注意的体育社会问题主要包括滥用兴奋剂问题、运动员和观众行为的越轨问题、裁判的黑哨问题、种族歧视问题和性别歧视问题等。

【知识链接 10-1】

社会失范

社会失范是指，由于社会规范缺乏完整、明确和自治的特征，而导致社会的不正常情况或曰社会病态。社会失范现象包含越轨现象和虽未越轨，但通常被看成是反社会的或不道德的现象，是社会成员面对社会规范而难以遵从，或遵从的成本大于收益，或违反规范的行为会带来更大的收益时，而发生违反社会规范甚至法律、法规而导致的社会现象。社会失范可以表现为许多情景，如社会秩序的破坏、离轨，犯罪现象的增多，社会生活中道德的败坏、腐败的盛行等。

资料来源：百度文库。

【知识链接 10-2】

社会问题的分类理论

依据雷洪社会问题的分类理论，社会问题的分类大体应包括以下几个方面：按社会问题发生、发展的趋势或可能性分类；按社会问题产生的主导性或主要原因分类；依据社会问题产生与社会结构分类；依据社会问题产生与社会存在的状态分类；依据社会问题失调的具体内容分类；依据社会问题的表现状态与主体人行为分类；依据社会问题表现程度分类；依据社会问题存在的空间范围分类；依据社会问题对社会影响的根本性质分类；依据社会问题的条件分类等。

资料来源：邹师．浅析我国体育社会问题的理论研究 [J]. 2011。

第二节　体育社会问题的预防与解决

当今社会的体育已成为社会和文化的一个重要组成部分，大社会中的各种问题以不同方式折射到体育这个小社会中。体育社会问题不仅直接影响体育的运行与发展，也影响社会的稳定与发展。现代体育已深入渗透到我们社会生活之中，体育运动与社会生活的主要领域，如家庭、经济、媒体、政治、教育、文化、宗教等都有密切关系。各种社会因素与体育社会问题之间的相互影响、相互作用，使体育社会问题的产生具有多元性和复杂性，造成的后果具有社会性。因此，任何一种体育社会问题的产生和解决，都是一个复杂的社会过程，需要多种社会条件。

一、体育社会问题治理的基本原则

我国体育社会问题产生原因多种多样，既有宏观的社会政治、经济、文化、历史等原因，也存在一些个人原因。我们要解决相关的问题，就要遵循体育社会问题发生发展的规律，以及一些基本原则予以治理。

（一）遵循体育事业的基本特点与规律

在体育社会问题治理中，首先遵循的原则：必须要认识和遵循体育社会问题发生发展所具有的特殊规律。目前具有代表性的一种观点认为，体育社会问题与大多数社会问题在本质上并没有太大的区别，体育社会问题是社会问题直接和间接的反映。因此，要对体育社会问题进行治理就需要对社会的相关社会问题实现有效治理。

（二）协同共治的原则

由于体育社会问题的特点，使得体育社会问题的治理要采用协同共治的原则。所谓协同共治是指体育社会问题的治理不仅仅单靠政府管制获得体育秩序的良好状态，而是要动员社会力量，即体育事业发展的各个主体（包括政府、社会组织、企业、公民）共同遵守基本的体育社会准则和规定，通过互动而实现良好的秩序运行。由于体育社会问题的高度复杂性，体育事业的协同共治则极为重要。

（三）全民治理的原则

与协同共治相一致，体育社会问题也要求实现全民的参与，即全民治理，也就是说所有参与和支持体育事业发展的人都是体育社会问题治理的主体。这要求我们对体育价值、体育精神形成广泛的共识，人人都在体育社会规范和秩序的准则下，对自己的言行负责，并且积极参与到体育社会秩序的维护中，从而实现体育社会问题的有效治理。

（四）点面结合的原则

所谓点面结合，就是指体育社会问题的治理，既要考虑体育领域本身的特殊性，又要结合现实社会治理体系中的广泛机制。对于一些仅仅发生在体育领域的特殊问题，不进行系统合理的界定，而是给予不同程度上的规制。对于一些社会影响面大，发生原因复杂的问题，就要从宏观的视野和政策予以管理，从而形成完整的从对个体行为到对现实社会的系统化治理。

（五）依法治理的原则

法律是体育社会问题治理的基本指导原则。体育社会问题是否得以有效治理，其根本的保障是能否形成对体育基本价值的共识，并在此基础上形成对体育行为的规范体系。这种规范则以法律法规体系呈现，在法律体系完善的情况下，才能够有效地规范人们的行为，对违反行为规范的处罚进行界定。因此，我们需要完善依法治理的理念、原则和相应的体系。

二、体育社会问题治理的基本策略

我们对体育社会问题的预防与解决，首先要对体育社会问题进行科学研究。科学研究是体育社会问题解决的科学基础，是对体育社会问题现象做出科学的解释。在研究中，我们要了解体育社会问题的本质、失调的具体内容、表现形式和社会影响状况，提供可以解释这些体育社会问题规律性的理论，使体育社会问题得到真正的解决。其次，人们对体育社会问题的认识能力和解决能力受社会发展水平、社会制度以及社会观念的制约和影响。体育社会问题的解决涉及社会多方面因素，不仅取决于我们采取的预防对策、措施等，也取决于制约体育社会问题产生、存在和发展的诸多因素，即社会规范、社会制度、社会信息、社会关系、社会文化背景、社会心理状况。再次，体育社会问题的解决也离不开社会的普遍关注。体育社会问题是社会普遍关注的现象，社会的普遍关注是动员社会力量解决体育社会问题的前提。当社会各群体、集团，以及与体育社会问题具有不同关系的各种人，对体育社会问题的认识、态度达成一致，并形成一定的社会舆论，就有利于体育社会问题的解决。因此，在解决体育社会问题时，需要引导和促使人们形成普遍的社会关注。普遍的社会关注是解决体育社会问题的重要条件。最后，体育社会问题得以解决的关键是要有科学的社会对策。我们对一种体育社会问题的解决，通过对其社会失调的具体内容、具体表现、具体影响，以及产生的诸因素、主要原因和特征等进行科学分析，提出解决问题的思路、目标、理论依据和具体实施措施，并根据其后果的可预测性，而判断其对社会各方面的可能性影响。简而言之，我们要对体育社会问题进行科学的研究，引导和促使人们对体育社会问题的普遍关注，动员足够的社会力量，运用科学的解决对策，预防和解决好体育社会问题，从而促进体育的健康发展和社会的稳定运行。

我们在解决体育社会问题时，首先要把握和遵循社会规律，发现和认识体育社会现象内外的联系。遵循一定的社会规范，分析体育社会问题与现存社会规范的关系，确定体育社会问题中的社会规范，保证体育社会问题解决对策和实施对策的规则性、合理性、有效性。解决任何体育社会问题，都会涉及一定的社会利益，我们要从维护国家利益、民族利益、社会大多数人的利益出发，谋求社会公众利益，坚持效益性原则，追求最高的社会效益，重视社会的整体效益，维护公众的长远利益。解决体育社会问题是以推动社会的进步和发展作为根本目的，旨在消除体育领域的不平衡、不和谐的社会失调现象。我们在解决体育社会问题时，应遵循规律性、规范性、公众性、效益性、进步性五个原则。体育社会问题作为一种社会事实，不仅对体育的正常运行造成了障碍，也对社会和人们的生活造成很大的负面影响。体育社会问题不仅妨碍体育的公平、公正竞争，玷污了体育精神，对运动员、教练员及大众产生不良影响和伤害，而且导致体育异化发展。同时，干扰了人们正常生活，扰乱了社会正常运行秩序，甚至引起和激化了社会矛盾。正因如此，我们要积极寻求预防和解决体育社会问题的对策和途径。我们在探讨体育社会问题的预防与解决时，一方面要关注体育本身，即体育文化的自身组成部分，包括价值观念体系、体育原则、体育道德、体育比赛、体育场地设施、体育法规制度、体育传播等方面存在的问题及其对社会发展的不良影响，另一方面要关注社会，即在社会、政治、经济、文化、生态等方面存在的相关问题对体育事业发展带来的困扰和制约。

三、治理体育社会问题的对策

（一）建立良好的体育价值取向，加强体育道德规范建设

价值观是人们关于一类事物的价值信念、价值取向、价值标准、价值规范的稳定的观念模式。在社会文化中，价值观居于核心地位，是社会文化的精神所在。人们对价值的认识、判断，需要通过价值取向在实践中体现。价值取向包括价值观念、需要和利益，以及情景等多种因素组成的有机系统。当今伴随体育市场化和商业化滋长了功利主义、拜金主义，极端个人主义在滋长，弄虚作假、违规违纪的体育道德失范问题时有发生，严重地损害了体育的形象和声誉。我国在市场经济意识的驱使下，人们的体育价值观经历着转变，把体育作为经济的工具，忽视了体育权利是公民权的重要组成部分，忽视体育促进人全面发展的价值，体育精神、体育道德与纪律意识日趋淡薄。为了有效地遏制和解决这些问题，我们要积极地引导和规范体育伦理道德建设。体育道德教育的目的是将社会道德规范内化为各利益主体的个人情感和意识，从而由内向外自觉引导和规范其行为，符合社会伦理道德标准，符合社会整体利益，这对加强体育精神文明建设，提倡体育生活化，树立良好的体育社会风气，对促进体育事业良性发展，发挥体育在社会主义精神文明建设中的促进作用具有积极的意义。

（二）政策调控，实行综合治理

由于体育社会问题产生的复杂性，造成后果的社会性，解决体育社会问题需要从社会发展和各个要素之间的协调关系来考虑。通过宏观的政策调控，调动全

社会的力量，创造有利于解决体育社会问题的条件，遏制或瓦解体育社会问题的产生条件。例如，我国体育人口问题，从理论研究到实际矛盾的解决，往往需要耗费一定的人力、物力、财力。有些体育社会问题的产生背景相当复杂，需要体育部和其他部门进行综合治理。例如，我国退役运动员的就业与福利保障问题，目前我国就业结构与运动员培养结构之间的不协调，造成我国退役运动员整体就业率低。我国市场经济体制下的干部人事制度、劳动用工制度和社会保障制度不断深化改革，基本改变了我国计划经济体制下的就业安置办法，而我国运动员培养形式基本沿袭计划经济体制的方式。我国新建立的适应市场经济制度的就业制度和社会保障制度，造成国家通过政策对退役运动员的就业安置能力下降，使退役运动员的安置问题越来越成为我国突出的社会问题。我国退役运动员作为一个特定的社会群体，需要我们完善运动员的保障体系，包括运动员的社会保障待遇，运动员的多层次医疗保障等体系。为了切实维护运动员的切身利益，要引导和支持运动员提高综合素质和就业能力，做好退役运动员就业安置工作，并对退役运动员自主创业按规定给予政策性支持，构建和完善运动员职业转换的社会扶持体系，帮助运动员顺利实现职业转换。

（三）法规调控，完善体育体制

当某种体育社会问题经常、重复出现时，就需要法规制定处理这类社会问题的原则、程序。相对于体育伦理来说，体育法规是一种硬性约束力。它要求各利益主体，在法律法规规定的框架内行事，违背相关的法律法规就会受到相应的制裁与惩罚。在体育领域实行市场化运作的背景下，加强体育法规的系统化建设尤为重要。首先，要确保有法可依。由于体育系统的传统不断被解构，很多制度建构已经失效，因此必须针对新形势、新问题及时补位，制定出台相应的法律法规，依法解决体育领域的矛盾和纠纷。其次，要加强执法建设。这是确保有法必依，违法必究的重要环节。各类假球、黑哨、赌球现象之所以猖獗，其原因不是完全的无法可依，而是执法不严或根本就没有有效的监督和惩治，以致于 2010 年中超几近崩盘。最后，要执法必严，这是法律法规威慑力的最终体现。做到执法必严，对触犯法律法规的具体行为做出具体惩罚，以确保法律法规的执行力。各个国家对各类体育社会问题都制定了相应的预防和解决制度和措施，并采用行政手段治理体育社会问题。通过制定体育的方针、政策，调拨体育经费，任免体育官员，审批体育社会团体，开展重大体育活动，以及通过对各种体育理论的选择和评价，组织研究体育的发展战略，编制体育的规划和计划来实现。

（四）大力发展体育事业，增加社会体育资源

大力发展体育事业，满足广大人民群众日益增长的体育文化需求，是预防和解决体育社会问题的根本措施。体育产业的发展可以使体育社会问题得到缓冲，因为许多体育社会问题的产生，与体育资源的不足和资源配置不平衡有关。发展体育产业，拓展体育事业发展的经费渠道，有利于满足人民日益增长的体育需求，缓解社会需要与体育资源不足的矛盾，从而带动体育事业的繁荣和发展。体育产业包括体育健身娱乐行业、体育竞赛表演业、体育彩票业、体育媒体业、体育中介业、体育器械及体育用品业、体育旅游业等体育连带产业。我国加快体育单项运动协会的产业化发展，开发体育竞赛表演市场和健身娱乐市场，积极引导和规范各类体育竞赛和健身娱乐市场的经营活动，鼓励社会各界承办国内外高水平体育竞赛表演，开展体育健身娱乐方面的经营性活动，使体育竞赛、表演和健身娱乐业朝产业化、社会化、法制化方向发展。同时，充分发挥体育设施的社会服务功能，使之面向社会全面开放，为社会体育开展健身、健美、康复、娱乐等体育活动提供场地、设施和技术辅导等多样化的体育服务。

（五）发挥大众媒介的影响，加大宣传教育作用

在现代民主社会中，大众媒介的作用越来越大。大众传播有监视社会环境、协调社会关系等功能，特别是大众媒体，随着高科技传播技术在传播媒介的广泛运用，卫星、电视、报纸、网络等的快速发展，跨越了时间、空间的限制，减少了传播的中间环节，更迅速、直接地与大众交流，激起公众的热情，引起公众的共鸣，促使更多的人参与到体育运动中来。媒体对社会热点问题的集中报道，引起社会公众的关注，动员社会的调节机制对此进行干预。尤其是互联网作为新兴的媒体，网络的大容量和及时反馈功能，快速反映出大众对体育社会问题解决的意见、效果和问题，让体育相关执行机构采取有效的对策。由此可见，网络不仅对体育社会问题的发现、对策的规划、对策的决定具有重要影响，而且能及时、

迅速抑制体育社会问题的扩散。同时，大众媒体对体育用品、体育娱乐、体育休闲等和体育产业关联度较高领域的内容产品开发，从而引起社会的足够重视，促进体育产业发展。然而，大众媒体是把双刃剑，媒体的报道宣传，需要对报道信息加工处理，对体育社会问题进行评价和分析，引导受众者对体育社会问题的认知、判断和态度，对社会的影响力较大。因此，我们要树立正确的体育价值观，发挥体育舆论对体育的社会控制作用，发动社会公众舆论对体育运动进行监督，对体育领域中的资源分配、性别差异、体育权利、体育竞赛等不公平、不公正问题，通过大众媒体的舆论监督和教育，呼吁社会制定相关法律、政策，保证公民所拥有的体育权利和利益，分享体育资源，关注弱势群体的体育教育等，从而促进体育运动在规定的范围内有序进行。

第三节　几个典型的体育社会问题分析

一、球场暴力问题

球场暴力亦称球迷骚乱，是指发生在体育运动中的一切“非法”暴力行为。它是在一种相对的、不可意料、无组织、不稳定的情况下，对某一共同影响或刺激产生反应的集合行为。社会学关于集群行为的理论认为，任何使人感到压抑的社会状态，如经济萧条、贫困、种族歧视、不公平、不公正等，都会刺激人们通过集群行为来解决问题。体育运动竞赛中，如果在影响比赛结果的关键时刻，出现不公平、不公正或者出现歧视性行为都可能引起球迷的愤怒，如果这种情形不断地出现，会加大球迷群体承受来自外界不良刺激的压力。

球迷骚乱主要发生在足球竞赛中，有时在其他运动竞赛中也会发生，如橄榄球、篮球、排球、板球等，如今成为影响体育运动发展的一大危机。媒体对全世界运动赛事中的球迷骚乱行为进行了大量报道，说明球场的暴力骚乱相当普遍，酿成的惨案造成损失严重，形成社会一种不安定的因素。现代足球骚乱起源于1950年代的英国，十几年后蔓延到欧洲其他国家，如今成为全球性体育运动发展的一大危机。例如，1985年5月29日，被认为是世界足坛最黑暗的一天，这一天发生了著名的“海瑟尔惨案”。在欧洲足球冠军杯决赛之前，尤文图斯和利物浦队球迷因为冲突发生惨案，39 人丧生，300 多人受伤。

西方学者对运动竞赛中球迷行为越轨问题的研究由来已久，学者们从球队教练员和官员、裁判员、仲裁等不同方面探讨球迷骚乱的原因。球迷骚乱的发生，其一，不同球迷群体喜爱的球队输了球或球迷赌球赌输，而引起与对方球迷群体的言语不和、损伤对方球迷群体利益；其二，在比赛中，裁判员偏袒一方球队，判罚不严格、判罚不准确，球迷赌球赌输了的可能性加大，引起对方球迷的不平和义愤；其三，由于教练员指挥不当、运动员敷衍比赛、球队未能打出自己的特点、球队精神面貌差、教练员或球队官员干扰比赛、运动员对球迷不礼貌，引发球迷的不满和行为越轨；其四，赛场管理水平差，管理人员、警察、保安人员的粗暴行为，对球迷情绪产生负面影响，从而引起球迷对管理人员和警察、保安人员的反感，增加球迷放纵行为，继而引发球迷行为越轨。由此可见，球迷骚乱发生在球迷之间、球迷与裁判和工作人员之间，以及球员与观众之间等。

防范球迷行为越轨的关键在于，对社会环境的认识和赛场环境状况的把握，在措施上应努力实现社会分配公平，减少社会成员的挫折感；加强社会规范建设，规范运动员、教练员、裁判员、管理人员和观众的赛场行为。处置球迷行为越轨的关键在于，防患于未然；化解球迷行为越轨的关键在于，从球迷的实际状况出发，因势利导，慎用强硬性措施。

【案例 10-1】

巴西的足球暴力

巴西的足球暴力由来已久，20 世纪 90 年代以来，与足球有关的暴力事件更是接连不断。例如，德比球迷之间的暴力冲突最为激烈，其中最著名的暴力事件发生在圣保罗队球迷与帕尔梅拉斯队球迷之间。1993 年，帕尔梅拉斯的球迷在看台上枪杀了一名 16 岁的圣保罗队球迷。球迷对本方球员和教练的攻击也在增加，当本方球队让球迷失望时，正是这种愤怒和尴尬促使球迷冲进球场攻击球员。2012 年，在被对手击败后，帕尔梅拉斯队的球迷与球员发生了冲突，俱乐部主席收到了球迷寄来的死亡威胁。此外，针对高收入球员及其家人的绑架事件也层出不穷。著名球星罗比尼奥的母亲就曾被绑匪劫持了 40 天，圣保罗队前锋法比亚诺和格拉菲特的母亲也曾被劫持。他们都是交了赎金之后，才把亲人救出。然而，巴西足球暴力在全球影响最大的事件发生在巴西世界杯期间。2014 年 7 月 8 日晚，巴西世界杯半决赛结束第一场争夺，巴西 1∶7 惨败德国。在数万名主场球迷面前，巴西队创造了队史最大比分失利，令球迷难以接受，球迷骚乱如期而至。比赛结束后的第一时间，在巴西圣保罗州发生暴乱，球迷烧毁了圣保罗南部城市的一个车库，圣保罗有 20 辆公交车被点燃，其中 19 辆被彻底烧毁。随后，骚乱进一步升级，在里约热内卢，警察和疯狂球迷甚至爆发了枪战，造成 1 人被枪击身亡。另据西班牙媒体报道，在巴西 0∶5 半场落后德国的中场休息时，有球迷烧毁了巴西国旗。2014 世界杯的安保问题本身就被众人诟病，而随着巴西 1∶7 不敌德国之后，球迷骚乱更是上升至一个很大的层面，除了球迷焚烧汽车外，有一群人还试图洗劫商店，圣保罗州东部的巴西第一大家电超市 PONTO FRIO 也遭到不法分子的洗劫。警察介入了，随后逮捕了 3 名试图洗劫商店的犯罪嫌疑人，但是还不确认这些违法行为是否是由犯罪分子有意而为之，还是球迷骚乱引起的。

资料来源：http://www.baidu.com。

二、兴奋剂问题

兴奋剂的英文为 Dope，该词汇 1889 年首次被列入英语词典，释义为“供赛马使用的一种鸦片麻醉混合剂”。体育运动中的兴奋剂是指国际体育组织规定的禁用物质和禁用方法的统称。随着科技的不断进步，国际奥委会的医学委员会对兴奋剂界定也是“与时俱进”，如今，使用兴奋剂主要是指“竞赛运动员服用任何形式的药物，或以非正常量，通过不正常途径摄入生物物质，企图以人为的、不正当的方式提高他们的能力”，即兴奋剂不仅仅指那些起兴奋作用的药物，而实际上是对禁用药物和技术方法（如血液回输）的统称。从 20 世纪 60 年代起，兴奋剂便逐渐成为危害竞技体育正常发展的一大体育公害。1960 年罗马奥运会上丹麦自行车运动员詹森之死，令兴奋剂问题开始引起人们的警惕。1968 年首次进行兴奋剂检测，但是随着竞技体育的不断发展，兴奋剂使用愈演愈烈。例如，女子 100 米、200 米两项世界纪录保持者乔伊纳 1998 年 9 月 21 日死于心脏病，被指证服用兴奋剂。2005 年 8 月 23 日，法国《队报》称，退役的美国癌症患者、创造了环法大赛“七连冠”奇迹的阿姆斯特朗，在1999年涉嫌服用兴奋剂，此事一直调查至今仍然没有最后结果。2006年8月，悉尼奥运会夺得3枚金牌和2枚铜牌的美国“女飞人”琼斯被查出药检呈阳性。从现代竞技比赛来看，兴奋剂使用在国内外体育比赛中时常发生。虽然对兴奋剂与补剂药品的划分和界定还存在诸多争议，但无数优秀运动员却因服用兴奋剂而损害身心健康，被取消成绩，在社会中产生不良影响，让人们对体育价值产生怀疑，破坏了竞技体育公平公正竞争机制和原则。

造成兴奋剂在全球范围内滥用的根本原因在于，现代体育的过度政治化和过度商业化。在所有的比赛场上，运动员使用兴奋剂都是出于本质上相同的原因，即希望靠兴奋剂来提高成绩，夺取比赛的胜利。有研究者认为，巨大的物质利益诱惑是使运动员不惜一切代价服用违禁药物的主要原因。此外，对运动成绩的重视，使一些国家对本国运动员服用兴奋剂问题采取纵容包庇态度，这是导致兴奋剂世界性泛滥的又一重要原因。例如，美国奥委会不仅隐瞒了包括美国体坛巨星卡尔·刘易斯等在内的100多名美国运动员服用兴奋剂的事实，而且还允许他们参加奥运会和其他重大国际比赛。

造成兴奋剂屡禁不绝的一个重要的原因就在于对兴奋剂的认定和检测上的困难。由于检测方法和手段落后，这使得检测技术总是滞后于兴奋剂的研制和使用。在2000年之前，各国运动员基本可以无所顾忌地使用EPO而没有被查获的顾虑。另外，由于借助高技术开发出来的新型兴奋剂几乎都具有与人权、隐私权等权利高度相关，因此，对这些兴奋剂的检测就不可避免地要触及到相关法律，正因为这样，包括国际田联在内的国际体育组织都因相关法律规范和伦理约束，而不能对很多服用兴奋剂的运动员进行检测和制裁。对于兴奋剂问题，关键并不在于我们依靠什么样的技术来检测和制止兴奋剂的使用，而在于我们应该如何认识我们人类活动的真正意义，以及我们应该为这个活动确立什么样的法律和伦理的规范。

造成兴奋剂丑闻不断的另一个原因就是，不同国家和不同组织在反兴奋剂问题上没有达成共识。一直以来，国际奥委会、各个世界体育单项联合会、各个国家由于在利益上的争执，它们在兴奋剂的检测、认定以及是否处罚问题上没有形成一个共同的标准，这就造成了在某些国家、某些运动项目和体育组织中滥用兴奋剂的行为肆虐。比如，美国篮球、冰球职业体育联盟，NBA（篮球联盟）对初犯者禁赛5场；NHL（冰球联盟）更是从来不测试球员是否使用兴奋剂。

由此可见，导致兴奋剂使用的原因使根治兴奋剂成为困难。为了在反兴奋剂问题上达成共识，开展全球合作，1999年2月，国际奥委会在瑞士洛桑召开了世界反兴奋剂大会并通过了《洛桑宣言》。2003年3月，由世界反兴奋剂机构（WADA）主持召开了哥本哈根世界反兴奋剂大会，会议通过了《世界反兴奋剂条例》。该《条例》是第一部为所有体育项目和所有国家制定的统一反兴奋剂法典。新《条例》规定，今后将对所有国家、所有体育组织和所有项目的运动员执行统一的违禁处罚标准。我国为了防止在体育运动中使用兴奋剂，保护体育运动参加者的身心健康，维护体育竞赛的公平竞争，根据《中华人民共和国体育法》和其他有关法律，对兴奋剂检测制定了相关条例。兴奋剂是指兴奋剂目录所列的禁用物质等，兴奋剂目录由国务院体育主管部门会同国务院食品药品监督管理部门、国务院卫生主管部门、国务院商务主管部门和海关署制定、调整并公布。

【案例10-2】

美国田径运动的兴奋剂

前美国奥委会负责药物检查的一名黑人医生控告美国奥委会，认为他们存在种族歧视问题。没过多久，美国最大的体育杂志《体育画刊》就刊出了这名医生长达3万字的来信，详细透露了美国体育界掩盖美国运动员服用兴奋剂的真相。信中称，在1988年—2000年期间，有超过100个美国运动员服药的案例，但只有很少数的运动员被禁赛。而那些服药却没有受到任何惩罚的运动员，在这段时间里赢得了19个世界冠军，其中包括著名的田径运动员卡尔·刘易斯。这件事被捅出来后，首先发难的是在1988年奥运会上因服用兴奋剂被剥夺了男子100米金牌的加拿大运动员本·约翰逊。牙买加出生的加拿大男子短跑运动员本·约翰逊，在1987年世界田径锦标赛上获100米跑冠军，并以9秒83的成绩打破了世界纪录，成为世界第一“飞人”。1988年汉城奥运会100米赛中，他再次夺冠，又以9秒79的成绩再次破世纪纪录，为世人瞩目。然而，在人们向他投去钦佩的目光时，国际奥委会做出了约翰逊药检不合格，收回金牌，取消纪录的决定，将金牌授予第二名的美国运动员卡尔·刘易斯。约翰逊悄然回国，随后加拿大开始一系列调查会、听证会，证实约翰逊不仅在汉城奥运会犯案，几年前就已服用了违禁药物。因此，他在1987年创造的世界纪录也被取消，并被判处终身不得执教。2003年4月，卡尔·刘易斯承认自己在1988年奥运会前三次尿检均呈阳性，但都被美国奥委会“网开一面”，并最终逃脱了国际田联的调查。本·翰逊表示要起诉刘易斯，以获得公正的待遇。在美国体育界抖出服用兴奋剂的丑闻之后，美国体育的形象降到了历史的最低点。一直以来在兴奋剂问题上对别人指手划脚的美国人，如今却面对国际体坛对他们的指控。

资料来源：http://www.zhidao.baidu.com。

三、假球、黑哨、赌球问题

假球主要是指在体育竞赛中，某些人为了某种利益，通过收买对手、收买本队、收买裁判等手段来达到自己的目的。假球是为了追求幕后非法经济利益，采用非正常的手段得到比赛结果。在足球等职业化和市场化比较高的体育运动中，假球时常发生，假球已成为全球竞技场上的普遍现象，如著名的意大利假球案、中国足球界的假球等。

国内外研究者认为，产生假球的原因较多。一是官球，通常是指主办方为了获得某种利益或达到某种目标而暗箱操作，指定某队达到一定的名次指标。二是博彩公司操控比赛结果。体育博彩业市场比较混乱，缺乏完善的监管规则。有个别博彩公司在特殊状况下，为了谋取更大的利益铤而走险，做出一些违法经营的勾当，操控竞技运动的比赛；博彩业因涉及地下赌博集团而操控比赛结果，他们为了达到目的，往往不择手段：威胁俱乐部及球员、绑架球员家属、破坏球场设施甚至枪杀球员等，卑鄙恶劣手段可谓五花八门。三是球队与球队之间暗中交易，其一是买球，从而获取非法利益；其二是默契球，也就是说球队双方暗中达成某种默契从而使双方得到皆大欢喜的结局。著名的例子有，2004欧洲杯小组赛瑞典和丹麦这对北欧兄弟联手上演了一出2比2平局做掉意大利携手出线的“默剧”。四是球队教练及球员私下赌球，以赌出名的球员有以前意大利著名的金童保罗·罗西；教练中，现役的意大利著名的教练罗西被指涉嫌操控比赛。

伴随假球而来的是“黑哨”。黑哨问题与政治、经济因素密不可分。“黑哨”是指裁判在竞赛执法过程中，故意偏袒一方，帮助自己和他人从中获利，是裁判违反公平性原则的一种行为。一般指裁判员收受贿赂或受人指使，违背公平、公正执法的裁判原则，在比赛中通过有意的误判、错判、漏判等个人行为来主导比赛结果。裁判是竞赛场上的执法者、法官。裁判的非公正执法不但会影响运动员的心态、竞赛的结果，有损裁判的威严和形象，也是对竞技运动公平、公正原则的挑衅，同时也是球迷闹事的导火索之一。“黑哨”如今已演化到诸多体育赛事项目中，甚至引发罢赛、停赛风波。足球“黑哨”问题在我国格外突出，特别是在职业足球联赛中，造成的危害巨大。2001 年发生“龚建平受贿案”之后，我国职业足球联赛中裁判的“黑哨”问题成了全社会都十分关注的问题。随着中国足坛反赌案件的审查，陆俊、黄俊杰、周伟新、万大雪四大“黑哨”足球裁判的犯罪之路也被揭发。2012 年 2 月，足坛反赌扫黑案件迎来一审判决，黄俊杰刑期最长，陆俊获刑 5 年半。

体育赌博犯罪是以某一竞技体育赛事存在与结局的偶然性或不确定性来确定输赢，从而非法丧失或获得约定的财产或其他权益的行为，球类体育赌博即赌球，因其非法性又有外围赌球、地下赌球等说法。体育赌博犯罪在地域上已成席卷全球之势，在领域上渗透到多种竞技体育赛事，比如板球、网球、棒球、台球等，尤以群众基础较好的足球、篮球等赌博犯罪猖獗。从世界范围来看，现代意义上的赌球起源于英国，1863 年，现代足球运动在英格兰正式诞生，足球赌博几乎同步产生，到 1877 年，英格兰足球赌博已成为比较普遍的现象。2009 年 11 月，德国检警机关与欧洲足联协作，揭开了“欧洲足球史上最大的赌球丑闻”，目前已涉案 9 个国家 200 多场足球比赛，涉案人员多达 200 人，金额高达 1700 万欧元。东南亚的赌球由英国传入，开始规模较小、影响不大，1994 年和 1998 年足球世界杯期间出现赌球狂热。“在印度尼西亚、新加坡、马来西亚、泰国、越南、中国大陆和香港地区，这些地区出现了空前规模的非法赌球行为。”2004 年的亚洲杯前，亚洲足联主席维拉潘面对媒体忧心忡忡地说，如今东南亚已成为世界上体育赌博最猖狂的地区，地下赌球活动的普及性大大高于欧洲地区。

赌球是参赌者以赌比赛输赢来获取利益的，赌球集团的黑手已伸入竞技体育领域，因而涉及竞技体育的赌博有越演越烈之势。赌球是全球性的社会问题，在足球世界杯，随着移动支付、社交网络等快速发展，给足球世界杯赌球以新的发展态势，使跨境赌球如火如荼。比如，在亚洲，赌球集团的势力相当大，尤其是对足球比赛的赌博已经达到了惊人的程度。在东南亚，对于英格兰超级联赛和其他欧洲国家联赛的赌球金额常常达到上百万美元。为了达到大规模敛钱的目的，一些赌球集团会利用贿赂球员等手段达到操纵比赛的目的。

赌球之风已袭入中国。中国体育官方并不回避“赌球”这一敏感字眼，足协将会依照纪律处罚条款相关规定，重申严厉的惩处措施，并在2004年5月《中超公平竞赛公约》签署后开始向“赌球”开炮。但是，人们已经认识到，对竞技体育界的这些不良现象，我们对当事人仅仅进行道德谴责，或仅仅加以经济处罚，都是远远不够的，因而对整个体坛背后的制度性失误进行检讨或反思，并以此为起点，发展世界的竞技体育，这才是一条有效的出路。

【案例10-3】

主裁受贿37万被判10年

2002年3月，曾担任全国足球甲级联赛A、B组主裁判员的龚建平，因涉嫌在比赛中吹“黑哨”被公安机关刑事拘留。4月17日，北京市宣武区检察院依法以涉嫌企业人员受贿罪正式批捕龚建平。在公布的证据中，龚建平在执法绿城队的两场比赛中受贿10万元。2003年1月29日，北京市宣武区人民法院公开审理龚建平涉嫌受贿案。据查，2000年至2001年，龚建平在受中国足球协会指派担任全国足球甲级联赛A、B组主裁判员职务期间，先后9次收受他人财物，共计人民币37万元。法院审理认为，其利用担任裁判员职务之便，多次收受他人财物，且数额巨大，构成受贿罪。因其在被采取强制措施之后，主动坦白交待了受贿的大部分事实，酌情从轻处罚。法院当庭宣告一审判决，以受贿罪判处被告人龚建平有期徒刑10年。宣判后，龚建平不服，提起上诉。2003年3月28日，北京市第一中级法院作出终审裁定，驳回龚建平的上诉，维持原判。

资料来源：http://www.baidu.com。

四、体育的商业化问题

商品经济的发展，直接或间接地波及竞技体育领域已成自然趋势，但竞技体育过度的商品化发展，却也令人担忧。不少研究者认为，竞技体育正在因此越来越丧失其本义，成为商业活动的附属物。西方国家厂商协助举办的有奖邀请赛已达数种之多，遍及世界六大洲。其奖金数额之大，令人震惊。一些世界一流的足球、网球、拳击、田径选手因一胜而为巨富者，已经不再是体育界的轰动新闻。

运动人才也同样在商品化。20 世纪 20 年代末开始出现的体育明星转让现象，现在已经成风，并且波及许多发展中国家。当前，体育明星的转让动辄以数十万、数百万美元成交。到 20、21 世纪之交，明星转让费早已突破 1000 万美元大关。法国足球巨星齐达内转会西班牙皇家马德里队的转会费竟是 6600 万美元。而明星转让的得利者一般都是俱乐部老板。另外，运动员中的一些佼佼者成名之后也纷纷为厂商做广告。例如，洛杉矶奥运会女子体操全能冠军、美国运动员玛丽·雷顿，仅在获胜后两个星期，便与各厂商签订了约 200 万美元的合同。这种情况在职业运动员中更为常见。今天在参加汽车大赛的具有国际水平的运动员头盔上做广告，一般都需付数万美元，如果要在知名度最高的驾驶员头上谋一席之地，那非得花上几十万美元不可。在网球、田径，拳击场领域，情况也是如此。

体育商品化现已发展到买卖国际比赛组织权的地步。例如，国际足球多年的洲际超级足球赛（每年由欧洲和南美洲俱乐部杯赛冠军队对抗）的举办权，已为日本丰田汽车公司所购。从 1980 年起以“丰田赛”之名在东京举行。另外，世界高尔夫球公开赛、世界网球男子双打比赛、英国女子高尔夫球公开赛、超级网球赛等，也先后被日本卡西欧计算机公司、富士胶片公司、日立公司、精工钟表公司购去。美国的可口可乐公司、泛美航空公司、联合航合公司、福特汽车公司也都竟相效仿日本企业家，涉足体育界，纷纷举办足球、网球、田径等大赛。

从 20 世纪末起，中国的一些公司也开始组织国际商业性比赛。2005 年 7 月 20 ~ 28 日，高德公司邀请欧洲足球豪门——西班牙皇家马德里队和英国曼彻斯特联队来华进行商业比赛。几天之间，两队在分别席卷约 4000 万和 2000 万元人民币后，又前往日本继续淘金之旅。高德公司还是赚到了钱，只是没有大赚，得到了从商业活动所得佣金、票房收入、场地广告费，以及未来6年皇马俱乐部在中国的商务开发代理权，高德从皇马身上赚到的累计收入将肯定超过2000万元。

竞技体育商品化现象，由于西方垄断集团的介入而更有了恶性的发展。在西方一些国家，垄断集团通过院外活动对议会的体育决策施加影响的现象越来越常见。例如，从20世纪60年代起，美国体育领域的院外活动已经成为整个院外活动的一个组成部分。各垄断集团通过对国会议员的院外影响，除左右着体育立法、官方体育机构的活动外，还控制着诸如运动器材及其他体育商品的产销、体育运动设施的建筑，以及进行实况转播的电视公司的利益问题的解决。

奥运会的商业化甚至影响到世界竞技体育项目的发展。在国际奥委会对奥运会的竞赛项目实施投票批准制度后，为了吸引更多的观众，各国际单项体育联合会开始积极和媒体联系，维护媒体的利益，从而达到利用媒体推广本项目的目的。这对那些根基不深、普及程度小、全球影响力不大、观众较少的体育项目发展带来了危机感。

正因为这样，在体育界已有不少人起来反对竞技体育的过度商业化趋势。德国拜仁慕尼黑俱乐部队主教练奥特马尔·希茨费尔德的观点具有代表性。在一次对德国《星期日世界报》的谈话中，他呼吁各俱乐部要负起责任，防止足球被全面商业化的危险。

如今，金钱已经越来越成为包括足球在内的体育运动追求的重要目标。希茨费尔德说："我们不应越过体育的界限。我们要少想体育的商业味道，而多关心体育的质量。""如果我们过于关心赢利，而不重视人的内在价值的话，那我们就大错特错了。"在奥运史上完成"商业革命"的尤伯罗斯也认为，过度的商业化会收到完全相反的效果。他以1996年亚特兰大奥运会为例，这届奥运会由于商业化味道太浓和组织工作不佳遭到了国际奥委会的批评。"只要掏钱就能成为赞助商，使得比赛场面很混乱。"国际奥委会前主席罗格也多次表示，他反对奥运会过分商业化。

思考题

1. 简述研究体育社会问题的意义。
2. 什么是体育社会问题？

3. 体育社会问题的特点是什么？

4. 简述解决体育社会问题的途径。

参考文献

[1] 卢元镇. 试论体育社会问题研究[J]. 北京：体育论坛，1986（3）.

[2] 郑杭生，等. 社会学概论新编[M]. 北京：中国人民大学出版社，1987.

[3] 仇军. 西方体育社会学：理论、视点、方法[M]. 北京：清华大学出版社，2010.

[4] 卢元镇. 中国体育社会学[M]. 北京：北京体育大学出版社，2000.

[5] 方曙光. 体育社会问题产生原因的分析[J]. 湖北社会科学，2002（3）.

[6] 方曙光. 浅析我国体育社会问题的治理[J]. 湖北社会科学，2002（6）.

[7] 邹师. 我国体育社会问题的理论研究[J]. 体育与科学，2006（2）.

[8] 刘德佩. 体育社会学的历史现在与未来[J] . 沈阳体育学院学报，1989（1）.

[9] 肖洁. 对当前体育社会问题的思考. [J]. 湛江师范学院学报（自然科学版），2000. 12.

[10] 仇军，等. 论体育社会问题[J]. 首都体育学院学报，2009（6）.

[11] 李金龙，王超英. 体育社会学 群众体育学[M]. 桂林：广西师范大学出版社，2000.

[12] 方曙光. 对当前我国体育社会问题的初探[D]. 华中师大硕士学位论文，2002.

[13] 朱力，等. 社会问题概论[M]. 北京：社会科学文献出版社，2002.

西安体育学院：柳惠玲